打造团队、制度管理、战略执行、高效、务实、创新，一个都不能少！

团队打天下 管理定江山

TUANDUI GUANLI

小老板做大靠团队 大老板做强靠管理

少走弯路，提高效率，微软、苹果、松下、三星……
全球500强企业都在运用的管理法则！

王 剑◎著

台海出版社

图书在版编目（CIP）数据

团队打天下,管理定江山／王剑著. －北京：
台海出版社,2013.9（2018.7 重印）

ISBN 978－7－5168－0269－4

Ⅰ.①团… Ⅱ.①王… Ⅲ.①企业管理－通俗读物
Ⅳ.①F270－49

中国版本图书馆 CIP 数据核字(2013)第 201753 号

团队打天下，管理定江山

著　　者：王　剑

责任编辑：王　萍　　　　装帧设计：天下书装
版式设计：刘　栓　　　　责任印制：蔡　旭

出版发行：台海出版社
地　　址：北京市朝阳区劲松南路 1 号　邮政编码：100021
电　　话：010－64041652(发行,邮购)　010－64010206(编辑室)
传　　真：010－84045799(总编室)
网　　址：www.taimeng.org.cn/thcbs/default.htm
E－mail：thcbs@126.com

经　　销：全国各地新华书店
印　　刷：北京市兴怀印刷厂
本书如有破损、缺页、装订错误,请与本社联系调换

开　　本：710×1000　　1/16
字　　数：200 千字　　　　印　　张：19
版　　次：2013 年 10 月第 1 版　印　　次：2018 年 7 月第 2 次印刷
书　　号：ISBN 978－7－5168－0269－4

定　　价：39.80 元

前言
PREFACE

曾经有这样一个故事：一位智者和他的徒弟正漫步于河边，智者问徒弟："怎样才能使一滴水永不干涸?"徒弟大惑，答道："将它托入掌心。"师父笑曰："非也，非也！将它投入大海之中。"

一滴水只有融入大海中才不会干涸，一个人只有融入团队中才能更好地成就自我。总览古今中外，数之不尽的成功故事都在向世界证明：团队的力量是无穷的。俗话说："单人不成阵，独木难成林"、"一个好汉三个帮"、"红花还需绿叶扶"……一个英雄如果没有团队的支持，即使他本领再大，也无法创造历史。

同样，一个企业家或管理者如果没有团队精神，不懂得团结协作，不善于激发团队的凝聚力，那么在现代残酷的市场环境中，就会失去竞争力。要知道，单个人的力量相对于一个团队而言显得太有限了，缺乏团队意识的群体不过是一盘散沙。因此，要想打下企业的一片江山，就要依靠团队的力量。

30多年前，当沃尔沃、丰田等公司将团队精神引入企业生产经营过程中时，我国的团队精神管理思想才初见诸报端。记得有一个外国人说过："做同一件事时，中国人的情况是一个人是条龙，两个人是条虫。"言外之意十分明显，说的是中国人缺乏团结协作的精神。

可喜的是，今天中国有不少企业依靠团队的力量在市场上站稳了脚跟。但可悲的是，企业在依靠团队打下天下之后，忽视了团队管理的重要性，导致企业经营管理不善，企业发展遇到了瓶颈，甚至半路夭折的企业也不在少数。这就是为什么中国中小企业平均寿命不到3年的原因。

企业传承问题已经越来越凸显出来，企业管理者越来越深切地体会到“打江山容易，守江山难”。那么，企业到底应该靠什么来守江山呢？答案是管理，制度化、人性化、团队化的管理，这才是“安邦定国”的根本。

身为企业经营管理者，你要认识到选一个优秀的继承者，只能将企业传承一代，但若制定了科学的管理制度，那么企业将世代相传。所以说，创建一个伟 大的公司，需要一个科学的管理机制。

身为企业经营管理者，你要认识到团队建设与管理的重要性，因为企业原本就是一个团队。如果团队建设与管理不力，那么企业效益就难以获得保证，企业管理也可能后继无人，最终会使企业前途渺茫。这就是说，团队管理是企业管理的重中之重。

身为企业经营管理者，当你在管理企业这个团队时，应做到：建立共同的企业愿景与目标，严守纪律规范绝不动摇，合理地分工和分配角色等。同时，管理者应注重打造团队文化、帮员工建立团队归属感，在顺畅的沟通中，加强团队成员之间的尊重与信任，使彼此拧成一股绳，为企业的腾飞贡献力量。

目录
CONTENTS

第三章　管事先管人，管人要管心

第四章　人聚财聚，人散财散：激发团队正能量

第五章　如何打造一支打不垮、挖不走的铁血团队

第八章 没有执行，再伟大的战略都等于零

第九章 把每一件小事做好了，你就成功了

第十章 小公司发展看老板，大企业发展看文化

第一章

团队打天下，管理定江山

在香火传承的家族里，我们经常能看到这样一副对联："忠厚传家久，诗书继世长。"而在基业长青的企业里，应该有怎样一副对联呢？也许这副对联应该是这样："制度传家久，文化继世长。"一个企业从创立那天开始，在领导的带领下，在团队的帮助下，通过扎实肯干打下一片属于自己的江山。然而，打江山容易，守江山难，若想让江山不断扩张，不断流传下去，就要看企业领导者的管理水平。只有把企业管理好了，企业才会拥有光明的前景。

1 一流企业拼团队，二流企业拼人才

弱肉强食的动物世界的竞争法则告诉我们：个体弱小没有关系，只要能团结起来，就能战无不胜、所向披靡。个体的强大也没什么了不起，因为再强大的个体，如果不懂得团结众人，那么他在善于团队作战的对手面前也会变得不堪一击。这一点在项羽身上表现得尤为明显。

公元前206年，项羽和刘邦展开了楚汉之争。项羽是何等英雄人物？他力大无比，武艺高强，作战勇猛，而且他手下猛将如云，还有数量庞大的军队。与项羽相比，刘邦显得不值一提，他是一个混混，缺兵少将，武器和粮草极度匮乏。但是最后刘邦却打败了项羽，赢得了天下。为什么呢？因为刘邦不逞匹夫之勇，他善于用人，懂得团结部下，凭借团队的力量战胜了鲁莽、蛮干、不善于集合众人之力的项羽。

在什么情况下1+1<2？看看项羽带队伍就知道了，他的手下虽然人才济济，但是没有被充分黏合在一起，没有形成强大的合力；在什么情况下1+1>2？看看刘邦带队伍就知道了，他将人才放在正确的位置上，使人才的能力得到充分发挥，形成一股强大的合力。由此可见，团队制胜拼的不是单个的人才，而是拼团队。

美国管理大师罗伯特·凯利曾经说过：“企业的成功靠团队，而不是靠个人。”一个一流的企业，必然是一个重视团队合作的企业，而一个不重视团队合作，喜欢单打独斗的企业，注定成不了一流的企业。因此，在企业经营和管理中，管理者也应该有蚂蚁、狼和刘邦那样的团队精神。

有句话由来已久，叫“火车跑得快，全靠车头带”。没有火车头的牵引，整列火车就跑不起来。但是“动车”诞生之后，很多人明白：要想火车跑得更快，光靠车头带是不行的，更需要每节车厢都有动力。动车就是这样一种列车，它不但车头动力十足，而且每节车厢都有动力装置，这就是动车拥有风驰电掣速度的原因。

在企业经营和管理中，领导者就像火车头，应该发挥积极的带头作用，但如果仅仅是领导者身先士卒、率先垂范，而整个团队成员却没有动起来，那么这个团队也无法产生战斗力。因此，领导者在积极带头的同时，还要想办法激发出所有员工的积极性。这样的企业才会充满希望。

美国有一家大型企业，属下有很多分公司，老板发现有的分公司的业绩很好，有的公司的业绩却很糟糕。为了让业绩糟糕的分公司更好地学习业绩出色的分公司的经营和管理经验，老板请来一位管理学家去考察业绩最好的分公司，找出它业绩好的原因，并找出功劳最大的人。

这位管理学家巡视一番后，回来告诉公司的老板：“这家业绩优秀的工厂没有最佳的个人，有的只是我从来没见过的最佳团队。所有的人都在互相合作，每个人都把功劳归功于他人，这种团队精神就是公司业绩突出的原因。”

老板恍然大悟。他又让管理学家去业绩最糟糕的分公司视察，管理学家回来后对老板说：“在这家业绩糟糕的工厂，领导者的能力很强，甚至比那家业绩优秀的企业的领导者能力还强，但是他不懂得将大家团结起来，结果公司内部各自为阵，导致无法把公司经营好。”

评判一个领导者能力如何，不是让他们到“擂台”上比试一番，看谁的能耐大，看谁单兵作战的能力强，而是分别给他们一个团队，看谁把团队带得更出色。一个优秀的领导者，工作能力不一定最强，但是领导能力一定要强，就像刘邦那样，单枪匹马和项羽 PK，肯定必死无疑，但刘邦的聪明之处就在于，他和项羽拼团队，而不和项羽拼单打独斗的能力。

美国通用电气公司前总裁杰克·韦尔奇说过：“我的成功，10%是靠我个人旺盛无比的进取心，而90%是依仗着我的那支强有力的团队。”这句话既是谦虚的表现，也道出了一个事实：优秀的领袖之所以优秀，关键在于他懂得带动整个团队作战。

小成功靠个人，大成功靠团队。任何一个企业，如果只是依靠一个人或几个人的才能，是不可能把企业做大做强的，必须要有团结一致的高效团队。就像唐僧师徒西天取经，一行四人中，孙悟空能耐虽大，但是却不能没有八戒和沙僧的辅佐，正是他们师徒四人的紧密合作，才能在历经九九八十一难之后取得真经。所以，在日常管理中，我们要不断增强团队的凝聚力，增强团队成员的合作意识，使大家相互依存、同舟共济、取长补短，形成一种信任的团队氛围，拧成一股无坚不摧的绳索，攀向企业成功的巅峰。

2　一群团结起来的蚂蚁可以战胜一头狮子

“在非洲大草原上，如果你看见羚羊在奔逃，那一定是狮子来了；如果你看见狮子在奔逃，那一定是象群发怒了；如果你见到成百上千的狮子和大象在奔逃，那一定是蚂蚁军团来了。”这段话来源于中央电视台《动物世界》这档节目，它告诉我们：蚂蚁虽然渺小，但是团结起来之后，足以让雄狮猛虎仓皇出逃。可见，团队的力量有多么强大。

关于蚂蚁的团队战斗力，有人曾有过专门研究，一位英国科学家曾做过这样的实验：

他把一个点燃的蚊香扔进蚁巢，过了几十秒，蚂蚁变得惊慌万状，不知所措。之后，很多蚂蚁对着点燃的蚊香喷射蚁酸，虽然每只蚂蚁的蚁酸量很少，但它们一个个前赴后继，几分钟后，蚊香上的火星被扑灭了。

还有一个例子，很好地体现了蚂蚁的团队精神：

洪水过境后的一个清晨，人们站在堤岸上，看着洪水中的家园叹息。忽然，有人惊呼："快看，那是什么？"大家循声望去，只见一个大黑球在波浪中漂过来，一沉一浮，像是一个人。有人跳下水，迅速靠近那个黑球，但发现那不是人，而是一个蚁球。黑乎乎的蚂蚁紧紧抱在一起，任凭风吹浪涌，也不放开彼此。尽管不断有小团的蚂蚁被波浪打掉，但整体的蚁球还在。

看到这一景象，人们惊呆了。当蚁球靠岸时，蚂蚁有秩序地一层层散开，就像打开的登陆艇，井然有序地上岸。岸边的水中，还有一些小团蚂蚁，那是英勇的牺牲者，它们用悲壮的举动，捍卫了蚂蚁团队的生命。

说到蚂蚁，我们就会想到"勤奋"一词，因为它们总是那样忙碌。其实，除了勤奋，蚂蚁还非常勇敢、无私、具有团队精神。面对洪水猛兽时，它们团结协作，铸成一个无坚不摧的铁血团队，用一个个弱小的生命构建团队的力量，去战胜凶猛的对手。

有这样一则古老的寓言：

在一片原始森林中，有狮子、灰熊、山羊、狐狸、狼、野猪等动物，它们都认为自己很有能耐，谁也不服谁，经常发生争斗。经过反复较量，狮子最终胜出，成为"动物之王"。

与那些动物相比，蚂蚁显得太过渺小，谁也不曾在意它们，它们也没有与其他动物对抗过。一天，山神来到森林，他告诉大家：蚂蚁是了不起的动物，它们十分强大。狮子听到这话，很不服气，心想：山神老贼，你居然不赞扬我，而是赞扬微不足道的蚂蚁，我就要证明给你看，我才是最了不起的动物。于是，他找到蚁巢，向蚂蚁们下战书："如果我输了，动物之王的头衔就是你们的，如果你们输了，以后就要乖乖服从我的统治。"

蚂蚁接受了狮子的挑战，双方在约定的时间，在其他动物的见证下展开较量。几头狮子骄傲地站在那里，等待蚂蚁出现，然后就踩死它们。没想到，蚂蚁黑压压地一片冲了过来，迅速将狮子包围。

一开始，狮子们疯狂地踩踏蚂蚁，很多蚂蚁丧命。但过了几分钟，蚂蚁团队占据了主动，它们有的爬上狮子的背上，有的钻到狮子的鼻孔、嘴巴、肛门里，又过了几分钟，几头狮子失去了反抗力，躺在地上嚎叫，任由蚂蚁团队啃咬，最后变成了一堆白骨。

蚂蚁虽然微小，但是却不可小视，因为它们具有强烈的团队精神。当成百上千的蚂蚁团结起来，向目标发起攻击时，庞然大物也会轰然坍塌。狮子虽然强大，但是没有蚂蚁那种团队精神，败下阵来是必然的。

弱肉强食的动物世界的竞争法则告诉我们：个体弱小没有关系，只要能团结起来，就能战无不胜、所向披靡。个体的强大也没什么了不起，因为再强大的个体，如果不懂得团结众人，那么他在善于团队作战的对手面前也会变得不堪一击。

作为社会性动物的人，在工作中，只有像蚂蚁一样与人团结，才能更好地体现自己的价值和力量，实现个人的目标和团队目标。作为企业的管理者，不但自己要有团队精神，懂得与人团结，还应该想办法把员工们团结在自己周围，为企业的目标而努力。

俗话说："三个臭皮匠赛过诸葛亮。"指的是人多智慧多，有事大家商量，就能想出好办法。也许你个人的力量并不出众，你的员工能力也有限，但当你们团结在一起时，大家集思广益，密切配合，往往能产生数倍的能量，攻克你个人无法攻克的目标。

值得注意的是，要想真正实现"三个臭皮匠赛过诸葛亮"这一目标，在合作时应该考虑四个问题：

首先，团队成员应该相对比较专业。

所谓专业，指的是“内行”，也就是大家要对所从事的事情有经验。俗话说：“隔行如隔山。”不专不精的三脚猫再多，团结起来也无法和术业有专攻的专家相比，三个保安加起来怎么也没法和一个会计比算账。因为团队协作不是人数的堆积，而需要专业知识和经验，只有几个相对专业的人组合在一起，才有可能集思广益，产生好的创意。

其次，团队成员之间要有互补性。

有这样一个案例：

尚先生是一家企业的业务员，学历不高，资金不足，但他有企业策划的才华，经常能策划出赢利性的方案。一天，他翻看报纸时发现一种新开发上市的羊毛纺织机器。对于这个机器，直觉告诉他这里面有商机。于是，他立即调查当地的羊毛纺织机器，发现新开发的机器可以使羊毛纺织降低三分之一的成本，而且生产效益可以成倍增长。

尚先生找到好朋友林先生，此人对纺织业一窍不通，但是他有雄厚的资金实力。当尚先生把自己的想法讲出来后，林先生决定投资，后来他们开了一家纺织厂，从外地进口了几台羊毛纺织机器，由此走上了成功之路。

一个人有点子、创意、赚钱门路，一个人有资金，两人团结在一起，取长补短，最后走上了成功，这就是团结的力量。如果他们不团结在一起，尚先生始终是一个打工仔，虽然有才华，但是无法拥有独立的事业；林先生有资金，但是只是搂着一堆存款，也无法拥有独立的事业。这就是团队合作使人的价值无限增大的最好蓝本。

再次，团队成员之间要平等。

“三个臭皮匠”之所以能赛过诸葛亮，是因为他们之间是平等的，没有身份和地位的差别。在商量和合作时，可以各抒己见、毫不避讳，敢于反驳，这样就有利于碰撞出奇思妙想，制定出大家认同的目标和战略，更好地走向成功。

最后，团队成员要有商量。

俗话说："一人计短，两人计长。"有事情，好商量；有问题，好沟通，这是三个"臭皮匠"能真正走在一起，并密切团结的重要因素。如果彼此商量不到一块儿，沟通不到一起，那么，他们之间不可能产生"化学反应"，也不可能战胜"诸葛亮"。

3 小公司起事要快速聚拢新员工的心

"招聘了新员工，不就是让他们来报到上班嘛！慢慢来，他们来工作几天，自然就混熟了，慢慢就适应了。"不少企业招聘新员工之后，不重视帮新员工融入工作、融入集体，而是让新员工"自生自灭"。

据统计，国内有八成的企业不对新员工进行有效的岗前培训，而是让新员工立即上岗去正式工作。就算是对员工进行培训的企业，大多数只是把这个环节当成一个简单的"行政步骤"，草草而过。殊不知，这样很容易埋下人才流失的"风险"。

某家公司招聘了几名新员工，招来之后，领导只是给他们几份资料，让他们自己看，然后就把他们晾在一边，这一晾就是三天。结果，有两名新员工觉得受到了冷落，干脆一走了之。类似的现象也许你也有所耳闻，公司如果对新员工不热情、无诚意，那么很容易失去他们的心。

怎样才能规避新员工离去的风险呢？最好的办法就是，在短时间让他们快速进入角色、融入企业，从"局外人"转变成为"自己人"或"企业人"。这就要通过规范的方式让新员工感受到被尊重、被关注，帮他们形成归属感，使他们对在企业中的职业发展充满信心。所以，及时、规范、全面的入职培训是必不可少的环节，这是招聘人才的后续步骤，也是企业做好留住人才工作的第一步。

入职培训的方式、方法灵活多样，可以采取授课式、研讨会式，也可以在岗实地培训，甚至可以是户外训练等方式。企业可以结合具体的工作岗位和现实条件，选择不同的入职培训方式方法。

美国惠而浦公司对新加入的销售人员采取的培训方法是实地培训，他们把新员工分成7人一组，安排在公司密歇根总部附近的房子里，培训时间为两个月，新员工在这两个月里，只有两个周末可以回家度假。

除了给新员工讲授专业知识外，还会让新员工每天用公司的产品洗衣服、做饭、洗碗。同时，他们还会在当地商店购买家用电器，然后把它们与惠而浦的产品进行比较，从中找出自己产品的优势与不足。通过这个培训，新加入的销售人员很快就熟悉了公司的产品和自己的业务，参加这个培训的新员工通过试用期后，继续留下来的员工比率比较高。

公司领导者表示，新员工培训活动不仅是帮新员工了解公司产品和业务，更是帮他们快速熟悉起来，打破那种不熟悉、见面尴尬的局面。这种培训活动的本身，也体现了公司对新员工的重视。这是赢得新员工好感的重要手段。

除了实地培训方法之外，有些公司还采用“伙伴制”的培训方法，即给新员工指定一名老员工作为“导师”，让他在老员工的帮助下，了解公司文化、了解公司产品和业务，新员工遇到不懂的问题，可以随时向老员工请教，而那些被选为“导师”的员工，也能感受到企业对他们的一种认可。这种一对一的“贴身全程服务”可以很好地展示企业的亲和力和凝聚力，可以将企业文化传播得更加广泛和深入人心。

在培训活动结束之后，作为公司的领导者，一定要争取给新员工留下一个深刻的好印象。如果做到了这点，就意味着入职培训和员工融入新环境成功了一半。具体怎样做呢？很简单，你只需给新员工举办一个简单但热烈的欢迎招待会，准备一些咖啡、茶点，邀请公司员工和新员工见面认识，然后给新员工安排工作，包括办公座位、办公用品、姓名牌、名片、出入卡、内部通讯录、紧急联络表等等，都要为新员工准备好。还有办公区的布局，复印机、传真机、打印机等办公设备的使用方法，茶水间、洗手间的使用，等等，都应该告知新员工。

当然，你也可以给新员工写一封言辞恳切的欢迎信。为新员工发放一些带有公司标识的纪念品，甚至直接邀请新员工与你共进午餐，通过这些细小的举动向新员工传递一个信息：公司非常重视你，希望你在这里安心工作，有什么需要的，尽管来找我。

除了这些客观上的培训、欢迎会，领导者还应该重视从内心出发，用真情打动员工，让新员工对公司和工作产生认同感、成就感、知遇感、归宿感，形成内在的持久的凝聚力。具体怎么做呢？不妨参考以下几点建议：

（1）认可新员工，鼓舞他们的士气

如果你要问：新员工最需要什么？答案肯定是：认可。要知道，初来乍到，新员工内心会有不安感，面对新工作，他们担心自己的表现不好，得不到认可，更害怕过不了试用期，被公司辞退。在这种情况下，对他们进行认可是极为重要的，可以鼓舞他们的士气，使他们自信地对待工作。

作为领导者，你可以对新员工说：“你这方面非常好，但是那一部分尚有问题，只要你多留意一下，加以改善，你的表现就非常完美了。”以这种方式来指导新员工，会使他们欣然接受，并乐意改正缺点，而且自信心丝毫不受打击。

（2）表扬新员工，激起他们的自信

有位教育家曾说：“我们若不断地赞扬年轻人，他们必会产生自信，此时，我们便予以严格督促。这样，他们仍会对自己的能力深具信心，因而能够摆脱低落的情绪，接受更进一步的指导。”毫无疑问，在对待新员工时，表扬也是必不可少的笼络人心的手法。

表扬新员工什么呢？你可以表扬新员工的努力，即虽然他工作取得的成效一般，但他工作很努力，很认真，这也值得表扬；你可以表扬新员工的想法，比如，公司在商讨问题时，新员工提出了一个好建议，这时不要错过表扬他的机会。

（3）奖励新员工，让他们看到公司的厚爱

除了赞美之外，领导者应该给员工实实在在的奖励。这样才能让新员工感受到公司的厚爱。比如，新来的秘书字写得非常潇洒漂亮，你可以给他泡一杯咖啡，以示小小奖励。在这方面，马孔·福布斯的做法值得我们学习。

一次，《IAI 周报》的承包印刷商送给福布斯一瓶香槟，因为这份刊物的订户超过了 2.5 万大关，福布斯立即派人把这瓶香槟送给雷·耶夫纳，并且附上一张纸条：“这是你的功劳。”因为这份刊物之所以重振雄风，与雷·耶夫纳努力是分不开的，所以，福布斯奖励他一瓶香槟。收到这份意义非凡的礼物的雷·耶夫纳非常开心，工作得更努力了。

所谓“士为知己者死，女为悦己者容”，领导者若想获得新员工的心，就应该表现出对新员工的认可、支持和欣赏，多与他们联络沟通，多给他们信任和尊重。人是有感情的，当他们取得成绩时，你如果能及时赞扬、奖励他们，在他们碰到困难时，你如果能及时提供帮助，那么，他们会觉得你对他们有知遇之恩，从而对你心悦诚服。

4 管理最重要的不是权力，而是智慧

在企业中，有一种领导说出来的话“一言九鼎”，全体员工非常拥护，积极按照领导的意图去执行任务；有一种领导说出来的话却“一文不值”，全体成员不屑一顾，但“人在屋檐下，不得不低头”，只能被迫去服从。这两种领导的差别在于，前一种领导靠的是智慧、权威和个人魅力来领导员工，后一种领导是靠单纯的权力来管理员工。

领导者的权威留存于员工的内心，权力却是浮在表面上的。员工当面对你敬畏，背后对你异常钦佩，这是权威的作用；员工当面对你点头哈腰，背后却说你非常糟糕，这是权力的作用。作为一个领导者，你肯定希望用智慧和权威领导员工，而不是用权力“压迫”员工。因此，你必须认清领导智慧与权力在管理中各自发挥怎样的作用。

众所周知，一个领导者必须拥有权力，领导者本身的职位就赋予了他这样的权力，没有权力，便不称其为领导。权力的力量能使别人服从，如果运用得当，权力可以产生巨大的影响力。但如果使用不当，权力就会成为“暴政”的工具，成为强制员工服从的外在力量。在这种情况下，员工会对你产生反感，他们很难发自内心地服从你、支持你、认同你。

不少领导者没有认识到这一点，认为自己是领导，就应该对员工呼来喝去，就有权“专制”——说一不二，一言九鼎，员工必须绝对服从。否则，就用权力来强迫员工、处罚员工。而真正有智慧的领导者不会这样做，他们深知：打动员工、赢得员工敬意的最好办法，是用自己的智慧和能力来带领团队。所谓“将帅无能，累死三军”，“兵怂怂一

个，将怂怂一窝”，足以证明领导者的能力对整个团队的重要性。有能力的领导者在团队里，很容易产生巨大的号召力。

一个成功的领导者，在管理企业的过程中，往往会表现出超群的智慧，能赢得下属的敬佩和拥护。与此同时，他们还要有较好的内在品格和个性魅力，这样一来，他的威信就会逐步树立起来，在工作中他就会一呼百应，大家都会心悦诚服地听从他的安排和管理，这样就很容易将工作做好。

领导者的权力是职位赋予的，但领导者的影响力则产生于他本人的能力、素养和品质。权力的运用往往依靠高压，而影响力的发挥则表现为发自内心地赢得对方的认同、打动对方的真心。权力可以通过个人的资源、势力去影响他人的行为，而影响力则能促使他人态度、信念、价值观和行为的改变。

在《葛底士堡》这部电影中，讲述了美国内战时期一个重要的战役——葛底士堡战役。影片中有一个片段描写了张伯伦上校如何处理一批逃兵。当时一批逃兵被抓之后，逃兵的一个代表向张伯伦抱怨：“我们在战争中作了很大的贡献，但是却受到了很多虐待，我们厌恶战争，我们想回家……”

张伯伦是怎样处理的呢？他没有动用手中的权力，严惩甚至枪毙这些动摇军心的逃兵，而是对逃兵说了一番情真意切的话：“这场战争非常重要，如果北方军失败了，那么我们就将失去最宝贵的自由。既然你们不想战斗下去，那你们就走吧，我不会处罚你们。在你们走之前，我只想告诉你们：我们都渴望回家，但是如果战争失败了，即使我们回家也将失去意义。”

最终，这些逃兵改变了主意，他们重返战场，全军团结一心，取得了葛底士堡战役的胜利。

在这个故事中，张伯伦上校作为一个领导者，他拥有处罚士兵甚至枪毙士兵的权力。但是他没有用权力镇压逃兵，而是选择用自己的智慧——通过以情动人、以理服人的办法，说服逃兵重返战场，最后他成功了。也许他的成功不在于他的说理多么有说服力，而在于他这种行为本身所产生的感染力。

要知道，很多军官在战争中，往往动不动就向不服从命令的士兵大吼大叫，甚至用枪口对准他们，毫不犹豫地扣动扳机。如果张伯伦也这么做，也许逃兵会屈服，但这往往是口服心不服，结果人在曹营心在汉，又谈何战斗力？这种服从是暂时的，一旦有机会，士兵就可能再次哗变，甚至“临阵倒戈”，这种结果是非常可怕的。而张伯伦通过个人影响力打动了下属，所产生的影响力是内在的、长久的。

事实上，战场上的将军领导士兵，与企业中的领导者管理下属，道理是一样的。看看今天的中国商界，华为的任正非、联想的柳传志、海尔的张瑞敏，他们都在用自己的智慧影响着企业员工，用自己的能力带领企业迎着世界趋势锐意进取，使企业在激烈的竞争中，依然能取得骄人的战绩，这也使他们在员工心目中的影响力进一步提升。

领导者的智慧表现在很多方面，既表现在制定长远的战略规划上，还表现在按制度办事，公平公正地对待员工上，也表现在日常管理中，与员工和谐相处上，等等。如果你想树立自己的影响力，那么不妨动用聪明才智，想方设法让员工“服你”。在这方面，英特尔公司总裁的做法非常值得借鉴：

曾经有段时间，英特尔公司的员工经常迟到。公司领导者对迟到者处以批评、扣工资等处罚，但是问题依然没有解决。最后，总裁想了一个办法，他每天第一个到公司，并站在门口迎接员工。迟到的员工见总裁在门口迎接自己，内心产生了强烈的自责感，他们发誓不再迟到。那些没有迟到的员工见总裁来得比自己早，便提醒自己：明天我要来得更早一点。渐渐地，员工迟到的现象得到了根本的改变。

毫无疑问，总裁先生的做法是充满智慧的，他通过以身作则的方式，给员工树立了一个标杆，让员工自觉地向他看齐。这样一来，不用发火动怒，不用扣钱惩罚，员工迟到的现象就得以解决。试问，这难道不是高明的管理智慧吗？所以，如果你的员工上班也经常迟到，那么请先反省一下自己：是不是我经常迟到，是不是我不重视员工迟到问题？同时了解员工迟到的原因，而不是用权力来处罚员工。

员工迟到问题只是管理者的问题之一。在管理中，你还会碰到很多问题，但无论碰到怎样的问题，不到万不得已，不要轻易动用你的权力去“镇压”你的员工，而要试着用感情、劝说、说理等软性的办法，用你的个人品行和人格魅力去影响员工。当然，对于明确的制度规定，如果员工违反了，该罚还得罚。当然，要记住：罚不是目的，不能罚完了事，而要用你的影响力，引导员工走向你所期望的方向。

5 管理者最重要的是：永远相信下面的人比你强

西里尔·诺斯古德·帕金森是英国著名的历史学家、政治学家，他通过长期的调查研究，发现了一个现象：一个不称职的官员，可能有三条出路。第一条出路是申请退职，把位子让给能干的人；第二条出路是让一位能干的人来协助自己工作；第三条出路是任用两个水平比自己更低的人当助手。

假如你是这位官员、管理者、领导者，你会选择哪一条出路呢？第一条出路，肯定是不会选择的，因为那样你会失去权力、地位、高薪；第二条出路，你往往也不会选择，因为找个能干的人辅助你，这个能干的人可能成为你的对手，很可能把你挤下位子；看来只有选择第三条出路了。

当你选择第三条出路时，你就有两个平庸的助手帮你分担工作，你可以高高在上发号施令，丝毫不用担心他们成为你的竞争对手。两个无能的下属作为第一级别的管理者，他们也有你的那种心理，也会选择比自己差的人当下属。以此类推，就形成了一个机构臃肿、人浮于事、效率低下的领导体系。这就是著名的“帕金森定律”。

从帕金森定律中，我们可以发现：人性的弱点之一是害怕被别人超越、被别人取代，无法容忍别人超过自己，因此，即便自己无法胜任工作，需要找帮手，也不愿意找一个能力强于自己的人，而更愿意找一个能力比自己差的人，这样自己才有优越感，才有自信心，才有安全感。

事实上，在企业管理中，很多管理者都有这种自私、狭隘的心理，真正能做到容人之长，任用比自己强的下属的领导者少之又少。当一个领导者不在乎下属超越自己，不担心下属取代自己，大胆地任用强于自己的下属时，这家企业才会有希望，才能进一步做大做强。

美国钢铁大王安德鲁·卡耐基就是一个善于任用比自己强的人的企业家，他曾表示自己并没什么了不起的能力，而是因为他敢用比自己强的人，能看到并发挥他们的长处。在他的墓碑上，刻着这样一句话：“一位知道选用比他本人能力更强的人来为他工作的人安息在这里。”

卡耐基深知人才对于一个企业发展的作用。在他看来，只有敢于任用比自己强的领导，才能带领团队取得更好的效益，这直接关系到企业的发展。他在创业伊始，就重视网罗人才，其中有两位人才对他事业的发展作出了巨大的贡献，一位是酸性转炉炼钢法的发明者亚历山大·霍利，一位是掌握着十几项钢铁生产技术专利的专家琼斯。

卡耐基认为，人才和年龄没有关系，无论人才年轻或是年长，只要有能力，他就会予以重用。16 岁的齐瓦勃就是一位才华出众的年轻人，他在受雇6 个月之后，就被任命为副厂长。后来，又被卡耐基任命为布拉德钢铁厂的厂长。再后来，董事长辞职，卡耐基又提升他为公司的董事长。

卡耐基的用人观是唯才是用，他总是把目光放在人才的长处上，并为人才提供平台，让他们最大限度地发挥自己的长处。正是因为他的赏识和重用，那些优秀的下属才能放开手脚，加倍努力来实现自己的价值。

真正优秀的领导者、企业家，敢于并善于使用比自己强的人，他们始终相信，自己所选择的下属，都是比自己强的人。他们有广博的胸襟足以容纳优秀的下属，这就是他们能够把企业做大做强的关键因素之一。

阿里巴巴的创始人马云说过："领导永远不要跟下属比技能，下属肯定比你强；如果不比你强，说明你请错人了。第一，要比眼光：比他看得远；第二，要比胸怀：男人的胸怀是委屈撑大的，要能容人所不容；第三，要比实力：抗失败的能力比他强。一个优秀的领导人的素质就是眼光、胸怀和实力。"

一位记者去阿里巴巴采访马云，当他们谈到一个需要从电脑上查找资料的话题时，马云坐在电脑前面忙活了半天，但是还是没有找到想要的资料。没办法，他只好叫来秘书。秘书只操作了 10 秒，就把他想要的资料找到了。难道在阿里巴巴，秘书电脑水平这么高吗？

记者好奇地凑上前去，发现难住马云的不过是一个简单的 word 文档。再看看马云的电脑桌面，除了几个基本文档之外，什么也没有。马云见记者一脸惊讶，便笑着说："我只会用电脑干两件事，一是浏览网页，二是收发电子邮件，其他的一窍不通。我连如何在电脑上看 VCD 都不会，一直保持这种'菜鸟'级的水平挺好的。我不懂电脑，销售也不在行，但是公司里有人懂就行了。"

马云这番话不是谦虚，而是事实，他在 IT 界是公认的"菜鸟"，他和公司众多的技术开发人员相比，他就是一个电脑白痴。可就是这个电脑白痴，却领导着一群 IT 天才，创造了"芝麻开门"的神话。这不正是不懂降妖除魔，却能带领孙悟空、猪八戒、沙和尚一路披荆斩棘、取得真经的唐僧吗？难怪马云一直认为唐僧是最好的领袖。

马云曾说过一句经典名言："管理者最重要的是永远相信下面的人比你强。"所谓的"比你强"，当然是指在某些方面下属比你强，尤其是在专业领域，在执行力上比你强。这样一来，你就可以借助比你强的下属，毫不费力地达成企业目标。

古人云：“下君之策尽己之力，中君之策尽人之力，上君之策尽人之智。”英明的领导者总是善于利用下属的聪明才智来完成团队的目标，这是一种健康的心态，是一种博大的胸怀，是一种非凡的气度。

所以，领导者完全没必要担心下属的能力超过自己，会危及自己的地位和威望。下属之所以是下属，正是因为他在某些方面比你强，否则，如果某个下属能做的事情，你自己都能做，你还需要这样的下属吗？可见，下属的到来是“补强”你的团队的，而不是来取代你的。作为领导者，你要做的就是带领一帮优秀的下属，实现更高的企业目标。

6　将帅无能，累死三军

在曾经红极一时的电视剧《亮剑》中，李云龙说过这样一句话：“兵怂怂一个，将怂怂一窝。”将帅无能，累死三军。带兵打仗，最怕将领是个怂货，是个窝囊废。所谓的“怂”，指的是没胆识，没魄力，没智慧，没勇气，没果断抉择的能力。这样士兵的才能得不到发挥，大家的气势会被打压，积极性会受到影响，整支部队都将变成窝囊废，怎么能打胜仗呢？

在这一点上，三国时期十八路诸侯联合讨伐董卓，就是一个最典型的案例。诸侯方有袁绍、孙坚、曹操、刘关张、马腾等，董卓方有吕布、华雄等，而吕布有勇无谋。无论是从双方的力量对比上来看，还是从得人心方面来看，诸侯方都占尽优势，应该说灭掉董卓不在话下。可是，由于当时各路诸侯推荐袁绍为盟主，而袁绍就是一个无能的将帅，优柔寡断、疑心很重，加之不会用人，不但没有剿灭董卓，反而搞得联盟中纷争迭起、人心离异，最终讨伐董卓一战不了了之。

袁绍的无能折射出企业管理中一个老板对企业发展的重要性。从袁绍身上，我们可以看到四大不足：

第一，价值不明，策略呆板。十八路诸侯就像一个多样化的团队，各路人马之间没有足够的信任，没有统一的思想，而且各怀企图。然而，袁绍没有考虑到这一点，只是草草地开了个盟会，然后就匆匆上阵与董卓叫板。却不知，匡扶汉室，讨伐逆贼董卓是一个正义行为，应该以此为理念，宣扬一项崇高的事业，向各路诸侯描绘美好的蓝图，从而统一大家的作战思想，并告诉大家：事成之后，封官论赏。这样十八路诸侯的作战积极性就会被激发出来，就不会发生临阵退缩的现象。

第二，联盟紊乱，没有分工。讨伐董卓是一个巨大的战役，对一个组织来说，应该有明确分工。比如，给孙坚、曹操、刘备等人一个“副总”头衔，给他们明确的任务，然后研究一个作战策略。这样就可以很好地凝聚大家的力量，有序地展开讨伐董卓的行动。但是怂货袁绍不愿意放权，自己在那儿瞎指挥，结果讨逆以失败告终。

第三，没有纪律，赏罚无方。董卓方的华雄将诸侯方的多位将领斩于马下，气势极为嚣张，对盟军产生了很大的震撼力。之后关羽主动请缨，温酒斩华雄，美谈从此传开，威震全军。这样的功劳应该给予重奖，但是袁绍没有奖赏关羽。鲍信、鲍忠不听指挥，一味抢功，造成重大失误，应该受到责罚，但是袁绍没有责罚他们。不听从指挥，抢功心切，私自行动，造成重大失误，应予责罚。袁术私心甚重，后勤供应不足，致使孙坚战前失利，造成讨董极为被动。对此应严明纪律，赏罚分明，否则就很容易打消盟军的积极性，尤其是对刘关张的打击更大。

第四，没有远见，不识人才。用人先识人，只有先识别人才，才能把人才安排在合适的位置上，让他做最适合的事情。关羽自荐迎战华雄，袁绍却因关羽的出身卑微而担心被人嘲笑，这是严重的狭隘和不识才。大敌当前，袁术却以出身取人，以级别论人，甚至害怕被人笑话，严重不懂识人。

现在看来，袁绍带领十八路诸侯讨伐董卓之所以失败，也没有什么奇怪的。不过，袁绍的怂形象对企业管理者，尤其是一家企业的老板有深刻的启示。那就是，要想让企业获得长足的发展，老板就必须成为一个铁腕将领，要有魄力，有胆识，有远见，有识人用人的能力，绝不能目光短浅、畏畏缩缩、犹豫不决、前怕狼后怕虎。

陈先生是某食品企业的老板，他花重金聘请了一位销售总监，并给他提出了年销售额比头一年提高50%的目标。销售总监上岗之后，第一个月忙着市场调查，制定企业的年销售计划；第二个月忙着组建销售团队，建立管理和考核制度；第三个月，当销售业绩有所起色时，陈先生坐不住了，他说销售总监三个月都没有给企业带来利润，于是把他辞退了。

老板们经常说的一句话是："我用人，是帮我创造利润的。"这句话当然不错，但是任何一个新人，都需要一段时间来适应企业，特别是高层管理者，更需要时间理解企业的组织结构、战略决策、产品特性、竞争对手等等。因此，老板应该对新人多一点耐心，要善于看到新人的潜质，而不是想当然地解雇员工，否则就是不懂用人，没有远见。

拿破仑曾经说过："不想当将军的士兵，不是好士兵。"同样的道理，不想成就一番事业的老板，也不是一个好老板。然而，希望成就一番事业，仅有这样的愿望是不够的。老板必须具有智慧，必须善于用人。因为一个人的能力是有限的，只有结合大家的智慧和才能，才能成就大业。在这一点上，我们可以对比楚汉两大英雄人物项羽和刘邦。

项羽和刘邦都想成就一番霸业，可是项羽勇气可嘉，但智谋不足，他只知道冲锋陷阵，和别人硬拼硬打。纵然他武艺高强，以一敌十、敌百，纵使他能率领几千人马打败别人几万人马，但最后依然逃脱不了灭亡的命运。而刘邦则不同，他非常自知，明白自己的能力有限，于是他最大限度地运用有能之人。通过对萧何、韩信、张良的大胆放权，最后消灭了项羽，建立了汉王朝。

在现代商战中，联想总裁柳传志就像刘邦那样善于用人。作为联想集团的领军人物，他能充分发掘人才，大胆放权。他还善于学习和总结，懂得审时度势，能在复杂的事情中理出头绪。柳传志认为，领军人物必须具备几点素质，那就是“做人要正”、“有大志”、“善于学习和善于总结”和“审时度势”。当一个老板具备了这些特质，企业才能更好地谋求长远的发展。

7 永不放弃，企业家不要给自己留退路

英国历史上著名的首相丘吉尔，曾在牛津大学的毕业典礼上致辞，他上台之后，两手抓住讲台，注视着观众，沉默了很久，然后开口说：“永远、永远，永远不要放弃!”接着，他又沉默了一阵，然后再次强调：“永远、永远，永远不要放弃!”之后，他回到自己的座位上。无疑，这是历史上最短的一次演讲，但是也是最振聋发聩的一次演讲。

作为企业的老板，丘吉尔的话值得你牢记于心——永远不要放弃，这是一种创业精神，也是一种誓死决心。永不放弃，意味着不给自己留退路，因为一个人一旦有了退路，就很容易犹豫起来，就很可能选择退路。而在你最艰苦的时候，或许也是你最接近成功的时候，如果你在这个时候选择放弃，走上了早已为自己准备的那条退路，你就会与成功失之交臂。

马云曾说过一句经典的话：“在创业的道路上，我们没有退路，最

大的失败就是放弃。”他把“永不放弃”作为自己的座右铭，在企业最困难的时期用来鼓舞自己的斗志。其实，不只是马云，世界上那些成就大业的人，都有永不放弃的精神。不放弃意味着顽强地走下去，哪怕前进的路上布满了荆棘，也会不达目的誓不罢休。肯德基的创始人哈兰·山德士的成功创业，就是绝好的一个例子。

大多数人到了65岁都在安享晚年，但是哈兰·山德士却在65岁选择了创业。当时他身无分文，非常贫穷，靠着政府发放的救济金生活。一次，他看着领来的105美元救济金，问自己：难道我一辈子都这样活下去吗？我是否应该做点什么？

从那之后，哈兰·山德士开始思考干点什么，结果想到了炸鸡秘方，于是决定用这个秘方赚取财富。虽然有了创业项目和计划，但是山德士身无分文，没有人脉，没有精力，怎样才能创业呢？

思来想去，哈兰·山德士认为，只有想办法与人合伙，用别人的钱，给自己赚钱。可是，谁愿意把钱交给一个65岁的老头经营呢？可想而知，山德士的创业之路非常艰辛，没有顽强的毅力是很难走下去的。

山德士是怎么做的呢？他每天带着创业计划，挨家挨户地敲门，把自己的创业想法告诉每一个人，每一家餐馆。结果呢？和很多人预想的那样，他看到的都是别人的嘲讽，听到的都是别人的冷言冷语。所有的人都认为，这么大年纪的老头创业，不是开玩笑吗？

但是，山德士没有放弃，他坚信自己的创业计划能实现。他认为，别人拒绝他是上帝在考验他，就这样，他凭借一腔热情，坚持前行，最终，有人接受了他的计划。于是，才有了今天遍及全球的肯德基。

有谁能做到在1008次拒绝之后，依然不言放弃呢？在这个世界上，能做到这一点的，恐怕不会再有第二个山德士了。这种“狠”是对自己的，那就是哪怕最后失败了，也不窝囊地度过一生。作为一名企业老板，一定要有这种狠劲，正如那句话说的“男人就应该对自己狠一点”，做老板也应该对自己狠一点。

哈兰·山德士曾经说过："我不知道成功是什么，但知道失败是什么，失败就是放弃。"因此，如果你希望成功，就不要轻言放弃。这种强烈的成功意志，是每个老板都应具备的。企业发展不可能一帆风顺，失败是企业发展的重要关卡。一个企业能否辉煌，很大程度上取决于老板那种"永不放弃"的狠劲。英明的老板会把困难一个个剔除，把胆怯一点点消除，甚至自断后路，破釜沉舟。

凯撒大帝在夺取政权之前，是一位优秀的将领。有一次，他奉命率舰队去攻打海外的一个岛屿。在出发前检阅舰队之时，他发现随船远征的士兵少得可怜，而且武器装备破旧不堪，这样怎么能征服英勇善战的土著人呢？

然而，凯撒还是如期起航，舰队到达目的地后，他召集所有的士兵下船，然后一把火烧掉了所有的战舰。然后，他向全体士兵宣布："战舰已经烧毁，我们已经没有了退路。所以，大家只有两个选择，要么勉强应战，如果无法取胜，就会被土著人杀死；要么奋勇杀敌，战胜对手，这样才有活命的机会。

后来，士兵们都抱定必胜的决心，奋勇杀敌，终于攻下了强敌。这次战役的成功，为凯撒日后掌权奠定了坚实的基础。

没有退路，才会奋勇向前。企业在发展过程中，老板务必抱着无退路的决心，这样无论遇到什么困难，都不会轻易放弃；无论遇到什么障碍，都会直接踏平。如果老板的立志不坚，时时准备知难而退，那么企业是很难做大做强的。

一个人一生的成败，全在于他的意志力强弱。一个企业的成败，则在于老板的意志力强弱。世界上没有常胜将军，挫折和失败是正常的。真正成就大业的老板不是没有遭遇过挫折、经历过危机，而是在危机之中能保持自信并找到机会；真正成就大业的老板不是没有遭遇过失败，而是在失败之后，依然能找到出路。

第二章

制度才是真正的老板

常言道，打江山容易，守江山难。守江山的关键在于治理，治理的关键在于制度。如果企业没有科学合理的制度，主要靠“人治”，那么企业或许可以繁荣一时，但是很难繁荣一世。许多百年老店、大型的跨国公司告诉我们，靠制度管理的公司才能持久地发展下去，制度才是真正的老板。华盛顿之所以伟大，关键在于他带领美国人民缔造了《美利坚合众国宪法》，并让每个美国人都遵守这部《宪法》，虽然华盛顿早已不在，但是美国人还是按照这部《宪法》在做事，这就是制度的重要作用。因此，制度才是真正的权力拥有者。

1 创建一个伟大的公司，需要一个伟大的机制

有7个人住在一起，每天大家都要分一锅粥。痛苦的是粥的分量不够，而每个人都想多吃点，因此，关于如何分粥的问题，大家争论不休。一开始，他们决定每天都通过抓阄选出分粥的人，于是每天只有分粥的人是饱的。

后来，他们觉得这种办法不好，于是推出一个德高望重的人出来分粥。有强权就会产生腐败，其他6个人开始挖空心思讨好这个德高望重的人，把整个小团体搞得乌烟瘴气。

再后来，大家决定选出由3人组成的分粥委员会以及4人的评选委员会，结果分粥委员会成员经常相互攻击、相互扯皮，等把粥吃到嘴里时已经凉了。

最后，大家想出一个公平的办法：每个人轮流一天来分粥，但分粥的人要等其他人都挑完后拿剩下的最后一碗。为了不让自己吃到最少的那碗粥，每个人都会努力分得平均。如果分得不平均，最后自己只能拿到最少的那碗粥，也只能怨自己。自从实行这个分粥规则之后，大家才停止了抱怨和争吵。

一个仅由7人组成的团队，就能因为一个小小的分粥问题产生巨大的分歧，由此可见，制度、规则不合理，团队将永无宁日。唯有制定公平、合理的制度、规则，才能让大家信服，大家才会遵守制度和规则，企业才有希望获得发展。

俗话说："打天下容易，守天下难。"当企业经历了创业的艰难期，

在市场上站稳脚跟之后，管理者们开始意识到：用创业时的管人管事的方法来管理企业已经行不通了，于是他们迫切需要一个公平合理的企业制度来规范企业，因为优秀的企业制度才是成就伟大公司的保障。

在如今这个日新月异的时代，企业的外部环境时刻都在发生变化，因此，企业的制度也应该与时俱进，跟随企业内外部环境的变化，适时地进行调整，使其更符合企业发展的需要，这样才能保证企业获得长足的发展。

杜邦公司创立于1802年，至今已有200多年的历史，是世界500强企业中寿命最长的企业之一。它的长寿与杜邦家族不断进行制度调整、改革、创新有直接的关系。

在杜邦公司发展的早期，公司的管理明显带有个人英雄主义色彩，公司所有事务都由创始人亨利·杜邦一人说了算。这种管理模式持续了39年，并且取得了不错的效果，但是当亨利卸任之后，杜邦公司由于缺少优秀的制度，马上陷入了混乱。由于继承人管理经验不足，公司效益迅速衰退，公司差一点就倒闭了。

面对危机，杜邦公司废除了单人决策的管理模式，制定了集团式的管理模式。杜邦家族成员不再事必躬亲，而是让执行委员用制度去管理公司。这样大大提高了管理效率，促进了公司的发展。在杜邦公司后来的发展过程中，公司不断结合客观环境的变化和企业发展的需要，适时调整和完善公司制度，这是杜邦公司获得持久发展的重要原因。

从最初的个人英雄主义，到后来的用制度管理公司，这是杜邦公司的一大进步。在杜邦家族的历史上，不乏响当当的大人物。但是，200多年过去了，有多少人还记得他们？但是杜邦的员工却在公司制度的规范下，持续不断地前赴后继，为公司作贡献。这说明打造一个伟大的企业离不开优秀的制度。

其实，对任何一个企业来说，用制度管理公司并不断创新和完善制度，都是企业“定江山”的法宝。身为管理者，一定要认识到完善合理的制度对企业发展的意义和作用。

（1）完善合理的制度可以把管理者从繁琐的事务中解放出来

作为一个管理者，你是否有时会感到焦头烂额呢？由于员工不规则的操作，或细枝末节上的琐事，你是否会烦恼呢？其实，要想消除这一切烦恼，你只需要一个完善合理的制度。它就像一把锋利的剑，可以为你斩断一切纷扰。合理的制度可以使企业纷繁复杂的事务处理起来变得简单，你再也不需要在琐事上投入大量宝贵的时间。

（2）完善合理的制度可以让员工充满激情和创造力

完善合理的制度维护了公平与正义，使员工感到制度是对事不对人的，这样他们更愿意遵守制度，自觉地维护制度。这是打造和谐团队的根本。由于制度公平合理，管理者再也不用因人为管理造成的不公平而烦恼。

（3）完善合理的制度可以提升企业的竞争力

完善的制度体现了公平，维护了正义，使员工获得一视同仁的对待，这样可以提高员工的工作效率。在竞争激烈的今天，员工的工作效率提高了，企业的生产效益就会大大提升，企业的综合竞争力也会水涨船高。

2　一流企业用制度管人，二流企业用人管人

《孙子兵法》指出：“要规定明确的法律条文，用严格的训练整顿军队，对士兵过于宽松，过于爱怜，结果会导致士兵不能严格执行命令，部队陷入混乱而不能加以约束。”当前企业面临的竞争，其残酷程度不亚于冷兵器时代战场上的血肉拼杀，如果企业没有严明的制度，做不到令行禁止，是不可能在竞争中取胜的。

俗话说："没有规矩，不成方圆。"规矩、秩序、制度的重要性不言而喻，当一个团队缺少规章、制度、流程时，团队就很容易陷入混乱，这是非常糟糕的事情。下面是企业因没有合理制度的规范、主要靠人治而产生的常见弊病：

（1）职责不清

在很多企业中，经常会遇到由于制度不合理，导致工作安排不合理，造成某项工作好像两个部门都管，但实际上哪个部门都没有认真负责。两个部门对工作纠缠不休，扯皮推诿，使得原本应该是职责分明的人员安排变得混乱无序，造成极大的内耗。

（2）业务流程无序

由于人治带有很大的随意性，很容易导致一项工作原本应该按照一定的流程来进行，但是人受情绪变动的影响，往往容易跳出这个流程，任意所为，最终造成流程无序。举个例子，采购人员拿着资金外出采购，回到公司原本要上交账单，和财务交接工作。但是由于公司没有明确的制度规定，采购人员可能迟迟不与财务对账，甚至私吞公款，利用假票据蒙混过关。

（3）缺少协调与配合

由于制度中没有明确规定哪个部门负责哪项工作，那么部门之间的协调工作就会出现问题，甚至出现部门间的断层，彼此间缺乏协作意识。你站在那儿观望，我也站在那儿观望，大家都认为这件事应由对方部门负责，结果工作没人管，导致小问题被拖成大问题。协调不力是管理中最大的浪费之一，因为它使团队无法形成凝聚力，使员工缺少团队意识，导致工作效率低下。

（4）有章不循

还有一种情况是，公司有相关的规定，但规定出台后领导者不遵守规定，也不严格按规定办事。当员工违反规定后，没有任何惩罚措施，导致员工不把规定放在眼里。比如，有一家公司的领导对大家说："从今天开始，大家每个月只有两次迟到的机会，请大家不要迟到。”可是大家根本不把领导的话当回事，习惯了迟到的员工继续迟到，而领导者一点都不觉得这有什么不妥，没有采取任何惩罚措施，就连半句批评都没有。这就是典型的有章不循，其根本原因在于规章制度不严格，随口一说，而且并未说明：如果迟到了第三次，将受到何种处罚。

从以上四点可以看出，当一家企业崇尚人治，忽视用制度管人时，员工就会变得没有执行力。这就是为什么在很多企业中，当老板在公司时，员工就有执行力；当老板不在公司时，员工就没有执行力。因为不用制度管人的公司，其员工往往会无视制度，而只看重老板的言行。这就是人治造成的不良后果。一般来说，人治有这样几个弊端：

第一，人治带有明显的随意性，缺乏科学性，难以服众。

第二，人治带有专制性，缺乏民主性，容易造成决策失误，人际关系紧张。

第三，人治经常过不了人情关，很容易使员工产生不公平感，企业无法产生凝聚力。

作为一个企业的领导者，最重要的就是建立完善合理的制度，用制度与纪律管理企业，并使制度与纪律成为员工的行动准则。在这一点上，红楼梦中的王熙凤就做得非常出色。《红楼梦》中有这样一个故事：

宁国府贾蓉的媳妇秦可卿死了，宁国府举办隆重的丧事，每天前来吊唁的人很多，里里外外的事情也很多，怎样才能把这些杂乱的事情处理好呢？贾蓉的父亲贾珍把荣国府的王熙凤请来，让她帮忙管理这摊事。

王熙凤来到宁国府，首先建立了人事管理制度。她把各项工作都安排到位，让每个人都有事可做，各司其职，互不推诿。谁干什么，谁来监督，清清楚楚。顿时，一个一两百人的集体在规章制度的规范下，形成了一个高效率的执行团队。

其次，王熙凤建立了考勤制度和物品管理制度。什么时候点名，什么时候吃早饭，什么时候领发物品，什么时候请示汇报，谁管什么地方的工作，谁领什么物品等，都规定得非常清楚。在这些制度的规范下，王熙凤把宁国府的丧事处理得有条不紊。

试想一下，如果王熙凤不用制度管人，而是靠自己临阵指挥，恐怕一两百人的集体会乱作一团。这个案例告诉我们，用制度管人管事比用人奏效得多。如果你想让企业完成从人治到“法治”的转变，你首先要制定完善合理的制度，其次还要让制度产生威慑力，让大家严格执行制度。只有这样，你的公司才会在硬性制度的规范下，稳定有序、高效率地运营。

一家工厂的工人盗窃了厂里的产品，虽然盗窃的产品数量不大，但性质恶劣，属于盗窃。由于这个工人是厂里的老员工，平时找他帮忙的同事很多，大家与他关系都不错。于是乎，当老板准备依据公司的制度惩罚这位老员工时，很多员工都来为老员工求情，有人说：“原谅他吧，只要他知错就好了。”有人说：“少数服从多数嘛！”

厂长理直气壮地说：“厂里的规章制度得到了大家的认可才出台的，既然有了制度，就要按制度办事，决不能徇私情。”结果，那名老员工受到了制度的严惩，虽然当时厂长有点被孤立的感觉，但是时间一长，大家都理解他的做法，而此后厂里的盗窃案也少了很多。

在这件事中，如果厂长不顾厂里制度，顺从了大多数人的意见，不处理或从轻处罚那名偷窃的员工，不仅厂里的偷盗之风得不到遏制，厂规厂纪也会变成一纸空文。届时，厂里一片混乱，厂长的威信扫地，那才是真正的孤立。由此可见，制度出台之后，就要严格执行，绝不能找借口，公然违背制度的规定。只有按制度办事，才能维护制度的威信，才能遏制不正之风，维护企业的利益。

一流的企业用制度管人，二流末流的企业用人管人。看看国内外著名的企业，它们几乎高度一致地认同用制度管人这一做法。比如，日本东芝公司规定，女工严禁搽粉，男工必须刮净胡子，操作时绝对禁止说话、咳嗽、打喷嚏，以防空气振动，扬起尘埃。正是对工作间的卫生有如此苛刻的要求，于是我们看到了东芝的电子产品“容光焕发、姣美可爱”，备受世界欢迎；美国格利森齿轮机床厂规定，只要进入车间，不论是路过还是干活，必须佩带安全帽，穿硬底皮鞋，并把领带掖在衬衫里面。谁不遵守安全制度，谁就会受到严厉的处罚。

3 明确告诉员工制度的前因后果，让他明白该怎么做

在企业管理中，有一个常见的问题：企业制定了某项制度，员工却不乐意执行或执行不力。管理者感到不解，认为员工公然违反制度，是挑衅制度的威严，于是严厉地处罚员工。按理来说，员工不遵守制度，受到处罚是应该的，但是在没有搞清楚员工为何不遵守制度的情况下，贸然地处理员工，未免显得操之过急。因为有这样三种情况，是管理者不得不考虑的：

第一种情况：制度的出台没有走民主路线，员工觉得管理者忽视了他们的意见，没有得到应有的尊重，于是员工故意不遵守制度，以示不满。

第二种情况：员工不理解制度的意图何在，不明白为什么要制定这样的制度，到底出于什么考虑。这种不理解导致员工对管理者产生不满，他们认为管理者想当然地制定制度，缺乏必要的商量，于是故意不遵守制度，以示不满。

第三种情况：制度规范不明确，让员工感到茫然。员工误解了制度，导致执行不到位。

对于这三种可能的情况，我们不妨借用一个案例来说明，相信看完这个案例，你就非常清楚了。

有一家公司的行政主管在某一天出台了一个规定：按照座位的顺序，大家轮流打扫公司的卫生，每个人值日一周，每周一、三、五这三天打扫卫生。然而，行政主管嘴上却说：女生可以不用打扫卫生。但奇怪的是，在公告栏的值日表上，女生们的名字清楚地写在上面。

行政主管为什么规定女生不用打扫卫生呢？男同事们不得而知，大家私底下犯嘀咕：难道行政主管有意偏袒女同事？若真是这样，那就不公平了。女同事相对于男同事虽然弱势了一点，但不至于弱势到不用打扫卫生。

这项制度出台之后，执行情况并不好，时常有同事“不值日”。当然，并非他们故意不值日，而是因为行政主管言行不一致，让大家感觉规则混乱了。他嘴上说女同事可以不值日，为什么又在公告栏的值日表中把女生排上呢？大家在轮流值日时，到底该跳过女生，还是应该把女生算进去呢？

一个很简单的事情，因为一个糟糕的制度规定，导致事情变得复杂，导致公司卫生状况没有保障。由此可见，糟糕的制度会让员工变糟糕，让大家的执行力变得糟糕。试问，如何才能避免案例中的问题呢？其实，最简单的做法是，在出台制度之前，明确地告诉员工制定这项制度的原因和动机，让员工明白该怎么去遵守。

回归到上面的案例，如果行政主管在公布制度之前，和大家进行简单的商议，向大家说明情况：之所以提议女生不值日，是因为值日的工程量“浩大”，女生体力有限，应付不过来。因此，出于照顾女生的考虑，不让她们值日。然后询问大家对此是否有异议？如果大家没有异议，那么在值日表中，就不应该将女同事排进去，以免男同事产生误解，认为女生应该按值日表上的规定去轮换值日。

如果大家有异议，要鼓励大家说出来，然后在民主协商的前提下修改这个制度，比如，为了公平起见，可以让两个女同事合为一个值日小组，和男同事进入轮换，这样很好地兼顾了公平原则与照顾女同事的原则。

当行政主管做到这些时，可以说，他已经做得足够好了。这样既能让大家感受到尊重，又能让大家明白制度的前因后果，便于更好地执行到位。

在出台制度时，征询员工的意见是非常有必要的。因为规章制度的出台，只有经过了民主程序的肯定，顺应民意，才能持久，才能有公信力。如果只是由几个管理者或董事会的成员制定实施，那么，一方面可能制度考虑不周，另一方面可能得不到广大员工的支持。

某家电器制造厂的几位管理者经过简单的商议之后，出台了一项规定：如果员工延迟交货，他所在的车间一律要交付违约金。然而，员工延迟交货多半事出有因，比如，生产过程中遇到了不可抗拒的天灾、人祸或车间设备出了故障等。结果，这项规定有名无实，原本应该及时修改，但管理者出于面子的考虑，认为刚制定的规定，如果马上推翻、修改，无异于打自己的脸，下属肯定会笑话，于是，这项规定就变成了一纸空文，没有任何实际意义。

这个案例中的制度问题，就是因为管理者在出台规定时，没有征求民意。如果征求了民意，相信不会出现这种情况，因为员工们最清楚延迟交货的常见原因。这再一次告诉管理者们：出台规定时多和员工商议，明确告知员工前因后果，对提高制度的执行力，让制度发挥应有的作用是非常有必要的。

4 制度的设置应兼顾公平和效率

在某工厂的生产车间门口，门卫提醒前来视察的领导戴上安全帽，但是却被领导恶狠狠地瞪了一眼："懂不懂规矩，没看到领导来视察吗?"门卫无奈地赔笑道："对不起，对不起!"某公司会议室的墙壁上有一个醒目的标语：进入会议室请关手机。但是有些领导者却没有这么做，开会时经常有短信或电话铃声响起，有些领导者还公然在会议上接听点话、回复短信，对墙上的标语视若无睹。

从这两件小事中，我们看到了一些领导者的特权思想，他们把自己凌驾于制度之上，在用制度管人的同时，自己却不遵守制度，当了员工的反面教材。如此一来，制度就缺失了公平性，员工感受不到公平感，工作积极性就会受到影响，工作效率也会降低。因此，优秀的管理者都懂得维护制度的公平性，以提高员工的工作效率。

维护制度的公平性首先要从管理者自身做起，自觉地遵守制度的规定，在这一点上列宁为我们做出了榜样。俄国十月革命后不久，列宁参加苏维埃会议。当卫兵要求他出示证件时，他才意识到忘了带证件，结果被卫兵挡在了门外。后来，有人向卫兵说情，说那是列宁，但卫兵依然坚持按制度办事。列宁不但没有批评卫兵，反而特意表扬了他。

IBM公司有一条重要的管理理念，那就是人人平等。公司创始人托马斯·沃森表示，企业的最高管理者经常犯一个错误，他们对自己和员工采取双重标准，他们在违反公司的规定之后，往往会受到宽待，甚至不会受到任何惩罚。但是当员工违反了公司规定时，他们则会按照规定惩处员工。托马斯·沃森说："这种做法会造成很坏的影响，你应该毫不留情地把这类管理人员开除。只有在制度面前，人人平等，公司的利润才能实现最大化。"这就是IBM成功的重要因素之一。

IBM创立于1911年，目前拥有职工30多万人，其业务遍布全世界160多个国家和地区，是世界上最大的信息工业公司。其创始人老沃森出身贫寒，在奋斗的过程中，深感不平等给人心理带来的创伤，给人事业上造成的障碍。因此，在创办了IBM之后，他将人人平等的理念融入到管理中来，坚持在制度面前人人平等的管理原则，让每个员工都感受到平等和尊重，使他们有机会展现自己的才华。

在IBM，管理者与普通员工是平等的，那里没有单独的经理餐厅，没有管理者特有的俱乐部、高尔夫球场，也没有专供经理人使用的卫生间、停车场。这些都反映了一种追求平等的企业文化。

在IBM，每个职工都有平等的机会展示自己，无论你是谁，都必须从基层做起。当你做出成绩，当你证明自己有能力胜任某个更高的职位时，你就会得到晋升的机会。这一点，在小托马斯·沃森身上也没有例外，尽管他是老沃森的儿子，但是进入公司后，他和普通的员工一样，必须先接受公司的销售培训，然后进入基层工作。培训结束后，担任一名普通的销售代表，负责曼哈顿的销售业务。

在IBM，还有一项规定：不得歧视有色民族或少数名族。在美国，很少有公司出台这样的规定，IBM能做到这一点实属不易。曾经有两个年轻聪明的犹太人来IBM求职，结果被拒之门外。两位年轻人认为自己受到了歧视，才失去了进入IBM的机会。于是他们写信给老沃森。

老沃森十分重视这件事，立即派人调查事情的来龙去脉，结果证实公司的招聘人员确实对犹太人有种族歧视。老沃森非常恼火，他将所有的招聘人员召集起来，把两位年轻犹太人的来信读给他们听，最后严肃处理了公司的招聘人员。从此以后，IBM再也没有发生这类歧视事件。

IBM还规定，每个员工都可以对公司的管理问题、对自己所受到的不公正的待遇向管理高层提出意见和申诉。有一次，IBM的一家分公司的员工被开除了，他写信给老沃森，说他干活多，拿的工资却很少。老沃森经过调查，发现情况属实，结果严肃地处理了这家分公司的管理者，最后留下了那名员工，还给他增加了工资。

IBM的制度文化告诉我们，制度不只是针对普通员工的，而是针对公司所有人员的，这里面包括了所有管理人员以及公司的老板。在制度面前，每个人不论职位高低、对公司的功劳大小，大家都一律平等。公司有公平和正义，公司的工作氛围才会和谐，员工的积极性才能得到保护和激发。当大家意识到只要努力工作，就能得到公司的回报时，他们自然会加倍努力地去工作。

5 制度朝令夕改，员工就会找不着北

在企业管理中，有一种管理者经常令员工们苦不堪言。他们出台规定，朝令夕改，今天这样规定，明天那样调整，整来整去，整得员工不知所云。结果，员工怎么做也不符合他们的要求，员工感到非常受打击。

有个年轻人在一家公司担任经理助理一职，但是他工作得很不开心。理由是，他很怕见到老板，不知道怎么工作是对的。他说，老板经常不停地改变想法出台规章制度，让他无所适从。老板经常说的话是“你这样做不行”，“你把那个通知追回来”，“准备修改一下原来的方案”等等。

还有一家规模不小的公司，在管理上也出现了朝令夕改的问题。公司一切都看老板娘的心情，老板娘今天开心，出台一项福利制度，可是明天却予以否认，或说忘记了，或说昨天出台的制度没有细想，还要具体思考一下。然而，当你没有按照制度执行时，她却突然间想起某项制度，大声质问你的不对。

曾经有一次，公司要出台员工绩效考核制度，但是这项制度前前后后改了五六次，到最后还是没有确定。或许是因为这些原因，公司的员工频繁流动，今天可以招来 30 名员工，一个星期后，可以炒掉 29 名员工。

管理者在出台制度、下达命令时朝令夕改，会让员工摸不着头脑，无法应对工作，整天忙着收拾残局。在这样的企业员工不可能快乐，因为他们工作起来没有积极性，没有成就感。这样的企业也是没有希望的，因为它缺乏向心力和凝聚力，管理者彻底失去了员工的信任。所以，企业管理者要认识到朝令夕改的危害性，改变这种不良的管理习惯。

一般来说，企业制度朝令夕改，会产生以下几种危害：

（1）动摇制度的稳定性和延续性

好的制度要起作用，有一个前提是：具有稳定性和延续性。一旦制度失去了稳定性，决策的时候就会存在诸多不确定性，让员工感到无所适从，也会使投资商产生不信任，从而影响企业的发展。

（2）损害管理者的威信和影响力

管理者在制度上朝令夕改，会使员工对制度产生困惑，难以准确地理解和把握制度，从而导致执行中出现偏差，无法执行到位，甚至会起反作用。

（3）浪费管理者的时间和精力

反复调整、修改制度，会极大地浪费管理者的时间和精力，在增加管理成本的同时，又无法提升管理绩效，这是一种极大的浪费。

当然，管理者出台制度时朝令夕改是有原因的，一般来说主要有以下几种原因：

（1）感觉制度不合法。比如，感觉公司的制度内容与法律相悖，制度制定的程序不合法，在制定制度时，没有征询员工的意见，没有体现出民意。等到事后才意识到这些问题，于是推翻了原来的制度细节，重新修改制度内容。

（2）制度操作难度太大，可行性太差。有些企业在制定规章制度之前，没有对实际工作进行调查，没有充分考虑生产、销售、售后等各个环节的实际情况，于是闭门造车，或生搬硬套别人的制度，结果制度出台后，发现水土不服，缺少可操作性。这样也会导致朝令夕改。

（3）制度没有系统性和连贯性。企业规章制度是一项较为复杂的系统，但不少企业管理者在制定制度时，却抱着“走一步算一步”的态度，不注重制度的前后联系，导致前一项制度与后一项制度缺少连贯性，甚至割裂开来、相互拆台，这也是造成制度朝令夕改的原因。

除了以上三个原因之外，管理者出台制度朝令夕改最大的一个原因是，他们本人性格犹豫不定、遇事反复无常，或做事不慎重等等。那么，怎样才能避免出台制度朝令夕改呢？管理者可以从以下几个方面去努力：

（1）制定制度要慎重一些，注重前瞻性和大局观

在制定制度时，管理者要考虑到客观情况的变化，要前瞻性、全局性地看待实际情况。尽可能制定多种制度方案，慎重地从中选出最佳的一个方案，以保证制度经得起客观实际的考验，即使遇到一些突发性事件，也不至于大幅度地调整制度。

（2）制定制度要结合实际，注重具体性和可行性

制定制度是为了真正能够解决实际问题，如果制度对解决实际问题没有任何帮助，比如制度空洞无物、过于抽象，让人无所适从，或者制

度要求过于严格、目标太高，让人无法达到等，这样的制度都是没有意义的制度。因此，在制定制度时，要从实际出发，结合企业的具体目标，站在全局的高度，把握制度的具体性和可行性。

（3）制定制度要征询员工意见，体现民主性和人性化

有些企业花了很长时间制定了详细的制度，但就是执行不下去。为什么呢？这与制度缺乏民主性和人性化有很大的关系。要知道，如果只有生硬的制度，却没有体现出人性化，员工没有明确制度出台的动机和细则，往往会产生排斥和不认同的心理。因此，在制定制度前期，应多与员工交流，听取员工的意见，并在制度中附上明确的考核体系和奖惩标准，这样的制度才会产生约束力和激励性，才容易被员工有效地贯彻执行。

6 别让员工怕你，要让他怕制度

在一些企业，很多员工怕老板，尤其是犯错误的员工。他们为什么怕老板呢？因为老板似乎有生杀予夺的大权，决定着他们的前途和命运。员工怕老板是好事儿吗？当然不是。为什么呢？因为如果员工很害怕老板，他的工作就无法轻松起来，尤其是在与老板沟通时就会显得谨小慎微、唯唯诺诺，这同样不利于工作。员工什么都不怕行不行？当然也不行。因为如果员工什么都不怕，那他就会无法无天，做事就没了规矩。那么，让员工怕什么呢？怕制度，只有让他怕制度，而不是怕老板，才能在人性化和制度化之间找到平衡点，才有利于企业的运作。

有这样一个故事：

有一家企业老板要求在开会期间，不允许接打电话。可是在开会期间，有些领导照旧接电话，有些领导一边拿着电话，一边说："对不起，我这个电话比较重要，是一个大客户。"只有当老板参会时，大家才会自觉地把手机调整为振动状态或静音状态。而领导一旦没有参会，大家就把老板的规定丢在一边。

后来老板发现了这个问题，他再次召开会议时，提来一桶水放在会议室，然后对大家说："从今天开始，谁在会议上接听电话、发短信，一律将其手机扔进这桶水里。可能是事先安排好的，当老板说完这句话，他的电话居然响了，他看了看电话，然后什么也不说，就把手机扔进了那桶水里。

紧接着，又有一个管理者的手机响了，老板见状，走过去，将他的手机拿过来，扔进了那桶水中。老板的这一举动，让在场的所有管理者们震撼了。从那以后，再也没有人敢在开会期间接打电话了。

在西方管理学上，有一个著名的"热炉法则"，它指的是当有人违反规章制度时，就像触碰了一个烧红的火炉，一定要让他受到"烫"的处罚。上文案例中的老板的做法与热炉法则不谋而合，起到了很好的反面强化作用。

热炉法则包含 4 个惩处法则，分别是预警性原则——通红的火炉，就像一盏信号灯，提醒大家不要触碰；必然性原则——只要你摸上去，必然会被烫伤，所以千万不要有侥幸心理；即刻性原则——只要你碰到热炉，瞬间就会被灼伤；公平性原则——不论是谁触碰了热炉，都会被烫伤，热炉不辨亲疏，不分贵贱，一视同仁地对待每个人。

每个企业都应该有自己的规章制度，只要有人触犯了，就要受到惩罚。在这些规章制度中，应明确规定员工该做什么，不该做什么，做了不该做的会受到怎样的惩罚。只有做到令行禁止、不徇私情，才能真正实现热炉法则。这要求企业领导者要有"铁手腕"，维护制度的威严，不讲任何情面。在这方面，联想集团的柳传志做得非常到位。

联想有一条规则：凡是20人以上的会议，迟到者要罚站1分钟。这是一项很严肃的规定，任何人都必须执行。这项规定出台不久，就有人开会迟到了，这个人是柳传志原来的老领导，这让他和老领导都感到尴尬，但是他依然要求按规矩办事，结果老领导被罚站1分钟。这种铁面无私还表现在自己身上，柳传志有过3次迟到被罚的经历，无论何种原因迟到了，他都不找借口，而是乖乖地认罚。

这就是柳传志，他要求别人做的，自己先做到。禁止别人做的，自己坚决不做，如果做了，一样被罚。他用这种身体力行的表现，维护了企业制度的威严，保证了热炉法则发挥正常的作用。

在这方面，世界上最大的影像产品生产商——柯达公司的全球副总裁叶莺也是这么做的。在她的管理法则中，有一种类似于热炉法则的惩罚就是罚款。她认为罚款对员工是最好的制裁，因为这会触及员工的经济利益，因此，它是仅次于辞退、降职、降薪的严厉处罚。

叶莺表示，如果员工违反了公司的制度，违反了她的游戏规则，就必须受到处罚。由于人们对经济利益极为敏感，因此，罚款这种惩罚措施对员工具有非常大的警醒作用。当然，如果员工在遵守制度、贯彻落实制度方面表现出色，柯达公司也会用金钱奖励他们，以激发他们的工作积极性。

毫无疑问，罚款并不是目的，而是一种教育员工的手段。作为管理者，或许在给员工开罚单时，有一种于心不忍的心理，觉得员工来企业工作，赚钱不容易。但是管理者要知道，这样做对企业是有利的，当企业的利益得到保障时，从长远来说，对员工也是有益的。反之，如果员工不遵守公司制度，导致执行力不高，影响企业效益，甚至导致企业破产，公司倒闭了，员工的利益怎么保障呢？

古人说得好：“皮之不存，毛将焉附？”从这个角度来看，管理者对员工严格一点，其实是为了员工好。当然，在惩罚员工之后，有必要对员工晓之以理、动之以情地说服教育。只有这样，受罚的员工才会心服口服，才会理解你的做法，并对你产生敬意。

孔子有个弟子叫高柴，字子羔，他在孔子门下很有名气，后来担任了卫国的执政大臣。有一次，子羔审判并严惩了一名犯人，处以削足之刑，受刑后犯人成为一名守城的役工。后来卫国君臣作乱，子羔被官兵追杀，他逃到城门口，发现城门紧闭，巧的是那个受过刑的人在那里守门。这人对子高说："那边的城墙有个缺口，你快从那儿逃跑吧。"

子羔说："君子不翻墙。"

那人又说："那边的城墙有个洞，你快从那儿逃跑吧。"

子羔说："君子不钻洞。"

那人再说："这儿有间房，你躲进来吧。"子羔躲了进去，避开了逃兵的追捕。

在子羔离去之前，他问那人："我不能抛弃君王的法律，对你用了重刑。现在我落难，正是你报仇的机会，你为什么还要帮我呢?"

那人说："我受刑是罪有应得，怨不得别人。我知道，您审理我的案子时，反复研究法令，希望帮我免受责罚；我还知道，审理完毕，当您要判决时，你闷闷不乐。这难道不是你偏爱我的表现吗？您对我有一颗仁爱之心，这就是我想帮您逃走的原因。"

对于这件事，孔子曾这样评论："会当官的树德，不会做官的树怨。"身为企业领导者，应该像子羔一样清醒地认识自己的角色是让员工信服，因此，在惩罚员工时，不要忘了对员工进行教育，不要忘了表达情谊，让员工知道你是对事不对人，这样你才能与员工保持和谐的关系。

7 管理要人性化，制度要严格化

近年来，很多人呼吁企业实行人性化管理，要求提高员工的工资、福利待遇，要求尊重员工，让员工成为企业的主人翁，激发员工的积极性。这种管理方式确实是受员工欢迎的，身为企业管理者，应该在这方面进行努力，用人性化的关怀激发员工对企业的归属感，使员工把企业当成自己的家，尽职尽责地在工作岗位上为企业作贡献。

不过，提倡人性化的软性管理方式，并不是否定制度化的硬性管理，而是说要将这两种管理方式有机结合起来，既有人性化的一面，又有制度严格化的一面。否则，如果一味地实行人性化管理，过于抬高员工的地位，一开始员工还会带着感激的心理去工作，但时间稍微一长，员工就可能过于自以为是，出现消极怠工、违规乱纪等不良现象，这样可能会把企业活活拖垮。因此，在实行人性化管理的同时，决不能丢掉制度化管理。

在全球500强企业中，凡是有30年以上历史的企业，不论是家族企业还是公共企业，他们几乎都注重两种模式并用——人性化管理+制度化管理，即管理要人性化，执行制度要严格化，这被人戏称为“胡萝卜+大棒”的管理模式。

在海尔分公司，厂长尤建平就是一个既实行人性化管理，又实行制度化管理的领导者。他平时注重与员工打成一片，就连吃饭的时候，他都不忘走近群众。他经常和大家坐在一起吃饭，一边吃一边沟通感情，倾听员工的意见和建议，给大家留下了非常好的形象，赢得了广大员工的支持。

但是，在处理管理中的问题时，尤建平表现出来的却是另一种形象。当他得知熊副厂长以清理废料为名，倒卖公司的物资时，他毫不顾及熊副厂长的颜面，在众人面前严肃地盘问事情的细节。之后，他将事情的详细情况告知海尔集团董事局，并按公司的制度规定处理熊副厂长。

对很多企业管理者而言，能做到像尤建平那样并不容易，因为熊副厂长毕竟是公司的高层管理者，“不看僧面看佛面”，同朝为官，总得给别人一点面子吧。也许正是有了这样的心态，才会使得有些管理者在企业中“官官相卫”，无法做到公正执法，也就无法客观处理违反制度的人。一个管理者一旦有了这种心态，那么就很难做到执行制度严格化。

著名的管理大师杰克·韦尔奇曾告诫人们：“管理者在管理的时候可以讲人性，也必须讲人性，但是在处理问题的时候一定要严格执行制度，学会扮演黑脸。”在韦尔奇的回忆录里，记录了这样一个小故事：

韦尔奇的副总对别人说：“昨天晚上，杰克请我吃饭，他非常热情地替我夹菜，还为我斟酒，吃完饭和我拥抱，但是我知道，那个老家伙叫我离开的决心是不会改变的。”三天之后，在杰克·韦尔奇的授意下，副总被人事部辞退了。

杰克·韦尔奇的做法表明，管理者可以对员工表现出人性化的一面，去关心员工，与员工谈笑风生，但是涉及到原则性的问题，就应该回归到客观公正的立场，绝不能把私人感情和企业制度搅和在一起，在处理违反制度的问题时掺杂个人私情。

有人说：“一位管理者如果既想当员工的领导，又想当员工的哥们儿，最后往往既做不成好领导，又无法成为好哥们儿。”真是这样吗？其实不一定，只要管理者做得到公私分明，在该坚持按制度办事的时候按制度办事，在该表达人性化关怀的时候向员工表达人性化的关怀，管理者就能同时扮演好这两种角色。

20世纪70年代，通用电气公司有一位很有名的人物，名叫雷杰·H·琼斯，他从1972年开始，一直担任通用公司的董事长兼CEO，直到1981年卸任。

有一段时间，琼斯发现一个叫彼得的员工精神不集中，生产的零件有很多质量不合格。这与彼得以往的表现反差很大，因为他一直是企业中的骨干。经过一番调查后，琼斯发现彼得的妻子出了车祸，他既要照顾妻子，还要照顾孩子，因此，没有充足的时间休息，导致精神状态不佳，工作经常出错。

按常理说，琼斯应该努力关怀彼得，想办法帮一帮彼得。但是没想到，琼斯还是按照公司的制度规定解雇了彼得，他不想把同情与工作规章制度搅在一起。不过，解雇彼得之后，琼斯通过个人的关系为彼得找了一份新的工作，这个工作离彼得的家比较近，方便他在上班之余照顾妻子和家人，而且这份工作的上班时间比较灵活。

琼斯的做法不仅没有让人觉得他不近人情，反而使他得到了公司其他员工的赞赏，因为他维护了公司的制度。大家都觉得他是一个好领导，都非常尊敬他。

公平公正不一定等于冷酷无情。在处罚违反规章制度的下属时，管理者要做到公平公正，但与此同时还应该表现出人性化的教育、关怀和帮助。这样可以帮助员工更好地成长。

事实上，人性化管理与制度化管理是相辅相成的。在管理中，倡导人性化、讲究人情味不等于抛弃管理制度，严格贯彻落实公司制度也不意味着抛弃人性化和人情味。最佳的办法是将两者有机地融合在一起，在恰当的时候使用合适的管理模式，既让员工心甘情愿地遵循制度，又让员工在人性化的关怀中收获感动、激发热情和能量。

8 制度治人，绝不容许破坏团队的“野狗”存在

路边有条高压线，旁边有一个警示语：高压危险，不准触摸。可是有人偏偏不信，非要上去摸一下，结果被高压电击中，当场毙命。对于这种人，我们除了心生一丝同情之外，剩下的就是觉得他活该。企业规章制度就像“高压线”，虽然它没有高压电那么可怕，一碰就毙命，但它应该发挥“高压线”的威慑力，让人不敢触碰，这样的制度才有威信。

然而，有些企业在制度落实上缺乏刚性措施，出现了“处处高压线，常常不带电”的怪现象。这在很大程度上是由于“好人主义”泛滥，导致在处理违反制度的人和事时心慈手软，往往是高高扬起板子，然后轻轻落下，不痛不痒，使制度无法成为带电的高压线。

当制度的高压线没了电时，制度就变成了“稻草人”，彻底失去了权威性和指引力，而那些不遵守规章制度的“野狗”就会肆意妄为、横行出没。管理者若不治一治这些“野狗”，企业将永无宁日，企业长远发展也会沦为一种空谈。

在国内彩电行业，康佳彩电知名度颇高。康佳公司有一条规定：在工作场合不准吸烟！然而，这个看似简单的事情，并非每个员工都做得到。公司里有一个20多岁的年轻技术员，非常受公司领导的器重。由于他的能力出众，进入公司不久便晋升为一个车间的副主任。在走向领导岗位之后，他工作更加积极，表现更加优秀。

可是，他有一个不好的习惯——抽烟，而且烟瘾极重。由于公司明文规定不准在工作场合吸烟，因此，他只好每天上班之前猛吸几口烟，到了中午吃完饭，再猛吸几口烟，然后强忍着烟瘾熬到下班。

一天，这名年轻人发现楼梯的拐角处比较隐蔽，他个人觉得这个地方不能算是工作场合。于是，他抱着侥幸的心理，在上班的间隙来这个地方抽烟。非常不幸的事情发生了，正当他享受吞云吐雾的快感时，公司的副总经理恰好路过此处。

虽然当时副总经理没有过多地批评他，但是公司的人力资源部很快就做出了处理决定：第一，免除车间副主任的职务；第二，罚款；第三，全厂通报批评。

这件事被公之于众后，在康佳公司的整个生产车间引起了巨大的反响。很多员工认为公司的管理方式太苛刻，惩罚力度太大。但是自从这件事之后，再也没有人在工作场合吸烟了。

也许那位年轻的车间副主任觉得自己非常冤，心想：不就是违反了公司的规章制度嘛？我下次改了不就得了吗？给个口头警告就可以了，或者让我私下写个检讨书，再不然罚我一两百块钱，至于撤我的职，全厂通报批评吗？这不是让我难堪吗？

然而，如果每个员工违反规章制度后都这么想，公司管理者都这般从轻发落，公司的制度恐怕就无法产生万伏高压，无法震慑全体员工。要知道，公司越大，管理起来的难度也越大，如果每个人都在犯错之后要求领导者对他法外开恩，信誓旦旦地说：“我下不为例……”那么，公司的制度经得起几次这样的糟蹋？

对于违反公司规章制度的现象，管理者如果不制定严格的处罚措施，不下几剂“猛药”，单纯地依赖口头批评教育、警告、记过、降级等软绵无力的手段去处理，很难让员工发自内心地意识到自己的错误，也无法对其他员工产生震慑力。

再说了，有些员工脸皮比较厚，你对他们进行批评教育、警告或记过等，他们根本不往心里去。因此，早一天做出严厉的处罚是很有必要的。从这个角度来说，康佳公司的管理层对吸烟的那位员工的处罚看似严酷，实际上是非常明智的。因为通过这样一件事，就很好地遏制了有规不遵、有章不循的现象。由此可见，让一些人被“电一电”并不是坏事，至少可以消除制度的“隐患死角”。

第三章

管事先管人，管人要管心

一个只会管事的人只能叫“总管”，一个会管人的人才称得上是领导者。管人的精髓在于管心，管好了人心，你才能人心所向，才能让员工从行为上、精神上都有一种自动自发的意识，使大家为团队的目标积极主动地开展工作，并形成一种职业化的习惯，最终实现员工的自我管理、自我发展和自我进步，当然，最大的赢家是企业这个团队。所以，管事先管人，管人要管心，从心开始做管理，你才能成为优秀的管理者。

1 一个管理大师首先应当是一位心理大师

有些管理者深得民心，走到哪里都能被欢声笑语、掌声鲜花围绕。在他们下达命令之后，下属绝对服从，立即执行。而有些管理者不得人心，他们所到之处，周围员工死气沉沉，当他们离开之后，大家背后议论、抱怨。在他们下达命令之后，下属们磨磨蹭蹭，不愿意行动起来。同样是在企业管理界“混”的两种人，怎么得到的待遇差距这么大呢?

其实，他们的差距在于：前一种管理者懂管理，后一种管理者不懂管理。要想懂管理，必须懂人的心理，并根据人的不同心理，采取有针对性的管理方法，这样才能管理好团队。世界上，但凡优秀的管理大师，他们首先都是一个心理大师。因为只有懂人的心理，管理者才能与下属更好地相处、沟通，才能游刃有余地驾驭下属，才能更好地激励下属。

中国无产阶级革命家、政治家陈云同志曾经指出：“领导艺术在于了解群众的心理。”如果你想成为优秀的领导者，你就应该了解丰富的心理学知识，了解下属的心理，在管理中从员工的心理出发进行管理。这才是有效的管理方法，也是管理的最高境界。

1981年，由于市场萎缩，美国马萨诸塞州巴莫尔的戴蒙德国际纸板箱厂的效益十分糟糕，工人们十分担心自己的前途，工作积极性低靡，一个个唉声叹气、抱怨连连。

公司管理层看到这种状况，心中十分担忧。他们聘请专业的调查人员针对全体员工做了一场对企业满意度的调查，调查结果显示：65%的员工不愿意尊重公司的管理层，56%的员工对工作感到悲观，79%的员工认为自己的付出没有得到应有的报酬。

针对这个调查结果，管理层推出了“100 分俱乐部”计划，即无论哪位员工，只要一年下来，所取得的工作绩效高于公司规定的平均水平，就可以得到相应的奖励。业绩高出平均水平越多，所获得的奖励额度越大，并且还能获得一件印有公司标志和“100 分俱乐部”臂章的浅蓝色的夹克衫，这象征的是公司的认可，是一种荣誉。

两年后，工厂的生产效率提高了 16.5%，产品质量差错率下降了 40%，员工对企业的不满减少了 72%，公司生产事故造成的时间损失减少了 43.7%，公司的利润比往年增长了 100 多万美元。

这个案例充分说明，要想把企业管理好，把员工管理好，管理者就必须充分了解员工的心理，针对员工的心理需求下手，才能调动他们的工作积极性，从而提高企业的经营效益。

心理学研究证明，一个人的心理需求是其动力的最大来源，每个人都希望被尊重、被信任和被重视。这种心理需求很容易产生，也很容易满足。作为管理者，应该在第一时间发现员工的心理，并采取有力的措施来满足它，这样员工才会产生很强的动力。

沃尔玛公司十分重视关心员工，他们把员工称为合伙人，并注意倾听他们的意见。沃尔玛的创始人萨姆·沃尔顿曾对公司的管理者们说：“管理的关键在于深入商店，听一听各个合伙人要讲的是什么。那些最妙的主意都是店员和伙计们想出来的。”

在萨姆·沃尔顿看来，只有管理者真诚地尊敬和亲切地对待自己的员工，了解员工的为人，了解他们的家庭，了解他们的困难和他们对公司的希望，尊重和欣赏他们，表现出对他们的关心，才能帮助他们成长和发展。他本人经常飞往世界各地的分公司，询问基层员工的想法，通过与他们聊天，了解他们的需要。这样很好地让员工感受到公司的尊重、重视和关心，从而把企业当成自己的家，认真对待工作。

作为一名企业管理者，贵在知道员工的需求，并懂得如何满足他们的需求。每个员工都有不同的需求，公司无法一一满足，但若能寻找他们的共性需求予以满足，这就相当于给他们吃了一颗定心丸。员工的共性需求得到了满足，他们就会对企业产生归属感，忠诚度也会大大提高，他们就会对企业产生一种割舍不断的感情，心甘情愿、一如既往地为企业效力，最大限度地发挥自己的能量，作出自己最大的贡献。那么，什么是员工的共性需求呢？

共性需求1：渴望有稳定的、不错的收入

工作是为了什么，这一点不言自明。说得俗一点，工作不过是为了混口饭吃，为了养家糊口，每个员工都渴望获得理想的收入。怎样才是理想的收入呢？一般来说，员工渴望现在的收入比过去的收入高，渴望自己的收入比自己的家人、亲戚、朋友等社交圈子里的人的收入高，渴望自己的收入比同行业同岗位者的收入高。如果员工的收入能满足这几点，他们往往会感觉较好，可见，员工的收入除了满足生存的条件外，更多的是一种比较之后的主观感受。作为管理者，在给员工设定薪资时，有必要了解员工过去的收入、员工社交圈子的大概收入以及同行业同一岗位的大概收入，这样便于制定出让员工满意的薪资。

共性需求2：渴望有一个能够发挥自己能力的舞台

在工作中，每个员工都渴望获得成就感，即把自己的知识用在工作上，把自己的能力发挥出来，把自己的智慧彰显出来。因此，每个员工都渴望有机会、有舞台展示自己的能力，体现自己的价值。作为管理者，有必要结合员工的能力，把他们安排在适合自己的岗位上，使他们有机会解决实际工作中的问题，为企业创造价值。如果员工在自己不喜欢、不适合的岗位上工作，他们的能力也无法最大化发挥出来，他们是不会快乐的。

共性需求3：渴望有一个发展成长的空间

在员工把自己的知识、智慧、能力发挥出来的同时，他们还渴望学习新知识，提高自己的能力，增长自己的智慧，这样他们才会感觉自己在成长、进步。否则，员工就会有一种被掏空的感觉，觉得企业在压榨自己的思想精华，从而缺少安全感。

如果一个企业组织纯粹是一个机械性的工厂，而不是一个学习型的组织，它是很难留住人才的。现实中，有这样一种现象：当企业发展到一定的规模后，不少骨干纷纷跳槽，或自立门户，原因就是企业不能满足他们成长的需要，所以，管理者要重视员工培训，这比高薪留人更能满足员工成长的需求。

共性需求4：获得欣赏、认可和赞美

心理学家威廉·杰姆斯曾经说过："人性最深层的需要就是渴望别人的赞赏。"每个员工都渴望获得领导者的欣赏、认可和赞美，这可以激发他们的工作激情，使他们对工作更有信心、更有责任感、更有创造性。

共性需求5：要有一个健康愉快的工作环境

作为企业的员工，没有人不希望自己所处的环境是和谐愉悦、轻松快乐的。如果生活在一个尔虞我诈、勾心斗角的企业环境中，即使员工有再多的收入，他们也不会快乐地工作，不会长久地为企业效力。这就是人们常说的"快乐是金钱买不到的"，所以，管理者要重视营造良好的企业环境，要把企业环境中不和谐的因素消除掉。

2 要让所有的员工知道，他们来就是要把公司做大

很多企业管理者在选择人才时，认为人品、能力等是最重要的。然而，人品、能力虽重要，但如果员工的价值观与企业不符，他们也不能给企业带来效益。举个例子，某些员工来公司，就是想来"打酱油"、

“混日子”、“滥竽充数”的，他们人品挺好、不害人，他们能力出众，但却不积极发挥，试问，这样的员工你要吗？

再举个例子，某些员工来到企业，就是想来赚钱的，而你的企业正处于创业阶段，无法给他们满意的薪水，你对他说：“你是一个有才华的人，我们企业可以为你提供一个展示才华的舞台，在这里你会有美好的前景，将来公司实力增强了，那时你就是公司的元老，公司一定给你股份。”在你诚恳的劝说下，员工留下来了。但每个月员工拿着可怜的薪水，他会甘于现状吗？恐怕他很难留下来与你同舟共济。

每个企业都有自己的价值观，对于风险性的企业，比如投资公司，很多时候领导者本人的价值观就代表着公司的价值观。如果领导是保守、谨慎的人，那么公司的价值观就偏向谨慎，这个时候如果你所选择的人才是一个崇尚冒险的人，显然与你公司的价值观不符；如果你公司的价值观是实干，而人才的价值观是得过且过，显然两者也不相符。因此，在选择人才时，一定要重视人才的价值观、人生态度等因素。当员工的价值观与公司的价值观一致时，企业团队才能展现出强大的战斗力。

阿里巴巴的前总裁马云曾说：“我们要让所有的员工都知道，他们来就是要把公司做大，把分公司的办公室从小单元房搬到当地最高级的写字楼。”从马云的话中我们可以看出，阿里巴巴的价值观是朴实不炫耀、节约不铺张、真实不浮夸、崇尚实干。关于这段话的由来，马云说过这样一番话，原话内容如下：

很多企业刚开张，人还没几个，就在一个高档写字楼租下了一个很大的办公室。这样，新招的员工看到这环境，就会觉得这家公司肯定不错，好好在这里发展，会出人头地的。这就让新员工对公司有过高的心理期望值。其实，刚办的企业要发展，本身肯定有许多的困难，而新来的人却是冲着你的好、你的规模来的，对面临的困难总是估计不足。于是，久而久之，这家公司的人会变得越来越少，最后撑不下去。

我们在宁波招聘员工时，有一个女孩子，找到当地一个很偏僻、又黑又破的居民区单元房的5楼时，不相信大名鼎鼎的分公司会在这上面的7楼，于是，又跑下楼打电话给她的男朋友，吩咐说“要是半小时后我没打电话给你的话，你就到这来找我”。

就目前来说，可以说我们并不缺钱，而我们大多数分公司的办公地点，却都是在居民点的单元房里。不要说是福州，就是东京、纽约，我们都有能力租当地最贵的办公地点，而我们没有。为什么？我们要让所有的员工知道，他们来就是要把公司做大，把分公司的办公室从小单元房搬到当地最高级的写字楼。

马云的思维与众不同，创业多年以来，他一直坚持在居民楼办公，这种节约精神是当年留存下来的。在他看来，员工的价值观与企业的价值观不匹配是一种巨大的不幸。看看现实中，“为什么公司给员工加薪，员工还会离去?”这种不对称的离职，让很多管理者困惑，这个困惑背后所折射出来的问题大多是员工不喜欢这个企业，或者这个企业对员工没有吸引力。

对企业而言，如果价值观含糊不清，那么要想吸引优秀的人才，也是一件非常困难的事情。员工价值观与企业价值观的匹配，就像婚姻中的两个人是否志同道合一样，只有当员工认同你的企业文化、认同你的价值观时，大家在一起合作才会有默契，甚至他们愿意为了这份事业而牺牲小我的需求。这就是价值观的力量。

很多欧美企业的管理者在实践中发现，当企业有明确的价值观时，可以大大提高企业的效率，减少企业内耗。因为通过企业价值观所形成的员工行为模式，可以在短时间内让员工做出判断：哪些事情是企业允许做的，哪些事情是企业不允许做的。那些优秀的企业价值观告诉我们：当员工的价值观与企业的价值观匹配时，制度的约束机制就会变成员工自觉的行为，员工的行为体现就会成为企业的形象标签。这一点在沃尔玛体现得特别明显。

沃尔玛的老板每次坐飞机，都是坐经济舱，住酒店，也是住常规的酒店。公司的复印纸，更是两面都使用。每一分钱，都要去节俭，这种近乎苛刻的节俭，通过老板的率先垂范，达到了上行下效。这种看似很“抠”的老板，正是源于他的价值观：为顾客节省每一分钱。在相同利润率的前提下，这样可以使沃尔玛为顾客提供更多的优惠。因为如果企业不崇尚节俭，企业成本就会增加，这个成本必然会通过提高产品售价来弥补，如此一来，最终受损的是顾客。显然，正是全体员工对沃尔玛价值观的认同，才有了沃尔玛的长青基业。

那么，怎样判断员工的价值观是否与企业价值观匹配呢？马云说：“员工是否喜欢这个公司一下就能看出来。如果员工对公司信心特别强，那么每一件小事他都会努力想办法，他会想着怎样为公司省钱。”因此，看一个员工是否喜欢企业，管理者完全可以根据员工日常的言行来判断。这样可以避免招来不合适的人才，也便于及时发现与公司价值观不匹配的员工，免得赔了夫人又折兵。

3 惩罚不是目的，打完巴掌，甜枣要跟上

俗话说：“扇一个巴掌给两颗枣。”在非扇巴掌不可的情况下，那就果断地扇巴掌吧。不过，当你扇了人家一个巴掌之后，肯定会给人造成疼痛和伤痕，这时你应该学会亡羊补牢，给他两颗甜枣，弥补一下他内心的伤痛，抚慰他受伤的心灵。

“扇一个巴掌给两颗枣”只是一个形象化的比喻，说的是在企业中，领导者批评、责备下属之后，有必要放下身段“哄哄”下属，给

他一点小小的安慰，让他感受到你的仁慈和大度，从而促使他虚心、诚恳地改正错误。这样就能产生事半功倍的管理效果。

后藤清一年轻时，曾担任三洋机电公司的副董事长，后来他进入松下电器任职。有一次，他犯了一个错误惹恼了松下幸之助，松下幸之助把他叫到办公室，对着他气急败坏地大发雷霆，把后藤清一骂得狗血喷头，还拿着一只火钳死命往桌子上拍击。

松下幸之助发泄完之后，后藤清一准备离去，忽然听见松下幸之助说："等等，刚才我太生气了，不小心将这火钳弄弯了，麻烦你费点力，帮我弄直好吗？"

后藤清一非常无奈，只好拿着火钳拼命地敲打，在这个敲打的过程中，他的心情也渐渐归于平静。当他把敲直的火钳交给松下幸之助时，松下幸之助说："嗯，真不错，比原来的还好，你真不错。"

后藤清一走出松下幸之助的办公室后，松下悄悄给后藤清一的老婆打了一通电话："今天你先生回家，脸色一定很难看，请你好好照顾他。"后藤清一挨了松下幸之助一顿臭骂之后，原本打算辞职不干了，但当他得知松下幸之助的做法后，反而对松下幸之助产生了佩服和敬意，于是决心继续效忠于他，而且要干得更好。

批评、责骂下属之后，又用题外话来称赞下属，通过其他方式关心下属，这种"打一个巴掌给两颗甜枣"的做法，是松下幸之助管理中的高明之处。他认为，在管理上宽严得体十分重要。在原则和条规面前，应该寸步不让，严格对待。比如，员工违反了公司条规，领导者就应该严惩不贷，绝不姑息。

但是，在痛斥下属之后，有必要及时补充一句安慰或鼓励的话。因为人在遭受斥责之后，很容易垂头丧气，甚至对自己失去信心，心中难免会想：我在领导心目中没有好印象了，我在这家公司没有希望获得晋升了。这样一来，就可能造成员工自暴自弃，甚至产生辞职的念头。

所以，高明的管理者懂得在批评员工之后，及时用一两句温馨的话语安慰员工，或在事后向下属表示：我是重视你，看你有前途，觉得你是可造之材，才会骂你。被斥责的下属听了这样的话，必然会深深体会到领导“爱之深，责之切”的心理，从而更加发愤图强。

美国著名企业家玫琳凯曾经说过：“决不可只批评不表扬，这是我严格遵循的一个原则。你无论批评什么表现或者批评哪个人，也得找点值得表扬的事情留在批评后。这叫作‘先批评，再表扬’。”

“先批评，再表扬”既可以让员工认识到自己的不足，又不至于打击他的信心，还能使员工感受到领导者的重视，可谓一举三得。因此，这一招经常被管理者运用，日本索尼公司的创始人盛田昭夫也擅长此道。

索尼公司是一家靠生产电子产品生存的企业，随身听是该公司的重要产品之一。一次，公司一批销往东南亚的随身听出了问题，调查发现：这批随身听的外包装出了问题，并不影响内在质量。负责外包装的分公司赶紧更换包装，解决了问题，但盛田昭夫却不依不饶。

盛田昭夫把那家分公司的厂长叫到董事会议上，要求他陈述自己的错误。然后，在会议上他当着所有董事的面，严厉地批评这个厂长，并要求全公司以此为戒。这位厂长在索尼公司工作了几十年，第一次在众人面前受到如此严厉的批评，他感到非常难堪，禁不住失声痛哭。在场的董事们都感觉盛田昭夫做得太过分了。

会议结束后，这位厂长垂丧着头走出会议室，他心里正考虑着准备提前退休。这时盛田昭夫的秘书走了过来，邀请他一块儿去喝酒。厂长哪里有心情喝酒，无奈之下，秘书只好拉着他去了酒吧。

厂长对秘书说：“我是被总公司抛弃的人，你怎么还这样看得起我。”

秘书说：“董事长一点也没有忘记你为公司作的贡献，今天的事情也是出于无奈。会后，他害怕你为这事伤心，特地让我请你喝酒。”

接着，秘书对厂长说了一些安慰的话，安抚了他极端不平衡的心。喝完酒后，秘书送厂长回家，刚进家门，厂长的妻子就迎了上来，说：

“亲爱的，你真是受总公司重视的人。”厂长觉得奇怪，这时妻子拿来一束鲜花和一张贺卡，说：“今天是我们结婚20周年的纪念日，公司派人给我们送来了鲜花和贺卡。”

厂长一听，恍然大悟，他整天忙着工作，早就把结婚纪念日忘在脑后。但是公司居然没有忘记，这让他倍受感动。盛田昭夫的这一举动，使厂长心甘情愿为公司继续效力。

盛田昭夫不愧是恩威并施的高手，为了公司的利益，他对下属的过错没有丝毫的宽待，但考虑下属是老员工，而且是生产经营的一把好手，为了不打击他的信心，又采取了同时施恩的办法，既表达了歉意和安慰，又表达了厚爱和器重，如此做法，怎能叫人不感动呢？

从松下幸之助和盛田昭夫的做法中我们发现：批评、责骂乃至惩罚，并不是领导者的根本目的，最终的目的是教育员工，调动员工的积极性。因此，在批评员工之后，一定不要忘了给两颗甜枣，免得下属误以为你对他有成见，不喜欢他，对他感到失望。这样不仅能让下属受伤的心得到安慰，还能让他心服口服，虚心改正自己的错误，更加努力地为公司创造价值。

4 学会做感情投资，你的管理成本就会减半

有些企业领导者认为，谈什么感情啊，情感啊，这些都是看不见、摸不着的东西，都是一些小儿科，不值得花费时间和精力。有些管理者则认为，感情投资是虚幻的东西，投入之后没有切实的回报，没有立竿见影的效果。如果你也有这样的认识，那么是你该改变观念的时候了。

感情投资虽然是无形的，虽然看不见，摸不着，但是却能感受得到。感情投资也许不能获得立竿见影的效果，但是它能对员工产生潜移默化的影响，随着时间推移，随着你感情投资越多，员工会加倍地回报你，这种回报表现为信服你、认同你、敬重你、支持你，乐意听从你的工作安排，愿意遵守公司的规章制度，积极工作，为公司创造效益。这样一来，你所得到的回报将是不可估量的。

在中国历史上，唐太宗李世民是一位善做感情投资的高明领导者。开国功臣徐世绩，是第一个被赐“国姓”的人，被李世民赐名为李世绩。对于这样的重臣，李世民非常重视感情投资。

有一次，李世绩得了急病。御医开的处方上，有“胡须灰可以救治”这些字。李世民看了之后，毫不犹豫地剪下自己的胡须送给李世绩，这在古代可是非常难得的。因为古人认为身体发肤，受之父母，不可损伤。因此，他们不剃发，不剪须。而皇帝是龙体，身上的任何一根毛发都珍贵无比。因此，李世民的举动把李世绩感动得热泪长流，叩头至流血，以表达感激之情。李世民却说：“这都是为了国家，不是为了你个人，这有什么可谢的！”

房玄龄也是李世民最为倚重的一位大臣，在朝中长期担任宰相。他对唐朝开国时的制度建立、社会经济的发展，都作过重大的贡献。当房玄龄生病时，李世民为了了解病情，方便探视，竟然命人将皇宫的围墙凿开，以便直接到达房玄龄的家。

此外，李世民每天还派人前去问候房玄龄，并派名医为他治疗，让御膳房给他准备三餐。当听到房玄龄的病情有所减轻时，李世民便喜上眉梢，而当他听说房玄龄的病情加重时，马上愁云满面。在房玄龄弥留之际，李世民来到病榻前，与他握手话别，悲不能禁。

李世民的做法充满了真情实感，怎能不让李世绩、房玄龄等重臣感动？怎能不令他们披肝沥胆地为之效命？可以说，李世民的做法是管理的至高境界，对今天企业管理有非常好的借鉴价值。

身为企业管理者，重视对员工进行感情投资，往往能收到巨大的回报：首先，通过感情投资，可以让员工感受到关怀，使员工在内心深处对领导者心存感激，认为领导者对自己有知遇之恩，从而激发出强大的潜在能力，使他们对工作产生强烈的使命感和奉献精神。其次，通过感情投资，可以使员工产生归属感和忠诚心，这是员工愿意充分发挥自己才能的源动力。再者，通过感情投资，可以有效地激发员工的开拓意识和创新精神，使他们鼓足勇气，勇往直前。员工创新对企业来说，是赢得市场竞争，获得商业利润的重要途径。

感情投资，投资是感情，也能收到感情，而感情是领导者与员工之间的心灵桥梁。在人际交往中，感情是不可缺少的因素，是相互信任、相互支持的润滑剂。聪明的领导者都注重感情投资，而且注重长期的感情投资，他们深知这对企业长远发展有不可估量的作用。日本麦当劳的社长藤田田认为，在所有投资中，感情投资花费最少，回报率最高。

藤田田是日本麦当劳汉堡庄的创始人和经营者，他曾经说过："记住这一句话，'日本麦当劳成功的信条是，为员工多花一点钱'绝对值得。"在他看来，勤劳的员工是公司的财富，公司绝对不能对员工吝啬。每一年，公司花在员工身上的钱多达1000万日元，他说这笔钱绝对不是浪费。

这1000万日元用于保障员工及其家属的健康，支付给东京获洼卫生医院和警察医院，作为保留病床的基金。如果员工或他们的家属生病或发生意外，那么可以立即进入这两所医院进行治疗或动手术，即使周末有人得了急病，也可以及时送入指定的医院接受治疗，这样可以避免中途多次转院造成救治不及时而丧命。

有一两年，麦当劳的员工不曾因病住院，对于这两年投入的2000万日元，有人曾问藤田田是否浪费，得到的回答是："只要能让员工安心工作，对麦当劳来说就不吃亏。"通过这种感情投资和人性化关怀，藤田田换来了员工积极地工作，继而产生了巨大的创造力，为公司创造了任何投资都无法比拟的效益。

感情投资就像一张存折，你往里面存储感情，你就能获得员工的回报。你存储的是无形的感情，所获得的却是实实在在的企业利润。因此，不要吝啬感情投资，感情投资不花一分钱，却能获得源源不断的产出，这是一本万利的投资。学会感情投资，你的管理成本将减少很多。

感情投资不是虚拟的，而是真情实感的流露，是真心为员工着想。对于感情投资，领导者必须有一个正确的认识，那就是应该自觉地、一贯地践行，而不能只做表面文章，或只有3分钟的热度。所谓“以情动人，贵在恒久”，又所谓“路遥知马力，日久见人心”，要想感情投资结出丰硕的果实，你就必须在感情投资时坚持“放长线”的原则。

你要牢记“人非草木，孰能无情”，你更要坚信“精诚所至，金石为开”，在你的感情投资之下，员工一定会被你感染，从而对你充满敬意和佩服，并心甘情愿地追随你、服从你。这样你的管理将会变得十分简单，你在管理上投入的时间、精力以及金钱，都会大大减少。与此同时，公司所获得的利益，将是源源不断的。

5 常对下属说：你的工作很重要

一个炎热的夏天，两名旅客在大槐树下歇脚、乘凉。期间，一名旅客对另一名旅客说：“槐树没什么用，长这么大，却不能结果实，对人类没有实际的用处。”槐树听了这话，十分生气地质问：“你们在我的树荫下乘凉，享受我带给你的好处，嘴里却说没用，你们是不是太忘恩负义了？”

在企业管理中，有些管理者就像那两位忘恩负义的旅客一样，他们一边享受员工带来的好处，一边却在否定他们的价值。比如，领导者抱怨秘书："你每天除了打印文件，写一些报告，还能做什么？有你和没你对我没什么影响。"类似的话一出口，将对员工积极性造成毁灭性的打击。

槐树的话带给管理者们一个启示：尽管在你的企业里，有些员工在看似不重要的岗位上工作，看似没有实际的价值，但是不要轻易否定他们的价值。就像槐树一样，虽然不能结果实，也不能作为木材供人使用，但是他能为路人遮蔽烈日，这也是一种价值。作为管理者，你要做的是，经常对员工说："你的工作很重要，公司不能缺少你。"这样才能激发员工的价值感、积极性，使之更加认真地对待工作。

有一位领导者握着请假归来的员工的手，真诚地说："以前有你在的日子，我不觉得你的工作有多重要，但是这几天你请假回家，公司缺少了你，我才发现原来你的工作那么重要，少了你这一环节，大家工作起来都会遇到不小的麻烦。"员工听了这番话，顿时激动得无以言表，他的内心在想：领导这么器重我，我一定不会辜负他，我会继续努力，把工作做得更好。

这位领导者是聪明的，他懂得用高度的认可来评价员工，使员工获得精神上的鼓舞和情感上的支持。在他那番评价的背后，我们看到的是：每一个员工都是团队不可缺少的一个环节，当员工在自己的岗位上时，我们看不到他们的重要性，但缺少了任何一人，团队的运转都会受到影响。由此可见，每个员工的工作都很重要，千万不要轻视它，不要忽视它，更不要鄙视它。

IBM 在发展过程中，一贯坚持三条原则，这三条原则比任何技术革新、市场销售技巧或庞大的财力带给公司的贡献都要大。其中，第一条原则是：要尊重员工的一切。这条原则是老托马斯·沃森在创办 IBM 时提出的，小沃森接替公司后，把这一条原则进一步发扬光大。

在IBM，上至总裁下至传达室，每个员工都受到应有的尊重。这种尊重集中体现在“员工是公司最重要的资产，每个员工都可以使公司变成不同的样子，每个员工都是公司的一分子”的朴素理念上，更体现在薪酬体系、能力与工作岗位的分配、享受培训和发展机会上。

IBM“尊重员工的一切”的原则告诉我们：每个员工对应的工作，都是公司运行的重要一环，有些环节看似不重要，但若真的缺少了这一环，公司的运行就会瘫痪。正如一台机器上的一颗螺丝钉，看似不起眼，但若少了这颗螺丝钉，恐怕机器运转起来就会出问题。因此，管理者应该擦亮眼睛，看清每个员工所对应的工作的价值所在，并大声告诉他们：“你的工作很重要。”

一家营养盐公司的领导者曾给员工写过一封信，该员工是一名不起眼的开票员，这封信的标题是《你的工作真的很重要》。看完这封信后，相信你也会被其中的言辞所感动。这封信的内容是这样的：

你是个平凡的员工，做着平凡的工作——开票，可是，我要告诉你：你的工作真的很重要。

不要觉得我在虚假地恭维你，要知道，每一位客户都会与你直接接触。有的与你见面，有的与你通过电话联系，寒冬酷暑，送往迎来，你渐渐熟悉了一些老客户的声音，记住了他们的容貌，等下一次客户来买盐时，你的一声问候：“您是×××，今天买多少？”简单的一句话，就能拉近与客户的距离，使客户觉得亲切。

你开出的每一张发票，收取的每一笔款项，都是平凡的举动，也许你向客户说了很多好话，为的是让客户多买一点营养盐。也许客户对你不理不睬，也许你感到有些灰心，但是当新业务来了时，你又打起了精神，满面微笑：“您好，我是盐业公司……”

有些话，你每天不知道要重复多少遍，也许你口干舌燥，但你觉得值得，因为从概率角度来讲，成功的几率也是存在的。在阖家团圆的节假日，对于你却是一种奢望，你可能要忙忙碌碌一整天，坚守在销售第一线。

你的工作是平凡的，但是谁敢说平凡的工作不重要？谢谢你，辛勤的开票员，你为公司作出了重要的贡献，公司真心感谢你。

一封充满肯定和感激的信，把公司管理层的重才爱才之心表现得淋漓尽致。在这封信里，每一句话都是那么情真意切，平凡的语言却彰显了最真实、最朴素的感动。作为公司的领导者，你可曾对员工说过这样一句话——“你的工作真的很重要”？如果还没有，请记得把这句话传达给员工，让他们得到你的认可，感受到自己的价值，这是你作为领导者，最应该做的事情。

6 给人甜头，一定不要等到第二天

看过海豚表演的人大概都知道，海豚每次表演完一个动作，就会上来要吃的。吃完之后，它再去水里重新表演。如果没有吃的，它是不会表演的。从海豚表演中，我们可以发现及时的奖励多么重要。其实，在企业经营和管理中，员工也需要及时的奖励。

有一次，德国福克斯波罗公司的总经理遇到了一个非常棘手的技术难题，他苦思冥想了很久也没有找到解决的办法。这天下班后，他在办公室里继续思考那个问题，一名员工敲门进来，和他分享了自己的想法。总经理听了员工的想法之后，马上高兴起来，用他的办法，总经理顺利攻克了那个技术难题。

当时总经理非常兴奋，他觉得有必要奖励员工什么，一时又没有合适的奖品。突然，他看到办公桌上的茶几里有一根香蕉，于是赶忙把香蕉递给那位员工，诚恳地说：“真是太感谢你了，你是好样的，你的办法解决了公司的难题，你是优秀的，这是奖励给你的。”

员工接过香蕉，有些受宠若惊，他激动地说：“谢谢总经理，请您放心，我会在工作中继续努力的。”

后来，福克斯波罗公司设立了一个金香蕉奖章，这个奖章是按照香蕉的样子用纯金打造的，是公司给员工最高的奖励。

奖励要及时，要快一点，再快一点，这对员工来说非常重要。如果管理者把对员工的奖励拖延到第二天、第三天甚至半个月之后，那么，奖励所产生的激励性就会大打折扣。因为心理学研究发现，人在做出成绩的瞬间，最渴望获得奖励和表扬。随着时间的推移，越往后对奖励和表扬的渴望也就越低，而奖励或表扬所产生的效果也就越差。因此，如果你想让奖励产生最大化的激励性，就要像福克斯波罗公司的总经理那样，在第一时间给员工奖励，哪怕你奖给员工的只是一根香蕉，员工也会激动无比。

很多企业在奖励员工时，都做不到及时奖励。比如，员工完成了任务，或发明了一项新的技术，企业可能要等到这项技术真正投入生产中去，甚至等到用这项技术所生产的产品投入了市场，获得了效益之后，才想起来给员工奖励。试问，从发明新技术到产品问世并取得效益，这是一个多么漫长的过程？如果你是发明新技术的员工，半年之后你还渴望获得奖励吗？也许，那时候你都不在公司了。而企业奖励员工的诚意，也就无从体现了。

有些领导者没有认识到及时奖励员工的重要性，认为反正早晚都要奖励员工，晚几天有什么关系？殊不知，奖励晚几天与及时奖励，两者差别非常大。打个比方，炒菜的时候，在不同的时间放入调料，菜的味道和质量是不一样的。超前的奖励对员工无足轻重，迟来的奖励则可能让员工觉得老板不诚信，导致奖励失去意义，发挥不了应有的作用。

与某些企业拖延奖励的做法相比，有些企业在奖励员工时，纯粹属于“画饼充饥”。说好的完成某一目标之后，就组织员工外出旅游，但当员工完成任务之后，管理层却避而不谈旅游的事。这种虚假的承诺，对员工会产生极大的消极影响。

有句话叫“哀莫大于心死”，滞后的激励很容易让员工有这种感觉。身为领导者，一定要认识到：如果员工辛勤付出，为企业作出贡献，却没有得到及时的回报，他的信心和工作热情都会大打折扣。所以，为了树立企业的公信力，为了树立领导者的影响力，为了鼓舞团队的士气，请及时给员工甜头，而不要等到“第二天”。

克莱斯勒汽车公司的总裁艾柯卡认为，及时奖励员工不等于一味求快。也不等于员工干出了成绩才奖励，而是在员工最需要的时候奖励他。比如，员工的工作进展非常顺利，成功就在眼前，但遇到了一点小问题，这个时候奖励员工，可以促使他一鼓作气，完成整个目标。

“打工皇帝”唐骏与艾柯卡的观点不谋而合，他也认为及时奖励不等于一味求快，而是要超出员工的期望，比如，员工以为年底才能获奖，但是没想到年中就获奖了，这也是一种及时奖励。

唐骏在上海微软分部工作时，在公司的办公区设置了一个非常醒目的光荣榜。在光荣榜上，每个员工都有一张彩色的照片，还有奖项名称、获奖时间，还有一句员工亲笔写的获奖感言。每个员工都可能成为光荣榜上的明星，每个员工都以上光荣榜为荣。

从 1998 年 4 月第 1 次评选优秀员工奖起，到 2002 年 4 月，登上光荣榜的员工人数达到了 125 人，这个数字接近上海微软员工数的三分之一。在五年的时间内，上榜员工这么多，与唐骏的奖励方法有很大关系。他评选优秀员工与众不同，他不会等到年终岁尾才评出优秀的员工，而是每一年评选 3 次，这样大大缩短了奖励时间。唐骏很清楚，及时给员工以奖励最能鼓舞人心。

唐骏认为，及时的奖励才有效果。如果一个员工在工作中表现很好，希望得到公司的认可，在他最想得到奖励的时候，公司却迟迟不奖励他，那么，等到他不想要这个奖励时，即使公司奖励他，他也无所谓。这样的奖励就大打折扣，甚至毫无意义。所以，奖励要注重时效性，这一点非常重要。

7 适度关心员工的个人问题，他们就会把你当“自己人”

孟子说：“得人心者得天下。”企业与员工的关系，就像鱼和水的关系，企业要想发展好，就离不开员工的支持。因此，身为企业经营和管理者，一定要想办法与员工处好关系，搞好团队内部的团结，增强企业的凝聚力。而要达到这一目的，最好的办法之一就是关心员工，关注员工的个人问题，帮员工分担忧愁和困难。关心员工，员工才会对领导者吐露肺腑之言，才会对企业产生忠诚之心，为公司的发展尽职尽责、尽心尽力。

说到关心员工的个人问题，企业领导者首先应该关心员工的身体健康。在这方面，被称为世界手机行业“大哥大”的摩托罗拉公司的总裁保罗·高尔文就做得非常出色。在他成功经营和管理企业的过程中，他特别关心员工的身体健康，为此付出了真心，感动了很多员工，从而赢得了员工的真心。

在摩托罗拉公司，当员工生病时，保罗·高尔文会在第一时间问候员工：“你的病情怎么样？有没有看医生？如果你需要，我可以向你推荐最好的医生。”当他把医生推荐给生病的员工时，他会督促医生：帮我的员工看完病之后，请把账单直接交给我。

在经济不景气的年代，员工最怕失业。生病之后，他们会保密，怕领导知道后担心他们无法胜任工作。摩托罗拉公司有一名采购员叫比尔·阿诺斯，有一年他患上了严重的牙病，疼得他实在无法工作。很快，高尔文就得知了他的病情。

高尔文见他表情痛苦不堪，非常心疼地说："赶紧去看病，不要想工作的事，治疗费的事我来替你想办法。"阿诺斯去医院做了手术，手术非常成功，他知道手术费比较贵，但奇怪的是，他却从未见到账单，因为高尔文已经替他支付了这笔手术费。他多次向高尔文提起这笔手术费，得到的回答都是："我会让你知道的。"

阿诺斯知道手术费的细节吗？当然知道，不过那是他勤奋工作了几年之后的事。当他生活有了很大的改善时，他再次找到高尔文，说："我一定要偿还你为我支付的手术费。"但是高尔文却说："你呀，不必这么关心这件事。忘了吧！朋友，好好干。"

阿诺斯说："我会干得很出色的，但我还是要还您的钱……是为了使您能帮助其他员工医好牙病……当然还有别的什么病。"

高尔文说："你有这样的想法我就很开心了，谢谢你，我先代他们向你表示感谢!"

事实上，当年高尔文只是替阿诺斯支付了200美元的手术费，这笔钱对他来说是一个小数目，但是对员工来说却是不少的钱，更重要的是，这笔钱代表了管理者对员工的关怀和尊重。可喜的是，这样的故事在摩托罗拉公司实在是再平常不过的事情。

作为一家大公司的总裁，高尔文能如此真挚地关心和爱护员工，其真意自然令每一位被关心的员工感激涕零。为了报答总裁的深情厚谊，员工会加倍地努力工作，以表达对企业的忠心。

俗话说："将心比心，以心换心。"在企业里，领导者如果能像家长关心孩子那样关心员工，那么员工肯定会像孩子一样热爱家长、热爱企业。因为人非草木，孰能无情，你用真心呵护员工，员工自然会用真心回报企业，把领导者当成“自己人”，把公司当成自己的家。

众所周知，每个人对“自己人”都会信赖有加。在企业管理中，如果你想让自己的言行更具影响力，最好的一个办法是先让员工对你产生自己人意识。因为当员工把你当成自己人，把你视为同一类人时，就会对你产生强烈的信任感。一旦他们信任你了，那么你的言行就会充满影响力，你管理企业就会轻松许多。这个看似简单的道理，却不是每个管理者都能领悟的，有这样一个反面案例：

有名大学生毕业后，进入一家民营企业，在不到两年的时间里，他迅速成长为公司的一名骨干。但是当公司对他充满认可，准备大力提拔他时，他却突然提出了辞职。公司老板非常不解，最后通过私下沟通才了解到他辞职的真正原因。

原来，该员工觉得老板不近人情，一点都不关心员工，跟着他干没有意思。为此，他还举了一个例子：有一次，他与老板一同出差，路上他意外生病了，但老板却视而不见，不理不问，一味地督促他一定要提前完成任务、缩短行程安排。他说：“我无法从内心尊重他，也做不到继续为他效力。”这就是他辞职的真正原因。

由于老板不懂得关心员工，导致公司苦心培养出来的优秀人才流失，这种情况不得不让企业管理者扼腕叹息。也许有些管理者认为，员工来公司就是工作的，为公司创造效益的，他们生病了、心情不好或心里有苦闷，这些个人问题企业没有责任去帮忙解决，因为公司不是慈善机构。可是话虽如此，但却难以让员工接受。

要知道，员工不是机器而是人，是有情感、有思想的人，如果企业内部缺少人文关怀，缺少人情味，那么工作就会变得枯燥无味，人与人之间、上下级之间就会变得冷漠。这么一来，员工就不可能开心地工作，员工工作不开心，企业发展还有什么希望呢？所以，管理者要赶紧放下“企业不是慈善机构”那种冷人心的观念，从今天开始，适度关心员工的个人问题，表达对员工的关心和爱护，激发出员工“自己人”的意识。下面几种方式值得借鉴。

（1）留意员工的生日及每个节日

在员工生日那天，如果管理者懂得表达对员工的关心和问候，往往能给员工带去积极的影响，比如，送一份精致的礼物给员工，准许员工一天假，让他有时间与家人一起过生日。当然，公司也可以为员工举办一个别开生面的生日晚会，并附上一个红包，这样能很好地打动员工。还有一些节日，比如“六一”、“中秋”等，公司可以为员工的孩子准备一份礼物，送上月饼，向员工表达一点点关怀。

（2）关心员工的健康，员工住院时，亲自探望

一位普通员工住院了，公司的领导前去探望，说：“平时你在公司的时候，感觉不出来你有多重要，这几天你生病了，公司没有你，我就感觉工作没了头绪，大家也都乱了手脚，你真的很重要，安心把病养好吧，公司需要你!”这番话把这位员工感动得哭得稀里哗啦，出院后他工作十分卖力，以报答领导的关爱之恩。

值得一提的是，探望生病的员工千万不能走过场，有些领导者探望员工时，表现得心不在焉，草草了事，这样做的负面影响非常大。员工可能会想：“原来领导是假仁假义，平时我干得好，那些表扬肯定也是假的，现在我病倒了，他也不把我放在心上，真是没良心的家伙。”作为管理者，千万不要让员工产生这样的看法。

（3）利用工作餐，与员工拉拉家常

在午餐时间，领导者轮流和不同的员工一起进餐，在用餐的同时，与员工拉拉家常，了解员工的家庭情况，看员工是否有困难需要帮忙，看员工是否有烦恼需要开导，看员工是否有建议需要探讨等等，既可以拉近员工与领导者的距离，又可以加强情感交流和工作交流，让员工感受到领导者的重视，这对员工是一种必不可少的关心。

要注意的是，关于员工的个人问题，领导者应该坚持适度关心的原

则，以表达对员工的充分尊重。有些个人问题涉及到员工的隐私，员工可能会避而不谈，对此，领导者没必要刨根究底，以免弄巧成拙，适得其反。

8 关心员工的家属，比关心他本人更令人感动

一个人辛苦工作，为的是什么？不外乎想让自己的生活过得更好一些，希望家人的生活有更好的保障。如果家里出了事情，员工的心就会被牵动，他很可能没有心思工作。作为企业管理者，如果重视关心员工的家属，帮员工解决燃眉之急，那么这比关心员工本人更令人感动。

杨超是某企业员工杨俊的弟弟，他有严重的高血压，身体状况欠佳。虽然已经成年，但是依然和年迈的母亲生活在一起。一次，杨超因身体不适，到医院检查，结果确诊患上了尿毒症。听到这个不幸的消息后，他的母亲伤心欲绝，杨俊也万分焦急，他们想尽一切办法筹钱给杨超治病，为此花光了家中所有的积蓄。

企业的领导得知杨俊的弟弟患上了尿毒症，马上拿出 2 万元作为爱心捐赠款，同时发动公司全体成员向杨俊捐款。捐款那天，杨超来到了现场，当他手捧大家的爱心款时，感动得泪流不止，他说："谢谢领导和大家的关心，我一定坚定信心战胜病魔。"

企业领导安慰杨超："虽然你不是我们的员工，但你是我们员工的家属，关心你就是爱护我们的员工，你要树立信心，积极配合治疗，早日康复。"这一番话深深打动了杨超，也深深打动了杨俊，他感受到了公司的重视，在后来的工作中，他表现得更加卖力。

关心员工的家属，就是关心员工本人，甚至比关心员工本人更能让员工感受到那种真挚的关爱。因为员工的家属与公司非亲非故，没有直接关系，公司却能对他们伸出援手，慷慨解囊，足以体现出真情。这是对员工的间接关心，却能取得比直接关心员工更好的效果。

当员工出差时，公司管理者如果能事先帮员工安排员工家属的生活，或派专人负责，送去关心和慰问，一定能深深笼络员工的心；当员工家属生病了，管理者若能登门拜访，亲自探望，带去礼品和关爱，一定能让员工倍受感动；当六一儿童节到来时，公司若能给员工的孩子送上一份特别的礼物，当员工的孩子考上优秀的学校时，公司若能向员工送去一份祝福，那么就能起到很好的情感沟通作用。

身为管理者，千万不要小看这些事情，因为在情感世界里，小事往往最容易打动人。所谓“见微知著”，小事中往往蕴含着大爱，而且这种大爱的影响力的波及范围是极其广泛的。它不但能够打动员工本人，更会打动员工的家属，为公司赢得人心。试想一下，当员工家属支持企业时，员工会轻易弃企业而去吗?

新疆有一位企业家，对待员工就像对待亲人一样，对待员工的家人也像对待自己的家人一样，大家都亲切地称呼他“马大哥”。

员工孙梦群老家在安徽。有一次，她的哥哥从老家过来看望她，马大哥派人去火车站接孙梦群的哥哥，然后把他安排到酒店，并给他准备了可口的饭菜。第二天，马大哥安排财务人员报销了孙梦群哥哥的火车票。

马大哥的做法深深打动了孙梦群的哥哥，他说：“这么随和，这么关心员工，想得这么周到，这样好的领导我是头一次遇到，妹妹在这里工作我们家可以放一百个心了。”

其实被马大哥打动的员工家属不只有孙梦群的哥哥，在公司里，只要有员工家属来探亲，马大哥就会安排员工家人的吃住问题，和他们谈论员工在公司的工作和生活情况。当员工的家人探完亲返回家时，马大哥还会派人给员工家人买一些新疆土特产带上。在他的心中，员工的亲人就是自己的亲人，要向对待自己的亲人一样对待员工的亲人。

2010年10月，员工李学兵的奶奶去世了，作为公司的老板，马大哥放弃了自己三天的休假时间，和公司其他领导一同来到马学兵家里，帮助马学兵为他的奶奶料理丧事。李学兵谈到此事时，激动地说："董事长真像自己的亲哥哥一样关心我，我永远忘不了他的这份情。"

员工的家人是员工精神上的强大支柱，员工与他们的家属是紧密联系的一个整体，管理者如果关心员工的家属，就意味着关心员工本人，一样能给员工带去感动。作为公司的管理者，如果能全面周到地考虑到员工家人的实际困难，甚至想到了员工没有想到的问题，那么对员工将是一种很好的情感投资。

网易公司的创始人丁磊曾经说过，关心员工的家人是企业家应该尽到的责任。他非常重视关心员工的家人，包括员工子女所面临的实际问题，比如，优秀员工的子女是否就能享受到高质量的入托入园入学条件，他认为这在很大程度上会影响员工的"落地生根"问题。换言之，企业若想长久地留住优秀的人才，关心他们的子女受教育问题，特别是让他们的子女在公司所在地接受教育，做到这一点是非常重要的。

管理者应该认识到，关心员工的家人不仅能在情感上拉动员工，赢得员工家属的支持，有时候也能换来员工看得见、摸得着的实际帮助。比如，有这样一个例子：

王经理是温州某鞋业公司的总经理，在十几年的经营生涯中，他非常关心员工的生活冷暖。1995年，员工小徐的父亲患胃癌，急需一笔医药费。这对小徐而言，无疑是一笔数额巨大的款项，当他哭着找到王经理时，王经理了解了情况之后，二话没说，让财务给了他5万元，并嘱咐他不要有思想包袱，好好陪父亲治病。这件事让小徐对王经理感恩戴德。

2002 年，在激烈的市场竞争下，王经理的鞋业公司陷入了困境，只剩下一个空架子。这时小徐在新加坡的舅舅要来大陆投资办厂，小徐把鞋业公司的情况和王经理的为人告诉舅舅，说服了舅舅投资鞋业公司。在这笔投资下，王经理的鞋业公司创新了鞋的款式，改进了设备，接到了很多订单，公司很快就起死回生了，而且生意越做越大。

俗话说："种瓜得瓜，种豆得豆。"今天，你对员工的家人付出一份情意，种下一份恩德，明天，说不定员工会带给你企业重生的机会。即便员工没有那么大的能耐，他们也会用自己的辛勤付出和默默耕耘，为企业发展添砖加瓦，为企业走得更远尽一份力。

第四章

人聚财聚，人散财散：激发团队正能量

团队是由一个个成员组成的，各个成员是否拥有正能量，影响着整个团队的氛围。作为团队的领头羊，领导者应该成为正能量的激发者、传播者。领导者要明白，虽然团队成员是因“财”聚在一起，为了赚钱而相识在一起，但真正能把大家凝聚起来的绝非金钱，而是用金钱买不到的团队正能量。一个团队的正能量越多，团队的凝聚力就会越大，团队的战斗力就会越强。一个拥有正能量的团队，可以激发出团队中每个成员的热情和潜力，使大家展现出更大的价值。

1 唐僧靠什么打造一个“完美团队”

很多看过《三国演义》的人都认为，刘备、关羽、张飞、诸葛亮、赵云、黄忠、马超等人组成的团队，是千百年来最好的团队。因为刘备拥有五虎上将，拥有运筹帷幄、决胜千里的军师，他们都忠心耿耿，都是带兵打仗的一把好手，这样的团队，可谓千年等一回，再也找不到第二个。

然而，马云却坦言他喜欢唐僧、孙悟空、猪八戒、沙和尚这个团队。他认为，相对于刘备团队的太过完美和可遇不可求，唐僧团队是非常普通的，但也是创业最好团队的模板。马云为什么认为唐僧团队是最好的团队呢？这自然有他的理由，下面我们就来看看马云是如何看待唐僧团队的。

关于唐僧，马云认为，虽然唐僧口才不佳，也没有领袖的样子，但他很懂得领导这个团队，他带着这个团队前往西天，一路上遇到了很多磨难，但却没有让大家走散，这足以证明他是个好领导。

唐僧懂得管制员工，他的办法就是念咒。他对猪八戒很放心，知道他不会出问题，于是让他自己去折腾；他对沙和尚也很放心，知道必要的时候鼓励一下；他对孙悟空则不一样，当孙悟空不听话时，他会念咒迫使孙悟空屈服。

在马云看来，唐僧团队充满了互补性，领导者虽然能力差点，但有权威、有目标；员工虽然自我约束力不够，目标不明确，有时候还会开小差，但是他们个个有能力。于是，领导者把约束力、目标灌输给员工，员工用自己的能力助领袖达成目标。

在唐僧的团队中，每个人都是活生生的人，有优点，也有缺点。唐僧除了目标明确，专注取经，意志力坚定，一定要取到真经才肯罢休，除此之外，他啥也不会，他知道不该做的事情一定不能做；孙悟空有通天本领，但是脾气暴躁，动不动就打打杀杀，马云认为每个公司都有孙悟空型的人才，如果没有这样的人才，公司没法经营下去；猪八戒幽默感十足，但好吃懒做，大错不犯，小错不断；沙和尚脚踏实地，任劳任怨，他不用领导跟他讲理想、讲奋斗目标，他每天上八个小时的班，下班就回去，这样的人，公司也不能少。

“一个企业里不可能全是孙悟空，也不能都是猪八戒，更不能都是沙和尚。要是公司里的员工都像我这么能说，而且光说不干活，会非常可怕。”马云如是说，他认为唐僧团队之所以能圆满完成取经的任务，就在于他们之间优势互补、目标统一、团结协作，各自发挥了自己的优势，形成了一个无坚不摧的团队。

在任何一个团队里，每个成员都有自己的个性，关键是领导者如何把这个团队凝聚在一起，这才是我们要向唐僧团队学习的。有了孙悟空斩妖除魔，有了猪八戒寻找乐趣，有了沙和尚挑担子，少了谁都不行，这才是最完美的团队。当然，关键时刻他们也会吵架，但价值观和目标始终不变。对此，马云表示，阿里巴巴就是这样的团队，在互联网低潮时，很多公司所有的人都往外跑，但是阿里巴巴的人才流失率是最低的。

身为管理者，从唐僧身上，我们至少可以学到以下三点管理智慧：

（1）知人善任，合理分配工作，适当控制

每个团队成员都有不同的业务能力和性格特征，领导者要做的就是知人善任，根据员工的特长把他们安排在合适的岗位上，再根据员工的性格特点用适当的方法控制，这样才能最大限度地发挥员工的特长和积极性。

孙悟空能力强、工作积极性高，但心高气傲，唐僧让他担当起降妖除魔的主要任务，还让他负责在危险环境中探路，因此我们总能看见孙悟空走在队伍的最前面；另一方面，当孙悟空不听指挥，误杀好人时，唐僧会毫不犹豫地念咒，以惩罚他的过错。

猪八戒的业务能力中等，但工作态度不积极，唐僧让他负责协同工作。在《西游记》中，我们经常能看见猪八戒和孙悟空一起降妖除魔的场面。唐僧还让孙悟空督促猪八戒完成任务，比如化斋、问路等。另外，猪八戒喜欢讨好唐僧，于是唐僧把情报搜集工作交给了他，以便及时了解团队成员的思想动态，从而及时调整自己的管理手段。

沙和尚的能力水平较差，唐僧便把苦力活交给他，让他挑着行李，这项工作虽然对技术要求不高，但对工作态度要求较高，交给沙和尚干，最合适不过。

（2）平等对待，坦诚相见

在唐僧团队里，每个人所承担的工作任务不同，对团队的贡献大小也不同，但是大家却能做到平等相待，坦诚相见，这是非常不容易的。在《西游记》中，唐僧的三个徒弟存在明显的地位差别，但唐僧的做法是“地位高的要求也高”，从而实现某种意义上的平等。

孙悟空的能力最强，对团队的贡献最大，地位也最高，但同时要求也最高。唐僧几乎使用了所有的惩罚手段，比如念紧箍咒，甚至解聘孙悟空，比如，将孙悟空撵走。猪八戒的能力次之，唐僧对他的要求也次之，主要通过训斥的方法教育他。沙和尚的地位最低，唐僧对他的要求也最低，几乎从不批评他、惩罚他。

通过这些做法，使得唐僧团队里的每个人都舒服，地位高、能力强的人忠心，地位低、能力差的人舒心，大家荣辱与共，各司其职，团队战斗力自然强大。

（3）摆正位置，起到带头作用

在很多人眼里，唐僧是个胆小固执的家伙，有时候还是非不分，但作为领导者他有最重要的品质——意志坚定、不屈不挠，在取经的路上，遇到了很多意想不到的困难，这些困难随时都会影响团队成员的情绪和心志。作为领导者的唐僧，总能保持坚定不移的意志力，这是提高团队士气最重要的因素。

在企业经营和管理过程中，也有许多意想不到的困难。这个时候，难免有些团队成员打退堂鼓，比如，猪八戒类型的员工，喊着散伙、分行李，但领导者一定要坚定目标，让大家看到你的决心和勇气。这是领导者的职责，可以对团队成员起到很好的榜样作用。

2 人气决定财气，赢利的根本原因是团队凝聚力

一根筷子容易折断，十根筷子，一根一根地折，也很容易折断。如果把十根筷子抓在一起，一次性折断，那就不容易了。为什么会这样呢？答案非常简单，因为团结会产生巨大的力量。伟大的造字艺术告诉我们：双木成林，三木为森；二人成从，三人为众。人气越旺，凝聚力也会越大，这是团队赢利的根本原因。

怎样才能有人气呢？自古以来，我们讲究的是以和为贵，和气生财，可见，“和”是聚集人气的好办法。任何一支团队，只有大家和和睦睦，才会相处得愉快，才能友好地合作。一提到“和”，我们可能会联想到“负荆请罪”的故事。

赵国大将廉颇见蔺相如被封为上卿，位在自己之上，感到非常不服气，他说：“我是赵国将军，有攻城野战的大功，而蔺相如只不过靠能说会道立了点功，可是他的地位却在我之上，况且相如本来是个平民，我为此感到羞耻，在他下面我难以忍受。”廉颇扬言一定要羞辱蔺相如，这些话传到蔺相如耳边，他为了不和廉颇会面，经常以生病为由拒绝上朝。

后来一次，蔺相如外出碰见廉颇，马上命人调转车头回避廉颇。随行的门客不理解，说蔺相如胆小怕事，没有出息。但是蔺相如却说："秦王比廉颇厉害得多，但我不怕秦王，而且我敢在朝廷上呵斥他，难道我真的怕廉颇吗？我是想，强大的秦国之所以不敢攻打赵国，就是因为我和廉颇将军在，如果我们争斗，必然无法共存。到时候，秦国就会趁机攻打我们，所以，为了国家安危，我把个人的私怨放在后面。"

蔺相如的话传到廉颇耳朵里之后，廉颇感到惭愧，于是他脱去上衣，露出上身，背着荆条，由宾客带引，来到蔺相如的门前请罪。他对蔺相如说："我是个粗野卑贱的人，想不到相国您是如此宽厚啊！"后来，二人成为生死与共的好友。

对企业而言，全体成员和和气气是非常重要的，因为和睦的团队才有凝聚力和战斗力，才能更好地赢利。团队人气的大小不是表现在人的数量上，而是表现在人的和气程度上。越和气的团队，大家相处起来越快乐。这种快乐的团队氛围是大家团结一致，为共同目标而努力的重要推动力。

井深大进索尼公司时，索尼公司刚创立不久，员工只有20多个。老板盛田昭夫信心满满地对他说："我知道你是一个优秀的电子技术专家，就像好钢要用在刀刃上一样，我要把你安排在最重要的岗位上，由你来全权负责新产品的研发。希望你能发挥榜样的作用，充分地调动其他人。你这一步走好了，企业也就有希望了。"

"我？我还很不成熟，虽然我很愿意承担这一重任，但实在怕有负重托呀！"井深大知道盛田昭夫给他的担子有多重，他知道靠自己的力量根本无法应付。

盛田昭夫鼓励道："新的领域对每个人都是陌生的，关键在于你要和大家联起手来，这才是你的优势所在。众人的智慧合起来，还能有什么困难不能战胜的呢？"

听了这句话，井深大顿时豁然开朗，他说："对呀，我怎么光想自己？不是还有20多个员工吗？为什么不虚心向他们求教，和他们一同奋斗呢？”

后来，他经常和同事们一起探讨公司的问题，探讨产品销路不畅的原因。同事们告诉他：“磁带录音机之所以不好销，一是太笨重，一台大约45公斤；二是价钱太贵，每台售价16万日元，一般人很难接受，半年也卖不出一台，您能不能往轻便和价格低廉上考虑？”

之后井深大从信息部了解到：美国目前已采用晶体管生产技术，既降低了成本，产品又轻便，于是他决定朝这方面去努力。在研制过程中，他和一线员工团结合作，一同攻克技术难关。1954年，他们终于成功研制了日本最早的晶体管收音机，并成功地推向了市场。从此，索尼公司开创了发展的新纪元。由此，井深大荣升为索尼公司的副总裁。

如果把索尼团队比喻为一支足球队，那么井深大就像是足球队长，在场上他发挥了领袖的榜样作用，激发了每个队友的积极性，把团队力量发挥到了极致，这才有了最后的巨大成就。

事实上，除了索尼公司，日本很多企业的成功都得益于团队精神。日本企业家认为，企业不只是产生利润的机器，更重要的是，企业是由人组成的集体。如果说企业是一个生物体，那么各个员工就像一个人的手、脚、心脏、大脑等器官，大家组合在一起才有了共同的生命。因此，任何时候企业都不会轻视员工，都不会轻易辞退员工，而是实行终身雇佣制、年功序列工资制、企业工会制度等等，时刻考虑和关心员工的利益，这样很好地激发了员工心甘情愿地愉快工作，从而帮企业获得更大的利润。

将京都陶瓷和日本第二电器公司送入世界500强企业的日本“经营之圣”稻盛和夫认为，企业是以心为本的经营，他认为企业应该把目标定为：通过企业的发展，追求全体员工物质和精神两方面的幸福，为人类社会的进步和发展作出贡献。在他看来，这样才会赢得员工的支持，使企业充满人气，有了人气的企业才会赢利更多、走得更远。

3　不要轻易许诺，难以实现的诺言比谣言更可怕

有这样一个故事：

有个商人在临死之前，告诫儿子："如果你想在生意场上成功，一定要记住两点：守信和聪明。"

儿子问父亲："什么叫守信呢？"

父亲说："如果你与别人签订了一份合同，可是签订之后你会因此而倾家荡产，但你依然履行合同。"

儿子又问："那么什么叫聪明呢？"

父亲说："不要签订这份合同。"

谨慎地许诺——如果许下诺言，无论刀山火海，都要义无反顾地履行；不要轻易向他人许诺你办不到的事情，否则，你将失信于人。这就是一位商人临终的遗言，可见，守信在他眼中意义多么重要。

有智慧的商人往往将守信理解为一种品德，并且几十年如一日地修炼这种品德。他们认为，守信是取信于人的最好办法，是建立个人形象的重要手段。当你在别人心目中是一个守信的人时，你就会获得别人的支持，你也会因此获得越来越多的机会。良好的名声，就好比是一座金矿，它会使你富有，使你有威信和影响力。

事实上，企业领导者和商人一样需要守信，只有守信，员工才会信任你，才会服从你的领导，才愿意追随你。如果你信口开河，轻易许诺，却无法兑现诺言，那么你在员工面前就会失去威信，当你振臂高呼时，可能响应者寥寥无几。这个时候，你就变成了一只孤独的"领头羊"。

一家小公司的总经理招聘员工，一位年轻人来应聘，他说："我干这一行已经有5年时间了，积累了丰富的工作经验，并且最擅长做终端业务，完全有信心胜任贵公司招聘的职务。不知道贵公司给的待遇怎么样？"

总经理说："我看了你的简历，觉得你是一个优秀的人才。对于你这样的人才，我可以负责任地告诉你：如果你来我们公司，我可以保证你年薪不低于20万。"年轻人一听，喜上眉梢，决定进入该企业。

然而，这个年轻人工作半年后，收入共计6万元，与总经理说的"年薪不低于20万"有较大的差距。于是他找到总经理，说："你当初说，我年薪不低于20万元，平均下来，每个月的薪水应该在1.6万左右，而我目前的月薪只有1万，我想听听你的解释，可以吗？"

总经理说："年轻人不要着急吗？你才来半年，下半年还没结束呢？你的能力我看在眼里，大家也有目共睹，随着你在公司工作的时间增长，相信你的薪水也会增加的。再说了，到了年底还有年终奖，你的年薪绝对不会低于20万元，请你放心，公司不会亏待你的。"

听了这番话，年轻人觉得也有道理，于是不再提了。半年又过去了，到了年底，年轻人月薪依然是每月1万，而且传说中的年终奖也没影儿。年轻人很气愤，找总经理讨说法。总经理却说："年终奖是根据公司的效益来定的，今年公司效益不好，所以，没有年终奖。"

年轻人愤怒了，他质问总经理"为何欺骗员工"，怒骂总经理不讲信用，并拿出当初进公司时签署的合同，一气之下将这家公司告上法庭，结果公司败诉，不但赔了钱，还在同行中落了个不好的名声。

承诺不是儿戏，更何况是一纸合同书？身为领导者，爱才惜才之心可以理解，但如果为了招揽人才、留住人才而许下兑现不了的诺言，无疑是赤裸裸的欺骗。而一个不守信的领导者，又怎么能带领团队打江山呢？要知道，实现不了的许诺与谣言一样可怕，使你的"臭名"一传千里，这样一来，谁还敢和你打交道呢？

古人云，轻诺必寡信。这不仅是一个主观上愿不愿意守信的问题，也是是否有能力兑现诺言的问题。有些领导者在失信于人之后，频频为自己找借口辩解，更有甚者，将那种口头承诺视为忽悠人的把戏，在忽悠成功之后，在对方怒骂自己时，他们却说："你有证据吗？我什么时候说过？"同时，还不知廉耻地暗自高兴，认为自己有手段，殊不知，这种卑鄙的行迹多么肮脏，这种人早晚会被众人唾弃。反之，一个重信守诺的领导者，则很容易受到拥戴。

《商君书》记载了商鞅变法的故事：商鞅为了使新法得以顺利推行，于是想了个办法来树立当权者的威信。他命人在京城南门口树了一根大木，然后对围观者说："谁要能将这跟木头从南门搬到北门，就赏他 50 两银子！"一开始，所有人都不相信天下有这样的好事，大家都担心商鞅不会兑现许诺。在商鞅的不断承诺下，有一个人扛起了木头，从南门一直走到北门，商鞅当场给了那个人 50 两银子。这样一来，人们都相信商鞅说的话，他所推行的新法也得到了人们很好的遵守。

企业领导者和国家统治者一样，如果想要使民众服从自己，就要想办法取信于人，只有守信的领导，才会赢得下属的拥戴。因此，为了避免许诺兑现不了的承诺，领导者在许诺前，一定要深思熟虑，绝不要许下没把握兑现的诺言。

Robin 先生正带着几个工程师赶项目。突然，他的手机响了，是一位美国投资人打来的电话。经过几句简单的寒暄，对方问："Robin，这个项目要多久可以完成？"

Robin 先生说："6 个月。"

对方停顿了几秒钟，又问："4 个月能完成吗？如果可以，我们可以对你追加 50% 的投资。"

虽然 Robin 先生刚创办公司，需要很多资金来购买设备、聘请优秀的人才，但是他拒绝了："对不起，4 个月我们完成不了。"他的理由是不敢贸然推出一款自己没把握的产品，4 个月也许可以完成这个项目，但是项目的质量会打折，他不会冒这个险。

对方沉默了很长时间，突然开怀大笑起来，说："Robin，你诚实的拒绝让我感到很放心，因为这证明你是一个真实和稳重的人，把钱投资给你这样的人，我们很放心。"事实证明，这位投资者的判断是正确的，因为百度在短短3年之内，从一个校园网络公司成长为全球最大的中文搜索引擎公司，为投资者带来了上千倍的回报。Robin就是百度的创始人李彦宏的英文名。

李彦宏在做出承诺之前，经过了深思熟虑的思考，对于自己无法兑现的事情，他坚决予以拒绝，这种真实和坦诚的态度很好地赢得了投资者的信任。也许，李彦宏这种守信的品质，正是百度在发展过程中不可缺少的推动力之一。

当然，有一种情况必须注意：有时候许下的诺言原本可以兑现，但是因发生了不可预期的事情，影响了诺言的兑现，这个时候你该怎么办呢？最好的做法是开诚布公地与被许诺者说明原因，并想办法做出补救。千万不要等到火烧眉毛了，再硬着头皮承认自己的过错或找理由推诿责任。

4 逐渐改变下属的待遇，赢得人心

在这个商品经济年代，所谓的"知遇之恩"往往只能赢得别人口头上的称赞，想让人真正记得你的好，恐怕还要有实实在在的利益保障。身为企业领导者，如果你不给下属实实在在的利益，就不要指望人家毫无保留地卖命。因此，领导者不只应该懂得用感情投资笼络人心，更应该学会用"利益"打动下属。

在用利益笼络人心时，领导者要牢记一点：人不太容易知足，如果你一次给足了下属好的待遇、奖励，并且今后没有改善和提高，那么下属就容易产生怨恨，甚至会消极怠工。因此，正确的做法是逐渐改善下属的待遇，一步步笼络下属的心，这更能激发下属的感恩之心。

一位大学教授在其课程中提出过所谓的“喂猴理论”，他把员工比作马戏团里的猴子。工作人员为了让猴子配合自己，取悦于大众，他们往往会用一些猴子爱吃的食物作为诱饵，以激励猴子的积极性。在训练之前，工作人员会给猴子喂食，但是不会喂得太饱，因为喂得太饱了，猴子就没有了表演的欲望了；再者，喂得太饱，“诱饵”对猴子就失去了诱惑力。

通俗地讲，给下属好处不要一次给足，而要结合下属的心理需求，分期给他好处，最大限度地激发他的积极性。在这方面，蒋介石可以称得上是高手，他给下属甜头总是一点一点来，每次不是很多，但却能细水长流，这样下属会永远对他保持一种感激之情，并积极地为他卖命。

张治中40岁生日时，蒋介石特地派人送来一封亲笔信，里面是祝贺诞辰的内容，还附上了蒋介石亲手写的一张条幅，条幅上写着“自强不息”四个大字，上款为“文白吾兄40诞辰”，下款为“蒋中正”，信中还有一张6000元的支票，这是蒋介石给张治中的贺礼。张治中收到此信此礼，自然非常感动。这只是蒋介石拉拢张治中的开始。

蒋介石知道，张治中不是贪财之人，所以，每次给张治中好处，都不会给太多，而是细水长流地给。后来张治中调到西北任行政长官，经常乘坐飞机来往于南京和兰州之间。当时他乘坐的飞机是美国老式的运输机，设备简陋不说，安全性还很差，张治中深以为苦，但又不便提出来。

蒋介石知道张治中的心理后，立即把自己的专机“美龄”号和“追云”号给张治中使用，这两架飞机设备精良，乘坐的安全性也很高，帮张治中解除了心中的忧烦。

有一块大甜头，不要一次性给下属，而要分成几次、分成几个阶段地犒劳下属，以换得下属更持久的感激。站在下属的角度，一次性获得领导给予的甜头，很容易吃得太饱，变得不思进取，而细水长流的好处，则可以让下属一直在激励中努力工作。

领导者一定要认识到人性中有贪婪和懒散的成分，一次性就满足下属的愿望，容易把下属的胃口撑大，使下属变得更加贪婪和懒散，这样一来，他可能对工作失去热情。所以，最明智的做法是，通过一次又一次的好处，让下属对你产生亏欠心理，使之产生投桃报李的情怀，这样你就很容易驾驭他了。

值得注意的是，虽然给下属好处可以使他产生“亏欠心理”，但在运用此法时，一定要讲究策略，千万不能表现得太过功利，否则，就是赤裸裸的收买，会引起下属的不快，也会引起旁人的不满。那么，具体怎么做呢？

（1）把感情投资和利益投资结合起来

在这个年代，你只和下属谈感情，而舍不得给下属实实在在的好处，下属肯定不跟你混。毕竟人生在世，虽说不只是“吃喝”二字，但下属衣食住行，样样都离不开钱。因此，适当地给下属看得见摸得着的好处，才是比较靠谱的激励策略。

当然，如果你只是给下属物质奖励，平时却冷冰冰地和他对话，不尊重他，不体谅他，不关心他，那么下属也难以产生工作激情，为你殚精竭虑地卖命。管理学大师彼得·德鲁克说得好：“我们无法用金钱买到责任感。金钱上的奖赏和诱因当然很重要，但大半只会带来反效果。对奖金不满会变成负面的工作诱因，削弱员工对绩效的责任感。”所以，最好的办法是把感情投资和物质奖励结合在一起。

（2）给下属好处宜“放长线”

在给下属好处时，不要急功近利，不要幻想一次性就能满足下属所有的需求。今天你满足他某个超出你能力范围的愿望，他就会一直感激你、为你效力吗？恐怕过不了多久，他就会忘记你给他的好处。再者，作为一个领导者，你手里的资源是有限的，你并没有那么大的能耐一下子喂饱下属，所以，明智的话，还是采取长线策略，一次给下属一点好处，争取持久战的胜利吧！

（3）在最恰当的时机满足下属的需求

给得好，不如给得巧。在给下属好处时，一定要抓住时机。举个例子，下属手头宽裕的时候，你奖励他几百块钱，他可能不放在心上。如果下属急需用钱时，你奖励他几百块钱，或暗地里塞给他一个红包，他可能会对你感激涕零。这就是雪中送炭的威力。所以，管理者要多了解下属的心理，下属想要什么，你就适当满足他什么，这样更容易笼络下属的心。

5 引进“鲶鱼”，让团队紧张起来

挪威人喜欢吃沙丁鱼，尤其是活鱼。因此，市场上活的沙丁鱼非常抢手，而且售价很高。可是，渔民发现：要想把沙丁鱼活着带回渔港，是一件很难的事情，因为绝大部分沙丁鱼在途中会因窒息而死亡。但是有一个渔民每次回到渔港，他所捕捞的沙丁鱼总是活蹦乱跳的。

这位渔民是怎么做的呢？原来，他在装满沙丁鱼的鱼槽里放进了几条鲶鱼。鲶鱼主要以小鱼为食物，进入鱼槽后，由于环境陌生，鲶鱼四处游动。沙丁鱼见到鲶鱼，就会加速游动，四处躲避。这样沙丁鱼缺氧的问题就迎刃而解了。这就是著名的鲶鱼效应。

沙丁鱼在安全的鱼槽里比较安逸，失去了游动的欲望，导致缺氧，最后死亡。但在有鲶鱼的鱼槽中，沙丁鱼有了危机感和逃生的欲望，于是加速游动，从而增强了生命力。沙丁鱼如此，人也如此，在安逸的环境中，人的上进心会慢慢减弱。如果这个时候，出现了一条“鲶鱼”，那么人就会重新焕发出战斗的欲望。

日本本田公司在利用鲶鱼效应方面做得十分出色，本田先生认为，只有企业存在竞争的气氛，当员工有了压力时，他们才会有紧迫感、危机感，才会激发出进取心，企业才能充满活力。

本田先生对欧美企业进行考察，发现企业内部有三种类型的人员：第一种人员是不可缺少的干才，大概占公司人数的20%；第二种人员是以公司为家的勤劳人才，这部分人约占公司人数的60%；第三种人才是终日东游西荡，拖企业后腿的“蠢材”，这部分人员占公司人数的20%。

对照自己的企业，本田先生认为，本田公司里缺乏进取心和敬业精神的“蠢材”也许更多。当然，他知道“蠢材”并非真的蠢，而是因为与公司的要求有差距，如果全部淘汰，显然是行不通的。那么，如何使前两种人数增多，使大家具备更强烈的职业精神，使第三种人员减少呢？

后来，本田先生从鲶鱼效应中受到启发，于是大力进行人事改革，他首先从销售团队入手，因为销售团队经理的观念与公司的精神相距太远，而且他的思想比较保守，严重影响了下属。所以，必须找一条“鲶鱼”来打破销售团队沉闷的气氛。

为此，本田先生把年仅35岁的武太郎从松和公司挖了过来，进入本田公司担任销售部经理。他凭借自己丰富的市场营销经验和过人的学识，以及惊人的毅力和工作热情，赢得了销售部全体成员的高度认可，大家的工作热情被大大调动起来，销售部的活力大增。公司的销售业绩也直线上升，公司在欧美市场的知名度不断提高。

这件事之后，本田公司每年都会从外部聘请一些精明能干、思维敏捷、30 岁左右的年轻人。有时候，本田公司还会聘请常务董事一级的“大鲶鱼”。这样一来，公司的沙丁鱼都有触电般的感觉，大家感受到了压力，也迸发出活力，使得企业效益蒸蒸日上。

当一个团队的人员、工作达到较稳定的状态时，常常意味着团队成员的工作积极性降低。这个时候“鲶鱼”的到来，将会对原有的团队气氛起到很好的带动作用。在一个团队中，如果始终有一位“鲶鱼式”的人物，那么这个团队就很容易一直保持激情和活力。

“鲶鱼效应”是激发员工活力的一种有效的措施。通过鲶鱼效应激发团队活力，通常有两种办法：一种是企业从外部补充新鲜血液，即把有朝气、才思敏捷的年轻人引入到团队中来，使那些固步自封、因循守旧的懒惰员工感受到竞争的压力，从而唤起他们的生存意识和竞争求生欲望。另一种办法是，引进新技术、新工艺、新设备、新观念，然后通过领导者将这些新东西灌输给员工，唤醒大家的危机感，使大家清醒地认识企业所面临的竞争压力。

当然，如今很多企业还想出了第三种利用鲶鱼效应的办法，那就是从公司内部寻找“鲶鱼”。比如，当公司内部有一个职位空缺时，领导者首先考虑从公司内部提拔人才担任此职。理由是公司内部员工相对于“空降兵”更了解公司实际情况，而且有利于节省公司的开支，还有助于营造良好的晋升文化。如果领导者不重视从公司内部选拔“鲶鱼型”人才，或者把鲶鱼型人才视为沙丁鱼，就可能导致优秀的人才流失。由于这样的人才对公司知根知底，一旦他流失到竞争对手那里，将会对企业带来极大的威胁。

赵先生原本是一家外企的策划部经理助理，在公司的 3 年时间里，他对工作始终充满了热情，并且凭着自己的才干，屡次为公司策划出优秀的方案。前不久，策划部的经理因故辞职，大家都以为赵先生会接替策划部经理一职，没想到，公司领导通过猎头公司，花大价钱聘请了一个“空降兵”。

公司的做法让赵先生十分气愤，一个月后，他选择了辞职，并进入同行的另一家公司。后来，在一次大型策划活动中，赵先生用他独特的策划案击败了前公司，使他所在的公司名声大震。前公司的领导得知此事后，不禁扼腕长叹，悔恨不已。

显然，赵先生的工作能力和鲶鱼特质没有被原公司领导发掘，这无疑是“逼走”赵先生最深层次的原因。那么，鲶鱼型的人才到底有什么特质呢？怎样才能避免把鲶鱼型人才错误判断为沙丁鱼呢？下面就介绍一下，公司内部考评鲶鱼型人才的几个标准：

（1）有强烈的工作热情和工作欲望；

（2）有雄心壮志，不满足于现状；

（3）有强烈的感染力，能带动别人完成任务；

（4）敢于做出决断，并勇于承担责任；

（5）善于解决问题，比别人进步更快。

6 怀疑、猜忌就是在给团队传递负能量

人与人之间需要信任，团队内部更需要信任。信任对一个团队来说，就有化腐朽为神奇的力量，能够把大家凝聚起来，产生远胜于个人的能量，创造不可思议的团队绩效。如果一个团队失去了信任，那么，团队就会变成一个“纸老虎”，表面上看是一个团队，实际上只是一堆人，根本没有团队战斗力可言。

一年夏天，某地遇到了干旱，农民张三和李四不忍辛苦播种的庄稼旱死，于是商议解决办法，最后他们决定开渠引水。张三从水塘往水田

这边开渠，李四从水田往水塘那边开渠。

第一天干完活，由于地形复杂和土质坚硬，张三只挖了 40 米的水渠；李四由于地势平坦和土质较松的原因，挖了长达 60 米的水渠，两人都累坏了。

回到家，李四的老婆对李四说：“你今天挖了 60 米远，而张三才挖了 40 米远。”李四想：“他该不会是在故意偷懒吧？我何必那么卖力呢？明天我也少挖一点。”

张三的老婆对张三说：“李四今天挖了 60 米，你挖 40 米，明天要加油啊！”张三一想也是。第二天，张三努力挖，挖了 45 米。李四偷懒了一些，挖了 50 米。李四想：我偷懒都能挖 50 米，张三怎么才挖 45 米。于是他更加坚定地认为张三一定没卖力。

回到家里，张三的老婆对张三说：“李四昨天挖了 60 米，今天才挖 50 米。”张三想：李四这不明摆着偷懒吗？明天我也偷些懒。就这样，两人在彼此怀疑和猜忌中开渠引水，等他们终于把水渠修完时，庄稼已经旱死了。

张三和李四开渠引水不及时而失败了，原因何在？因为他们在开渠的过程中，缺乏必要的信任，彼此内心都蕴含着负能量，使得他们都没有做到尽力执行，这样一来自然影响了执行效果。这个案例告诉我们，团队缺乏信任将导致团队成员失去工作积极性，给目标的实现带来不良后果。

试想一下，这里的张三和李四，只是两个人组成的团队，如果他们的团队人数为 20 个、200 个甚至更多，他们又拿什么来体现团队战斗力？法国一位工程师曾设计过一个发人深思的实验：他们把被实验者分成一人组、两人组、三人组和八人组，要求每个小组成员用尽全部力量拉绳索，然后他用测力器测量每一个小组的拉力。

结果是怎样的呢？二人组的拉力是这两个人单独拉力之后总合力的 95%；三人组的合力是这三个人单独拉力之后总合力的 75%；八人组

的拉力只是这个八个人单独拉绳总合力的49%。

在这个实验中，出现了“1加1小于2”的现象，很明显，有人没有竭尽全力。通过这个实验我们可以看到：当一个人单枪匹马地完成任务时，他会竭尽全力；但是当他在一个团队中，他就很可能不会竭尽全力了。这与我们常说的“一个和尚挑水喝，两个和尚抬水喝，三个和尚没水喝”所揭示的道理颇为相似。

其实，之所以出现“三个和尚没水喝”、“1加1小于2”等现象，关键是团队缺乏了最基本的信任。人越多，团队成员之间的了解就越困难，彼此间的关系就越复杂，团队之间的信任就越难以建立。在团队拉绳时，他们会想：“我干吗这么用力？反正他们也肯定会偷懒。”大家都这样想，结果每个人可能只出六七成的力气，最后大家的合力就少了。由此可见，怀疑、猜忌只会给团队带来负能量。

团队中的成员互相猜忌、互相不信任，很容易造成一种竞争上的相互打压或倾轧。可以说，这是目前中国中小企业的现状。除了团队普通成员之间的不信任，管理者对下属不信任，也是团队信任危机的重要表现。

有些管理者不信任身边的人，总想着寻找蛛丝马迹来证实自己的怀疑。这种自我保护的意识虽然有积极的一面，但更多时候，会造成管理者与下属之间产生隔阂，使彼此无法开诚布公地沟通和坦诚地相处。还有一些企业，在办公室内安装摄像头，这也是领导者不信任下属的一种常见表现。

如果团队的领导者生性多疑、习惯猜忌别人，那么团队内就很容易出现这三种人：溜须拍马的人，勾心斗角的人，唯唯诺诺的人。毫无疑问，当团队中有了这三种人，团队的氛围将变得很糟糕。

某企业集团收购了一家公司，被收购的公司的CEO等管理者依然保留，公司派来一个顾问，帮这家被收购的公司评估生产线的赢利能力，制定实施战略规划。可是顾问到了之后，那个CEO拒绝把财务报表给顾问看，他的理由是：顾问也许会把这些信息卖给竞争对手。

身为管理者和团队的领头羊，一定要在传播信任的风气上做好表率。因为对一个团队来说，建立信任是非常重要的。信任是合作的开始，是团队管理的基础，是团队成功的前提。一个不能相互信任的团队，是一支没有凝聚力的团队，也是一支没有战斗力的团队。

当一只团队建立了信任，成员之间就容易做到相互包容、相互体谅、相互帮助，团队成员也容易产生积极的工作情绪，大家的满意度、团队忠诚度、工作效率也会随之提高。因为团队建立了信任之后，能使每个人都感到自己对他人的价值和他人对自己的意义，这样大家更愿意进行合作，更愿意给予别人支持和帮助，从而减少领导者协调的工作量。同时，信任可以促使大家信息共享，有效地提高合作时的和谐程度，促进团队效益的提高。

7 传递正能量，激励团队创造奇迹

什么是正能量呢？英国著名心理学家理查德·怀斯曼将人体比喻成一个能量场，通过激发内在潜能，可以使人表现出一个新的自我，从而更加自信、更加充满活力。积极的、健康的、催人奋进的、给人力量的人和事，都能给人带去正能量。

正能量是团队创造奇迹的保证，一个正能量的团队，在工作中遇到困难时，会拥有毫不动摇的决心。对企业管理者而言，传递正能量意味着通过正确的管理手段，让员工充分发挥自己的才能，感受工作带来的愉悦感，从而创造更好的业绩。

要传递正能量，老板就要做团队的建设者，而不要做利益的追逐者。近年来，有人把领导者分为多种类型，有魅力型、民主型、独裁型等等，你是哪种领导者呢？你传递的是正能量还是负能量呢？先看一个例子吧！

科尔是一家产品制造公司的老板，他一贯的工作风格是粗鲁、暴躁、威胁。科尔认为自己的团队“跑得太慢”，必须通过“鞭打”促使他们跑得更快，这样才能创造公司期望的结果。如他所愿，他的公司业绩不断提高，利润越来越多。

虽然科尔的管理风格提升了团队的工作效率，但这种效率的提高，是由员工心头的恐惧所驱使的，而不是员工发自内心的正能量所驱使的。每当科尔发现员工的积极性有所下降时，就会怒吼着威胁员工，说要扣员工的工资，要把懒散的员工解雇掉。可以想象，最终的结果是，员工私下里怨声载道，对工作充满厌倦，员工离职率很高。

杰夫也是一家产品制造公司的老板，他采用的管理方法与科尔不同。他非常善于听取团队成员的想法，并且向员工反馈很多信息，使团队成员了解当时的工作进展。最重要的是，杰夫很公平，从来不袒护任何一个人。面对员工的错误，他总是机智地、有原则地予以纠正。犯了错的员工尽管有时候被杰夫痛骂一顿，但是他们心服口服，然后努力去纠正错误。而当员工表现出色时，杰夫总是第一时间给予赞扬和奖励。

很显然，科尔是一个私利追逐者，而杰夫是一个团队建设者。科尔以为不断鞭策员工，就能达到赢利的目的，而杰夫采取尊重、表扬、奖励等管理手法，这样能让员工对企业产生归属感，从而迸发出无限的正能量。

作为企业的老板，应该像杰夫那样，做一个团队建设者，要帮助员工进步或学习新的技能，做员工的顾问、教练，把团队的宏伟蓝图装在心中，并传达给团队成员，使大家明确努力的方向。同时，老板要重视团队激励，重视公平、公开、公正，积极听取员工的意见和建议，通过优化制度、奖优罚劣等策略，清除团队的消极因素，不断把正能量传递下去。这样才能激发团队创造奇迹。

小苏研究生毕业后，任职于一家广告公司。当时公司正处于低谷时期，业绩不断下滑，人心涣散。团队成员缺乏激情，毫无斗志。老板对公司的现状非常不满，当时高薪聘请小苏，就是为了改善公司的现状，但是怎么改，老板一直没有头绪，所以迟迟不敢动手。

一天，老板找到小苏，征求他对公司的意见。小苏毫不遮掩，说："公司的制度没有得到落实，奖励制度没有得到兑现，这是大家不满的直接原因。另外，公司内部不团结，造成竞争力被削弱，导致业绩不断下滑。这是一个恶性循环，任由发展下去后果很严重。"

老板听了之后，若有所思，示意小苏接着说。小苏说："公司制定的目标应该分配到各个项目组，再由项目组具体执行，要让大家都有具体的工作。同时，一定要让大家通力协作，形成一个由公司到团队，由团队到个人的价值链条，把大家团结起来。为了保证大家认真执行目标，可以制定奖励制度，根据员工的业绩予以奖励。"

总经理打断道："可以举个例子吗？"

"比如说，公司里干活多、言辞不多的员工经常得不到奖励，而那些偷奸耍滑、善于言辞的员工却得到很多便宜。就拿上个月的事情说吧，上个月办公室主任请假 7 天去旅游，月底发奖金他照拿，而且据说拿的还是最多的。这就很不公平了，大家感到很不满，认为公司奖励不公，这让大家工作起来就没有了积极性。"

老板沉默了一会儿，说："我明白了，我会尽快推出一系列的新制度，相信会改变公司的现状的。"

半个月之后，公司制定了一套系统化的制度，明确了奖罚细则。新制度一推行，公司员工的工作激情被极大地激发出来，原来员工上班时怨声载道，现在都兢兢业业。月底发工资时，员工们脸上都露出了笑容，因为公司按业绩予以奖励，他们的付出得到了认可。

面对公司内部出现的矛盾，老板要找到问题的根源，选择因势利导的方式，而不是盲目打压，这样可以消除员工的不满，消除员工的消极情绪，从而提升团队的士气，激发出团队的战斗力。

另外，要想打造一支充满正能量的团队，老板一定要关注团队里的每一个人，要不断给予他们认可，把他们放在合适的职位上。管理大师吉姆·柯林斯认为，管理者不仅要把合适的人放在“车”上，还要让他们坐在合适的位置上。如果把有才能的团队成员放在错误的职位上，会降低整个团队的效率。

举个例子，西部海岸公司有很多才华出众的员工，但是他们一半以上的员工，被放在了错误的职位上。设备部的总经理是人力资源专业的高材生，他从事的工作不是自己擅长的；人事部的经理却是质量控制方面的人才；业务部经理在财务会计方面有很强的专业背景……这些人才都放错了位置，怎么可能积极地去对待工作呢？如果他们从事与自己专业、专长相关的工作，他们将是公司里的超级明星员工。

由此可见，员工工作缺乏激情，没有出色的表现，并非他们没有真才实学，很有可能是被安排在了不合适的位置上。老板如果不了解这个情况，盲目地任命员工，通常是非常危险的。反之，如果老板把员工放在合适的位置上，并告诉员工：“努力去干吧，你就是这方面的人才，我相信你会有出色的表现。”员工往往是不会让你失望的。

第五章

如何打造一支打不垮、挖不走的铁血团队

团队打江山，要的是打硬仗，既然是打硬仗，那么团队必须有血性，有强硬的作风。如果一支团队动不动就搞分裂，遇到一点困难就要散伙，遇到了外界的诱惑，比如有人被高薪吸引，就跳槽跑了，那么，这样的团队就难以产生持久的战斗力。作为管理者，你要做的就是像揉面团一样建设团队，把利益、人情、制度等因素揉进去，揉出一个劲道十足，任尔东西南北风也打不垮、冲不散的团队。这样的团队，才叫铁血团队。这样的团队，才能所向披靡，战无不胜。

1 团队建设就像揉面团，越筋道凝聚力越强

什么叫团队建设？如果用新东方创始人俞敏洪的话说，团队建设就像揉面团，越筋道凝聚力越强。在《赢在中国》第三赛季的第一场36晋级12强的比赛中，俞敏洪曾针对团队说了这样一番话："开始的时候，团队就像面粉，一拍就会散，但是随着时间的延长，往里面加水，揉啊揉啊，慢慢地就会成为面团，就很难散了，甚至越揉越粘，到最后这个团队就分不开了。"

在俞敏洪看来，要想打造一支优秀的团队，少不了三个因素：一是利益，二是权力，三是人情。这就是"揉面"时需要往面粉里添加的东西，俞敏洪特别强调了"人情"在团队建设中的作用。为此，他还联想到《三国演义》中的刘备和曹操，他说刘备和曹操都有强大的管理能力，不同的是刘备在人情投资方面，比曹操做得更好。

当年曹操对关羽那么好，关羽依然过五关斩六将，非要去找刘备，这就是刘备人情投资成功的一个典型例子。刘备经常跟部将们说："你们都是我的兄弟，打下的天下就是大伙儿的。"曹操却不这么说，曹操不曾和别人结拜，他聚集人才的手段既有人情，也有利益。相对于刘备，他偏重于用利益留人才。

在新东方发展的过程中，俞敏洪历来崇尚"人情＋利益"的团队打造理念，不过他承认，在新东方发展初期他的人情投资比较低级，不外乎请客吃饭、喝酒、出去玩儿，他和大家称兄道弟。随着业务的不断拓展，新东方的赢利范围不断扩大，这个时候俞敏洪身兼董事长和总裁

的职务。原本这是一件好事，但是众人利益分配方面出了问题，以前“大碗喝酒、大块吃肉”的哥们儿开始陷入尖锐的利益纠纷之中，新东方遭遇了成立以来最严峻的考验。

在这种情况下，俞敏洪将利益、权力和人情三者巧妙地揉和在一起，在以往的基础上，加大了“利益”的分量，使之大于“人情”的分量。最后，他在利益与人情之间找到了平衡点，他认为：利益始终应该放在第一位。如果你给员工的利益超过了其他企业给员工的利益，那么你的员工留下来的可能性就较大。在此基础上，你再给员工人情，员工就会感到很舒服，就愿意为你效力。

经历了那次风波之后，俞敏洪表示：现在的新东方非常好，不光没有散架，而且团结得更加密切，彼此之间合作的层次也提高了，而且每个人在自己擅长的领域为公司作出了贡献。比如说徐小平老师针对中国留学生出版了四五本书，王强老师出了基本口语著作。大家一起关注新东方的未来、命运和前途，彼此从理念到行为，都非常一致。

从俞敏洪的讲述中，我们可以发现“揉面团”的过程中，既包括了团队成员之间并肩战斗，也包括了团队成员之间相互摩擦。这种摩擦主要表现在思想观念、内心需求、观点建议方面的碰撞和融合。这也让我们意识到，把一堆面粉揉成劲道十足的面团不是一蹴而就的，而是一种长期的修炼。

阿里巴巴“十八罗汉”进入公司的时间不同，大家有先有后。在多年的合作中，有过很多不同观念的冲突，彼此间也曾有激烈的争吵，甚至有几天不说话的。遇到这种情况，马云就会站出来缓和气氛，因为大家有共同的事业。最后，十八罗汉揉和在了一起，彼此之间合作得非常愉快，为阿里巴巴的发展作出了重要的贡献。

很多企业像新东方、阿里巴巴这样的大企业一样，也拥有众多优秀的人才，但是他们中的一些企业，没有像新东方、阿里巴巴一样打造出凝聚力十足的团队，导致他们企业发展不那么迅速，有些企业甚至举步维艰。这到底是怎么回事呢？答案是团队成员之间没有产生有效的反应，没有揉成一个整体，没有劲道。

有一家企业由于项目好、战略措施得力，在创办后短短两年时间内，企业业绩直线上升，成为同行的佼佼者。但不足之处是，由于企业发展迅速，人力资源工作相对滞后。这家企业的人员比较特殊，有创业期的老员工，也有经验丰富的“空降兵”——职业经理人，还有初出茅庐的大学生。可以说，这家企业已经具备了发展需要的人才，可是问题就在于这些人员之间没有融合成一支有战斗力的团队，无法真正发挥团队的作用。

后来，该企业在管理专家的帮助下，开展了员工培训计划，对企业人力资源进行整合。同时，大力宣扬企业文化，提出共同的目标，很快这家企业又焕发了生机和活力。从这个案例中，我们可以看出：“揉面团”，在团队建设中，在企业文化、价值理念、共同目标统一方面，都是不可忽视的重要因素。

此外，在团队建设中，为了让团队成员之间产生有效反应，管理者应该注意以下三点：

（1）根据团队成员的个性来建设团队。我们知道，每个人都有自己的个性，有些人个性很强势，有些人个性比较温和、比较弱势。如果把个性都很强势的人捏合在一起，那么团队中就有吵不完、打不完的架，如果把个性都很弱势的人捏合在一起，那么团队就会失去骨气和气魄。这都是不明智的，最好的办法是把个性强势和弱势的人整合在一起，这样他们彼此间可以互补，自然就比较有战斗力。

（2）把能力互补的人整合在一起。有些人擅长组织，有些人擅长策划，有些人擅长执行，把这些能力侧重点不同的人整合在一起，让大家各行其是，就能把一件事做得尽善尽美。

（3）引导团队成员保持畅通的交流。良好的团队沟通可以增进大家相互之间的情感，使彼此更好地协作，有了情感基础，团队才能产生凝聚力。

2 打造一支打不垮、挖不走的铁血团队

说到铁血团队，我们不禁想到电视剧《亮剑》中的李云龙，他所带领的队伍充满战斗力，就像狼群一样，所向披靡，让敌人胆战心惊。其实，企业在发展过程中，也需要铁血团队，尽管商界的铁血团队没有金戈铁马，没有刀光剑影，没有浴血奋战，但团队中的铁血精神是不变的，那就是目标一致、纪律严明、团结协作、不畏艰难、奋力拼搏。

身为管理者，相信你也希望打造一支打不垮、挖不走的铁血团队，因为这样的团队才有战斗力。在电视剧《大染坊》中，陈寿亭的长袖善舞、不拘一格，给观众留下了深刻的印象。其中，有这样一段情节：

陈寿亭是青岛染织厂的创立者，当时染坊工人的薪水普遍很低，有些厂家还不给员工供饭。但是陈寿亭不但给员工发高薪水，还给员工供饭，为了提高工人的饮食水平，他和工人一起吃大锅饭，节假日还给工人发喜面。陈寿亭说："对工人好一点，就是花再多的钱也值，因为只要工人加把劲，机器转一转本钱就回来了，而且赚的还会更多。"陈寿亭与工人之间的关系已经超越了老板与员工之间的关系，更多的时候，他们是兄弟关系，大家都很服他。

后来陈寿亭的染织厂不得不停工卖给日本，厂里的工人却不跟日本人卖力，而是陆陆续续跟着陈寿亭回到济南，最后留给日本人一座空厂。

从工人追随陈寿亭的例子中我们可以看到，他的这只团队是一支打不垮、拆不散的团队，大家之所以始终追随在陈寿亭身边，就是因为他们在陈寿亭的正确领导下，感受到了尊重和认可，实现了自我价值。由此可见，管理者要实实在在对员工好，为员工撑起一片天，给员工指明

奋斗的大方向，把员工带向光明的前程。

在现代企业管理中，管理者也应该向陈寿亭学习，向李云龙学习，把团队打造成一支充满战斗力的铁血团队。为此，要注意做到下面几点：

（1）做一个让员工看得到希望、有能耐的领路人

一支优秀的团队，首先要有一个优秀的领导者，即领路人。他的优秀体现在给大家指明正确的方向，体现在有强大的个人魅力，有振臂一呼、应者云集的威信。只有这样的领导者，才能充分激发出团队的干劲和激情。

在这里，我们要再次提到《亮剑》中的李云龙，他就是一个极富个人魅力的领袖。在剧中，李云龙所带领的部队往往能取得以少胜多、以寡敌众的胜利。这除了李云龙本人有能力之外，关键在于他给部队赋予了“亮剑精神”，使团队的每个战士都融入到共同的事业中去。这就是这支团队敢于亮剑，面对生死时义无反顾的原因所在。因此，如果你想打造一支铁血团队，你首先应该成为一个有血性、有魄力、有担当的领导者，用你的个人魅力影响团队成员，这样才能把大家团结在一起，拧成一股绳。

（2）建立完善的制度、纪律，让团队具有约束力和规矩

打造铁血团队不能缺少制度、纪律，只有在制度、纪律的约束下，全体成员才知道该做什么，知道该怎么做，而不是各自为阵，一盘散沙。在这一点上，我们不得不提到孙子兵法的创立者孙武。

孙武当年为吴王阖闾训练一支特殊的军队，这支队伍是由一些宫女组成的。阖闾让孙武训练他们，目的是考验孙武的治军能力。

孙武在练兵之前，强调了几点军规，然后正式开始练兵。可是宫女们不听孙武的号令，各自嬉戏打闹，谈笑风生，孙武见状，说：“约束不明、军令不熟，是将帅的责任。”于是他再次重申军规，然而，当他再次开始演练时，宫女们依然哄笑一片。这时孙武将违反军纪的两名队长——阖闾的两个爱妃处以斩首的处罚。

孙武说：“令行禁止、赏罚分明，这是兵家常法，为将治军的通则；用众以威，责吏从严，只有三军遵纪守法，听从号令，才能克敌制胜。”最终，吴王阖闾拜孙武为将，在孙武的辅佐下，吴国的军事实力大增。

铁血团队不能没有铁一样的纪律，因为人都有感性的一面，情感容易左右人的思想和行为，如果没有纪律规范，大家各行其是，团队就无法凝合在一起。所以说，严格的制度、严明的纪律是铁血团队不可缺少的要素。

西点军校在历史上为美国培养了很多优秀的将领，它就十分注重军队纪律的培养。西点军校有一套详细的规章制度，还有具体的惩罚措施。比如，学员若违反军容，校方会惩罚他身着军装，肩扛步枪在校园里正步行走几个小时，甚至几十个小时。据说，艾森豪威尔将军当年在西点军校就被罚过，因为他作风散漫，经常违反军纪，所以经常被罚围操场来回走步。经过一年的训练，纪律观念才在他的大脑生根，所以，我们才能看到后来的艾森豪威尔将军。

（3）铁血团队要有自己独特的精神和文化

什么是团队精神、团队文化？团队的精神和文化不是写在纸上、挂在墙上的，而是需要在发展中不断沉淀的。只有这样的团队精神，才能不断被传承，即使团队成员不断更换，团队精神也能永垂不朽。

相信很多人看过《士兵突击》这部电视剧，剧中的钢七连战士在战争年代获得过很多荣誉，到了许三多这一代，大家仍然以钢七连而自豪，每一位战士都把钢七连的精神牢记于心，这就是团队精神和文化所起到的影响力。所以，你的团队也需要有精神和文化上的东西，这才是团队的根本。

3 黏合力团队：别把飞机引擎装在拖拉机上

有一句歇后语叫："庞统当知县——大材小用。"关于这个歇后语，有一段历史故事，让我们先来看一看：

周瑜死后，庞统在鲁肃的推荐下来见孙权，孙权见他其貌不扬，没有用庞统。于是鲁肃推荐庞统去投奔刘备，庞统一开始并未交出鲁肃的推荐信，导致刘备没有对庞统引起高度的重视，只是任命他为耒阳县令。庞统虽然不高兴，但还是到任了。然而，在任职期间，庞统不理朝事，终日饮酒为乐。

刘备得知这一状况，特派张飞前去巡视。张飞见到庞统衣冠不整，扶酒而至，顿时大怒。但庞统却笑着说："百里小县，些小公事，何难断决?"于是当着张飞的面，把大量积压的公文三下两下处理掉，不到半天，就把百来天的公务处理完毕。张飞回来把庞统的事情细说了一番，刘备顿时意识到庞统是个难得的人才，马上拜庞统为副军师中郎将。

庞统才华出众，与诸葛亮并称"卧龙"、"凤雏"，但刘备却只让他当小县令，这对庞统来说是明显的大材小用，因为庞统的才华远高于县令这个职位所需。这实际上是对人才的极大浪费。而站在那个县的立场，村民们喜欢庞统吗？虽然庞统能力出众，不到半天就能处理百余天的公务，但是这百余天的公务并未得到及时处理，庞统这种为官态度显然不会受人欢迎。所以，大材小用就像把飞机引擎装在拖拉机上，这对飞机引擎和拖拉机两者来说，都不是一件好事。

阿里巴巴的创始人马云在回顾公司发展的历程时，提到过这样一个错误：

阿里巴巴网站在1999年9月建立起来，10月份，阿里巴巴获得了500万美元的风险资金。拿到这笔钱之后，马云第一件事就是大力从香港和美国引进人才。马云这次引进的人才要有能力担任"团级"以上的职务，当时人才招聘任务完成后，阿里巴巴的高管团队中，除了马云之外，其余11位均来自海外。

在接下来的几年里，阿里巴巴引进了更多的MBA，他们是来自哈佛、斯坦福及国内知名大学的MBA，遗憾的是，这些人中95%都陆续被马云开除了。为什么呢？马云表示，这些MBA来了就跟你讲年薪至少10万元，一讲就是战略，每次你都听得热血沸腾，但听完之后不知道从哪儿做起。

马云说，小企业家靠精明成功，中企业家靠管理成功，大企业家靠做人成功。因此，这些MBA首先应该做人，马云表示，这些人缺乏基本的专业精神和敬业精神。他们来到阿里巴巴，好像就是来管人的，来了之后就把公司之前的理念推翻。

马云承认这些职业经理人的管理水平确实很高，但是与阿里巴巴却不合适、不合拍。就像飞机引擎一样，如果安装在拖拉机上，最终还是飞不起来。马云的意思很明显，那就是要想让团队充满战斗力，就必须使用合适的人才。

长期以来，很多企业管理者认为，只有高学历、高职称的人，才算得上是人才。否则，能力怎么体现出来呢？因此，他们在招聘人才时，首先看的是对方的学历和职称。我们不否认优秀的人才也可以有高学历、高职称，但一个人究竟能不能称得上人才，关键在于他在什么位置做什么事。如果一项工作博士生可以做，研究生可以做，本科生、专科生也可以做，他们都有能力做好，你又何必苦苦要求博士生、研究生呢？从企业人才成本方面来考量，这也是不合算的。

所以，选择人才不是一味地求“高”，而要寻找适合的人才，最适合企业的人才，比最好的但不适合企业的人才，更有利于企业发展。在这一点上，微软创始人比尔·盖茨为我们做了很好的榜样。

微软创业初期，公司仅有5位年轻人，其中一位是女秘书，她大学毕业不久。在工作上，她的作风散漫，态度不端正。比尔·盖茨想找一位工作热心、事无巨细的总管式女秘书来替代这位女大学生，最后在众多的求职者中，他选择了42岁的露宝——一位有4个孩子的母亲，曾从事过短期的文秘工作，还从事过档案管理和会计工作，但是她没有高学历和高职称。

事实证明，比尔·盖茨的选择是正确的。露宝的加入为年轻的比尔·盖茨提供了很大的帮助，她就像一位母亲，带给了比尔·盖茨精心的照顾。在她的辅佐下，比尔·盖茨的工作轻松了很多。

日本“经营之神”松下幸之助曾经说过：“70 分的员工才是最适合的员工。”这里所说的 70 分人才，指的是最适合企业的人才，尽管他的能力也许只有 70 分，算不上最出众，但是具有挖掘的潜力，有很大的提升空间。这比 90 多分乃至 100 分人才更有利于团队建设和企业发展。

还有一个问题，马云也隐约提到过：90 分乃至 100 分的人才往往心高气傲，认为他自己无所不能，对别人的意见和建议不容易做到虚心接受。再者，人往高处走，他们一旦遇到更好的机会，就可能选择离企业而去。当然，在企业里工作得不开心，他们也会选择离去。因此，企业很难长期留住他们。

马云是谦虚的，他把自己的企业比喻为“拖拉机”。马云也是明智的，他知道“飞机引擎”式的人才不适合自己的企业。这样做对打造优秀的团队是非常有益的，因为飞机引擎式的人才在团队里不容易起到黏合团队的作用，相反，他们的高傲、自负等，倒是容易起到破坏团队和谐氛围的作用。所以，马云果断地请这类人才离开，这也值得我们学习。

4 用目标和利益把团队成员紧紧绑在一起

有个农夫有一匹马和一头驴。一次外出，他让驴驮的货物多一些，让马驮的货物少一些。在途中，驴累得精疲力尽，就对马说：“老马，你能帮我分担点货物吗？我累得受不了啦！”马说：“凭什么帮你驮，我不帮。”没过多久，驴因为超负荷累倒了，主人见状，只好把驴身上的货物全部放在马背上。这一下，轮到马吃尽苦头了，当马累倒时它才后悔之前没帮驴分担货物。

这个故事充分说明一点：团队成员不能自私自利、各自为阵，而应该为了达到共同的目标，为了共同的利益，紧密团结在一起，互相协助，互相支援。只有这样，团队才是一个有效的整体，才能攻克难关，赢得更大的胜利。

看看草原上的蚂蚁，当野火燃烧时，众多蚂蚁会迅速聚拢起来，努力抱成一团，然后像皮球一样滚动，以逃离火海。尽管在这个过程中，蚁球外部的蚂蚁被烧得噼里啪啦，但是它们用自己的身体保护了蚁球内部的蚂蚁，为整个集体留下了生机。再看看竹篓中的螃蟹，一只螃蟹爬上竹篓壁，想逃出去时，其他螃蟹就会攀附在它身上，用力把它拉下去，最后一只螃蟹都逃不出竹篓。

对比蚂蚁和螃蟹，我们就会发现：没有目标的团队是无法真正团结起来的，最后也无法赢得团队利益。尽管人性是自私的，但是在企业里，老板必须强调共同目标，强调团队利益，要让员工明白：如果一个团队无法实现共同的目标，无法获得整体的利益，员工的利益就没法保障。

杰克·韦尔奇曾说过："鉴别一个团队是平凡还是一流，就看他有没有一个明确的目标，而且这个目标还要让大家都兴奋。"关于这一点，知名足球教练希丁克已经用实际行动证实了。

距离2002年韩日世界杯只剩500天时，希丁克被韩国聘请为国家足球队的主教练。当时韩国足球队的情况非常糟糕，虽然他们是以东道主的身份进入世界杯的，但是国外同行都嘲笑韩国队，说它只会在最底线竞争，说它第一轮就会出局。世界杯上的表现关乎国家尊严，关乎韩国足球队的荣誉。

希丁克临危受命，他决心把韩国足球队从危机中拯救出来。他知道韩国足球队的实力和韩国人民的主观期望有一定的差距，要缩短这个差距，就必须充分激发每个球员的潜能，制定一个令大家兴奋的目标。同时，还要对常规的足球战术进行大胆的改革。

希丁克给韩国足球队定下的目标是进入16强，为此，他引进了"全攻全守"的足球观念，并强调必须这样做。他果断地说，过去韩国队球员打不起精神，是因为没有明确的团队目标，没有把球队利益与个人利益结合起来，才导致球员激情不够。因此，他要求全体球员振作起来，为进入16强而努力。

希丁克知道，要想带领韩国足球队走出困境，仅仅设定远大的目标是不够的，还必须在这个过程中付出艰辛的努力。因此，在训练中希丁克不断采用目标激励的策略，充分调动了球员的比赛激情和自信。

在那届世界杯上，韩国队不仅进入了16强，更是进入了4强。世界杯结束后，希丁克表示，韩国队之所以能进4强，是因为树立了具有挑战性的目标。他说："领导者应该是一个把自己目标变成整个团队目标的人，同时又是一个把团队目标转化成个人目标的人。"

目标对团队的团结作用、对团队成员的激励作用是不可估量的，充满挑战性的目标可以激励人去努力。这一点在韩国足球队身上得到了充分的证明。作为企业的老板，也应该成为希丁克那样的领导者，把自己的目标转化成企业的目标、团队的目标。当团队实现这一目标时，意味着团队的利益得到了满足，这样大家的利益也得到了保障，团队荣誉也会被很好地激发出来。

1980年，零售业巨头沃尔玛制定的销售额目标是10亿美元，10年之后，它的销售额目标达到了千亿美元。为了达到这个目标，沃尔玛通过"Beat Yesterday（超过昨天）"图表，把今天的成果与一个星期之前、一年之前的成果相比较，从而不断提升预期的水平，激发员工为达成最终的目标而努力，最终实现了艰巨的目标。

本田公司也十分注重团队目标，当年雅马哈在摩托车市场对本田公司形成了巨大的威胁，于是本田公司提出"打倒雅马哈"这一目标，不出几年，本田公司就主宰了摩托车市场。本田宗一郎表示，利用目标可以把团队人员的集体力量集合起来，形成了一个巨大的魔力。同时，还可以有效地协调不同个人的行为，使大家保持密切的合作。如果团队没有目标来协调大家，就必须通过无数次会议、指示、命令来协调大家，这样就会导致办事速度降低、企业花销增多。

企业老板们，你的团队目标是什么呢？明确清晰吗？期限具体吗？计划细化吗？如果你能做到目标明确清晰，规定实现的期限，制定具体的计划，就能很好地把大家团结起来，为了实现那个共同的目标去努力，这样一来，成功就离你不远了。

5 团队精神：打硬仗是取得胜利的保证

有些人认为，最优秀的团队，一定是由最优秀的成员组成的。真是这样吗？当然不是。反过来，最优秀的成员组成一个团队，也不一定是最优秀的团队。因为团队不是“人 + 人”的累积，也不是“优秀 + 优秀”的累积，而需要凝聚在一起，并真正产生“化学反应”。如果团队没有“化学反应”，那么这支团队打硬仗不可能取胜。最典型的一个例子就是美国国家男子篮球队，被称为“梦之队”。

众所周知，NBA 是全世界水平最高的篮球职业联赛。每年美国都会从 NBA 球员中挑选一些组成一支国家队，然后前往各地参加比赛，比如，参加世界篮球锦标赛、篮球世界杯、奥运会等等，可是在梦之队所有的比赛中，战绩并不好，更确切地说是胜少负多，经常令球迷失望。为什么各个都是 NBA 得分高手的梦之队，却打不过其他球员水平一般的国家队？其实，关键原因在于他们在短时间内组合在一起，没有产生默契的配合，而且很多时候，自恃能力强、球技高，经常单打独斗，无法成为一支具有团队精神的球队，所以，胜少负多也是情理之中的事情。

不仅体育运动中需要团队精神，企业发展过程中，也需要团队精神。人们常说时势造英雄，其实也是英雄造时势。可是现如今，英雄人物不同于以往的个人英雄，而是需要有团队精神的英雄。否则，即使你个人能力再强，组合在一起，也不一定能创造辉煌。

比如，柳传志、杨元庆、郭为等，就是联想集团发展过程中的“英雄”，但是有一段时间，联想的发展出了问题，遇到了困难，什么原因呢？其中有一点就是团队精神不足。对此，人力资源专家章义伍先生曾写过一篇文章，名为《把信带给杨元庆——谈联想与麦当劳的文化差距》。

在文章中，章先生说：“联想与麦当劳在人力资源上的差别主要体现在领导团队建设、干部选拔、培训机制、人员激励四个方面：联想的总裁几乎无人不晓，但中国麦当劳的总裁是谁，恐怕就很少有人知道了；联想很强调企业家和能人的贡献，而麦当劳强调的是管理团队；联想‘班子’优秀主要体现在以杨元庆为首的高层，在中层，也就是事业部和部门经理这个层面，比较之下却没有麦当劳那么理想；联想大部分中高层人才是内部提拔的，而麦当劳永远是60%左右的人员内部招聘，40%外部引进，确保管理层的内外融合。”

章先生的分析可谓深入浅出，直击要害，从这篇文章中，我们不难发现：企业发展需要的不仅仅是几个高层的英雄人物，更需要中层、下层等众多员工团结在一起的团队，需要强大的团队精神。当然，联想的管理层也意识到了这个问题，因此，他们才提出了“打造虎狼之师”的口号，想重现联想创业打天下时的战斗力。

TCL集团的总裁李东生曾说过：“在现代市场竞争中，要加强团队协作，提高资源整合能力和整体系统的有效性，保障企业资源效益最大化，综合竞争力才能够做到最强。”他在公司的内部会议上，不断申明：“我们要成长为具有国际竞争力的世界级企业，首先要培养一支能管理具有国际竞争力的世界级企业的职业化经理队伍，在企业竞争的诸多因素当中，人的因素是第一位的。”

事实上，人才队伍的建设，团队精神的培养，不只是TCL集团需要重视的，也是每个企业应该重视的。因为在21世纪的今天，只有拥有优秀的人才，并将优秀的人才凝聚在一起，才能打造出战斗力十足的团队。那么，怎样才能使企业具备强大的团队精神呢？

（1）让每个成员融入团队

通用电话电子公司董事长查尔斯·李曾经说过：“最好的CEO是通过构建他们的团队来达成梦想，即便是迈克尔·乔丹也需要队友来一起打比赛。”身为企业领导者，首先应该融入团队，注重与其他领导、下属配合，这样才能带动大家，营造合作的氛围。也许有些领导者业务能力很强，但最好不要逞匹夫之勇，单打独斗，否则，会影响团队精神的打造。

（2）跨越“部门墙”，让部门之间产生协作

对于一个有一定规模的企业而言，其内部必然有若干个部门。不少公司的不同部门之间缺乏交流，彼此闭门造车，自己干自己的。若非必要时，很少和其他部门进行信息沟通。这是企业发展的重大弊端之一。

松下幸之助曾说过：“员工与管理者，是公司企业车上的两个轮子。只有当两个轮子都处于协调、均衡状态的时候，我们才能够真正得以生存、发展和繁荣。”事实上，该公司的各个部门也是互相支持、并驾齐驱的轮子。在推动公司前进的过程中，少了哪个部门，企业都无法正常运营下去。因此，部门之间应该相互协作、优势互补、互通有无，这是加强进一步合作的最佳途径。

（3）引导各个团队成员相互配合

当各个部门产生了协作与配合之后，部门中的员工积极与其他部门的员工展开合作。如果说部门间的协作与配合是团队与团队的配合，那么不同团队之间的成员的配合，就是新的组合、新的协作。当公司中的人员能够自如地与他人配合时，这个团队往往会产生强大的战斗力。在这里，我们再次以篮球为例子，说明团队成员协作的重要性。

说到NBA，人们就会想到乔丹，想到芝加哥公牛队，想到乔丹的两次三连冠。那个时候，芝加哥公牛队除了乔丹，还有皮蓬、罗德曼、科尔、朗利、库科奇、格兰特等优秀的运动员。在队友斯科特·皮蓬的球衣退役仪式上，乔丹说：“没有斯科特·皮蓬，我成不了最伟大的球员，是他将我推向这个位置。”

可以说，如果没有乔丹，也就不会有公牛王朝。如果没有乔丹那帮

家伙，同样也不会有公牛王朝。乔丹之所以和一帮家伙缔造了公牛王朝，关键在于他们用团队精神打硬仗，彼此间分工明确、各司其职、默契配合，产生了成倍的战斗力。可见，团队精神才是打硬仗取胜的保证。

6 喊破嗓子不如给员工做出样子

二战时期，美国著名的巴顿将军说过一句非常有名的话："在战争中有这样一条真理：士兵什么也不是，将领却是一切……"巴顿将军为什么说这句话，这句话到底是什么意思呢？让我们先来看一个故事：

有一次，巴顿将军带领一支军队行进，途中汽车陷进了泥潭。巴顿将军命令道："你们这帮混蛋赶快下车，把车推出来。"大家按照命令下车推车，最后，终于把车推出来了。当一个士兵准备抹掉身上的污泥时，他惊讶地发现，身边还有一个满身都是淤泥的人，他就是巴顿将军。这个士兵一直记着这件事，直到巴顿将军去世，他才在其葬礼上对巴顿的遗孀说起这件事，他说："夫人，我们敬佩他！"

看完这个故事，再想一想巴顿将军说的那句话："在战争中有这样一条真理：士兵什么也不是，将领却是一切……"不难发现，巴顿将军这句话的意思是，士兵的状态，取决于将领的状态；将领所展现出来的形象，是士兵学习的标杆。如果你希望士兵成为什么样子，那就做出那个样子给他看，这样对士兵才有激励作用。

其实，巴顿将军所说的话不仅体现在军队管理上，在任何一家企业、组织、团队中都实用，凡是能够带领团队取得辉煌成绩的领导者，必定是一个懂得以身作则、率先垂范的领导者。简单地说，就是"喊破嗓子不如做出样子"。

作为一位企业领导者，不知你可曾想过这样几个问题：为什么有些企业员工能够做到遵守制度，而有些企业员工则把企业制度视为一纸空文？为什么有些企业员工在没有加班费的情况下，仍然自愿加班，而且工作非常认真，而有些企业员工的表现恰好相反？为什么有些企业员工接到任务后，毫不拖延，坚决执行，而有些企业员工则找借口不执行？

对于这种不同，我们不排除员工个人的职业素质和品德操行的原因，但造成这种差别的还有一个重要原因，那就是领导者是否有威信和魅力，是否做好了表率？古语说“己欲立而立人，己欲达而达人”，意思是自己想要站得住也要使他人站得住，自己欲事事行得通也应使他人事事行得通，通俗地讲就是，只有自己能做得到，才能要求别人去做。对于企业管理者来说，不只是高声命令能使下属屈服，以身作则对员工更有说服力和影响力，更容易凝聚人心。

一天，IBM公司的老板托马斯·沃森带着客户前去厂房参观，走到厂门口时，被警卫拦住了。警卫对沃森说：“对不起先生，您不能进去，我们IBM的厂区识别牌是浅蓝色的，行政大楼工作人员的识别牌是粉红色的，你们佩戴的识别牌是不能进入厂区的。”

沃森的助理彼特见状，大声对警卫说：“这是我们的大老板，陪重要的客人参观。”警卫可不认识老板，他说：“这是公司的规定，必须按规定办事！”警卫的做法赢得了沃森的认可，他对皮特说：“他讲得对，快把识别牌换一下。”于是，所有的人更换了识别牌。

在很多公司，领导者制定制度、出台规定，似乎都是针对普通员工的，他们自己在遵守制度方面做得并不好。比如，公司规定上班不得无故迟到早退，有些领导者自己却经常上班姗姗来迟，下班先人一步；大厅中明明写着“请勿吸烟”，可是烟瘾上来了，最高管理者抽一支，别人也不敢讲什么；公司规定员工进入生产车间必须戴安全帽，可是领导者却做不到。这一点从沃森助理的话中，我们也能感觉出一些眉目：这是我们的大老板”，言外之意是“老板不用遵守规定”，很多领导者都有这种观念，它的危害是巨大的。

因为制度、规则制定之后，就是供人遵守的，领导者若不遵守，就意味着对制度、规则的破坏。很多公司不缺少制度和规定，缺少的是领导者以身作则的理念和意识。要知道，领导者所起到的就是标杆作用，他永远站在团队的前方，他的一言一行、一举一动，都被众人看在眼里，如果领导者扮演的是制度、规定的破坏者，那么他在团队成员心中还有什么威信可言？所以，强烈建议领导者把“照我说的做”改成“跟我做的做”，这样才能树立起领导的威信，才能凝聚人心，提高团队的战斗力。

土光敏夫是一位受人尊敬的企业家。1965 年，他出任东芝电器的社长。虽然当时东芝公司人才济济，但是由于组织规模过大，层次过多，管理不善，员工积极性不高，导致公司效益低下。

土光敏夫上任之后，提出了一个口号：“一般员工要比以前多用 3 倍的脑，董事则要多用 10 倍，我本人则有过之而无不及。”这个口号一出，代表着整顿东芝计划的正式开始。土光敏夫以身作则的表率作用，在杜绝浪费方面表现得非常明显。

有一天，一位东芝的董事想参观名叫“出光丸”的巨型油轮。这艘巨型游轮土光敏夫已经去过 9 次，所以，他表示愿意带路。那一天是休息日，他与那位董事约好在樱木町车站的门口会合。当董事乘公司的车来到会合地点时，土光敏夫已经等候在那里，董事礼貌地说：“社长先生，抱歉让您久等了。我看我们就搭您的车前往参观吧！”他以为土光敏夫乘公司专车来的，但是他错了。

土光敏夫说：“我并没乘公司的轿车，我们去搭电车吧！”

听了这话，董事当场愣住了，他羞愧得无地自容。

为了杜绝浪费，使公司资源合理化使用，土光敏夫以身作则，搭乘电车，给那位浑浑噩噩的董事上了深刻的一课。这件事很快就传遍了整个公司，全体员工立刻产生了警觉，大家不敢再随意浪费公司的资源了……

以身作则是领导者不可缺少的素养，因为严格地要求自己，才能对员工起到表率作用。在这方面，美国玫琳凯化妆品公司的创始人玫琳凯·艾施就做得很棒，她每天把未完成的工作带回家，她的信条就是："今天的事绝不拖到明天。"虽然她从未要求她的员工这样做，但是在她的影响下，她的助理以及7位秘书，都养成了不拖延的工作风格。由此可见，喊破嗓子不如做出样子，对引导和规范员工的行为多么有效。

7 "沟"而不"通"，是因为你不懂得"沟通"

在企业中，有些领导者和员工说了半天，也没有说出重点；布置下去的工作，下属连个反应都没有；员工执行出来的结果，与领导者要求的却大相径庭……为什么会出现这些问题呢？很重要的一点是沟通环节出了问题，导致沟而不通的情况。

蒙牛集团的创始人牛根生曾经说过一句话："企业80%的矛盾和误会都来自于沟通不畅。一家企业的发展20%靠战略，80%靠执行，执行的80%在于充分的沟通，而企业80%的矛盾和误会也基本都来自于沟通不畅。"

沟通对企业管理的重要性不言而喻，甚至可以说，沟通的成本是企业最大的成本。因为没有沟通的效率，就没有企业运营的效率。沟通不畅，上情不能下达，下情不能上达，导致团队成员之间无法步调一致，无法各司其职，无法保持默契，这会使团队执行力大打折扣。因此，提高企业内部沟通效果，提高每个团队成员的沟通能力，尤其是管理者的沟通能力，是提高企业管理水平的重要途径。

日本经营之神松下幸之助有句名言："企业管理，过去是沟通，现在是沟通，未来还是沟通。"管理离不开沟通，因为沟通已经渗透到管理的各个方面，就像人的血液循环一样。如果没有沟通，企业就失去了血液的循环，最后只会衰亡和倒闭。我们知道，一潭死水会变得发臭，是因为没有水的流动，而在清澈的江河里，流水不息，汹涌奔腾，那是活水。因此，在企业中，员工愿意沟通，敢于提出不同的意见，这是一件可喜的事情。

在沟通中，最重要的一点是开诚布公，例如，在开会讨论问题的时候，所有参会者应该坦诚地交换意见，而不能考虑其他因素，比如不敢反驳上司的意见，不好意思与人唱反调等，于是变得唯唯诺诺、遮遮掩掩、言不由衷，否则，就容易破坏公司团队的沟通和交流渠道，对工作造成负面的影响。

在微软公司，有一种很好的沟通方式，叫开放式交流，它要求所有员工在任何场合都能敞开心扉，完整地表达自己的观点。在微软开会时，如果大家意见不统一，一定要表达出来，否则，公司可能会错失最有价值的信息，错失抓住机遇的良机。

当年 Internet 刚开始出现时，微软的很多领导者不理解、不赞成花太多的精力去做一个“不挣钱”的技术。但是有几位技术人员不断地提出意见和建议，向管理者解释这项技术在未来的前景。尽管管理者们没有完全理解技术人员的意思，但他们仍然支持这种开放式交流的权利。后来，这些声音传到比尔·盖茨的耳朵里，比尔·盖茨决定改变公司的方向，彻底支持 Internet。

从这个例子中我们可以看到：开放式的交流环境对微软公司保持活力和创新力有非常重要的意义。不可否认的是，彻底的开放式交流也有弊端，有时候会造成激烈的辩论甚至是争吵，而争吵的时候，大家带着情绪，可能会出口伤人，从而破坏人与人之间的关系。怎样才能解决这个弊端呢？

微软公司的总裁史蒂夫·鲍尔默提出，要把这种开放式的交流文化改进成“开放并且互相尊重”的文化。这要求员工在互相交流中充分尊重对方，不要恶语伤人，即使不同意对方的意见，也要用建设性的语言提出自己的观点。

一般来讲，沟通的目的是获取真实的信息，沟通是为决策做铺垫的，也是为管理者了解执行进展情况服务的。在沟通中，最关键的是"真实"两个字，少了真实，一切沟通都将失去意义。在沟通时，要注意几个问题：

（1）沟通要注意场合

与在公开场合发表个人意见相比，多数人更愿意在私下里表达个人意见。比如，中央电视台采访市民："你幸福吗?"市民对着摄像机时，不愿意说真话，而是打哈哈，说"我姓曾"。与在严肃的场合说真话相比，人们更愿意在轻松的场合说真话。鉴于这两点，管理者应该结合沟通对象，在适当的场合与之沟通，这样才更容易听到真话。

（2）沟通要注意方式

什么是"沟"？"沟"其实是渠道的意思，即方式。如果没有"沟"或者"沟"不畅，就不可能"通"。所以，优秀的管理者有非常多的沟通渠道，例如，万科集团就提出了12条沟通渠道，包括邮件、会议、面谈、庆典等等，杰克·韦尔奇喜欢写纸条与员工沟通，阿里巴巴的关明生喜欢写打油诗与员工沟通，你也可以打造属于自己的沟通渠道。但无论你选择什么沟通方式，有一点是必须明确的，你所选择的沟通方式，最好是简单有效的，而不应该费时费力。有这样一个案例：

林经理是研发部的负责人，进入公司不到一年，因工作能力强颇受老板器重和大家的肯定。在他的缜密规划之下，研发部当年一些被搁置的项目，如今都在积极推行当中。不过，老板发现林经理有一个问题：在工作中不善于语言交流，而是喜欢用电子邮件的方式传达信息，与上下级沟通。

每天早上来到公司，他就能收到林经理头天晚上10点钟发来的邮件，上面洋洋洒洒千余字，看得老板都有些烦了。后来，老板与其他领导及下属交流，得知林经理与他们也喜欢用电子邮件的方式沟通。

原本大家没觉得用电子邮件沟通有什么不妥，但是最近由于工作进度紧张，大家的任务都很重，看邮件、回邮件要花掉不少时间。而且事实上，原本一两句话就能说清楚的事情，林经理偏偏要写邮件，这让大家很不解。

一天，老板进到另一部门经理的办公室，发现他正在聊 QQ，于是随便问了一句："和谁聊 QQ 呢？"对方说："林经理。"老板感到奇怪，就问："你和林经理的办公室只有一墙之隔，为什么不直接当面交流工作上的事情呢？"

没想到，这个部门经理面露无奈，说："林经理喜欢用文字的方式沟通，不喜欢当面聊。我刚才去了他办公室，他寥寥数语，就把我打发回来，然后在 QQ 上长篇大论和我聊工作，我也不想这样啊，没什么大事，几句话就能沟通完……打字聊天多费劲啊！"

了解这些情况后，老板找林经理聊天，他说："管理工作重在追求效率，沟通应该用最省事的方式，比如，面对面沟通。QQ 聊天、电子邮件这些方式也是沟通的重要方式，但相比于当面交流，会更费时费力一点，希望你考虑一下沟通中的时间成本以及沟通效果，多用面对面交流……"

语言是沟通的重要工具，用嘴巴沟通简单高效，一对一交流，而不是让第三者传话，可以避免信息失真，这些简单的沟通方式，应该成为每个管理者最倚重的沟通方式。至于书面交流，虽然也是一种重要的交流方式，但考虑到时间成本，管理者应该减少使用，或在恰当的时候使用，而不是将其当成一种主要的交流方式。

（3）沟通重在互动

沟通是双向的，如果在沟通中，你在这边滔滔不绝地表达，员工听了半天，没有任何反应，那么，你这种沟通是失败的。你应该想办法激起员工表达的欲望，让他说出内心的想法，是否认同你，是否有补充你的地方，等等，只有这样你才能清楚员工到底是怎么想的，从而更好地指导他、指挥他。所以，管理者在沟通中，一定要学会倾听，你愿意听，员工才愿意向你倾诉。

8 有效解决团队分歧，让团队始终拧成一股绳

有一幅漫画叫《两驴吃草》，漫画非常有意思，漫画上的情景是这样的：

有两头毛驴被同一根绳子拴在一起，旁边各有一堆草。刚开始时，两只毛驴拼命向离自己近的草堆用力蹬绳子，但由于绳子不够长，两只毛驴都无法吃到身边的草。经过一番较量，它们明白：如果一直这样争执下去，谁都没办法吃到身旁的草，大家都会挨饿。于是，它们放下了争执，采取合作的办法吃草。它们一起走到一边把草吃完，然后又一起走到另一边吃另一堆草。通过这样的合作，它们都填饱了肚子。

这幅漫画让我们看到了合作的力量。虽然一开始，两只毛驴有分歧、有争执、有较量，但经过思考和协商，有效地解决了分歧，使团队产生了合力，最后顺利吃到了草。由此可见，团队有分歧不要紧，重要的是有效地解决分歧，这样才能把团队成员拧成一股绳。

在企业经营管理的过程中，由于人与人有不同的思想、观念、思考问题的方式方法，因此，分歧是处处存在的。有些分歧存在于战略决策上，有些分歧存在于赏罚问题上，有些分歧存在于执行的方式方法上。作为管理者，面对分歧的时候，应该保持冷静的心态和倾听的姿态，多方面了解大家的想法，全方位地思考问题，协调好分歧双方的关系，使大家本着“对事不对人”的原则探讨问题，最后有效地化解分歧，使大家目标、行动保持一致。

在化解团队分歧的过程中，领导者要注意下面几点：

（1）听听双方的观点和意见

古人说：“兼听则明，偏信则暗。”当下属之间因为某些问题产生

分歧时，管理者应在恰当的时候站出来协调彼此的关系。之所以说“在适当的时候站出来”，是因为团队成员之间有分歧是正常的，因分歧造成争辩、争论也是正常的，只要这种争论在良性的范围内，彼此间没有因分歧和争论伤和气、闹情绪，领导者就可以坐视不管。要知道，不少优秀的创意和点子，就是在分歧与争辩中迸发出来的。

当争辩、争论升级为争吵、吵架时，领导者就应该马上站出来，控制住争吵的场面。领导者可以采用询问的方式，一对一地了解事情真相。对于下属间的分歧，领导者应该做到一碗水端平，客观公正地对待彼此。有时候，甚至可以采取“各打五十大板”的办法，也不要偏向任何一方，否则，会让另一方难以接受。总之，领导者要充当“和事佬”，而不要“火上浇油”。

（2）在决策中应吸纳众人的智慧

在决策中，出现分歧是很常见的。当你提出一项决议、一个想法时，如果大家对你不认同，你该怎么做呢？有些领导者崇尚权力和权威，不喜欢被下属反对，觉得下属驳斥他的观点是没面子的事情。因此，他们在决策时往往表现得独断专行，什么事情都是他说了算，根本不给别人反驳的机会。而有些领导者崇尚民主，对于别人的不同意见，能够做到洗耳恭听、择善而从。这种领导者是值得肯定的，他们往往容易获得大家的支持和服从。

俗话说：“良药苦口利于病，忠言逆耳利于行。”如果在决策时，只有领导者一种意见，大家都说支持，那么这就不叫决策。真正的决策是在分析多种方案的基础上，最后从中选择一个最佳的方案。因此，当下属提出不同意见时，领导者要细心倾听，认真分析，如果有道理，就要给予肯定和赞扬，千万不要觉得丢面子。对于那些敢直言的下属，管理者应该感到高兴，因为这种勇气本身就是一种正能量。

（3）鼓励团队成员提出不同的意见

如果一个团队永远只有一个声音，那么结果是可怕的。所以，高明的管理者往往会鼓励团队成员提出不同的意见，他们不怕团队成员之间有分歧，他们怕的是团队成员不敢提出自己的真知灼见。美国通用汽车公司的总经理斯隆就是这么做的。

1994年，美国著名管理学家杜克受聘于美国通用汽车公司担任管理决策顾问。杜克来公司的第一天，斯隆对他说："我不知道要您研究什么，要您写什么，也不知道该得出什么结论。这些都该是您的任务。我唯一的要求，只是希望您将您认为正确的东西写下来。您不必顾虑我们的反应，也不必怕我们不同意。尤其重要的是，您不必为了使您的建议为我们所接受而想到调和折衷。"这番话足以表明，斯隆是一个希望听到真实想法而不担心有分歧的领导者。

（4）不被不同的意见所左右而忘记领导的职责

在决策过程中，面对不同的意见，领导者要记住一点：一定要制定符合企业发展目标的决策，而不能为了迎合下属，或者见多数人不支持自己的意见，就放弃自己的观点。因为领导者是决策的主体，处于主导地位，方案有多种，主意还得自己拿。如果轻易被分歧性的意见左右，领导者就徒有其名了，这就是失职。

第六章

小公司的战略就是赚钱，活下来

企业的目标是什么？松下幸之助说过：“企业如果不以赚钱为目的，就失去了做企业的意义。”对于小公司而言，企业的战略就是赚钱、活下来。除此之外，一切都是浮云，都是无意义的。要知道，小企业活下来并非容易的事情，因为半路夭折的小企业太多太多。这就是马云为何忠告小企业：活下来才是首要任务。只有活下来了，企业才有希望争霸天下，创造宏伟蓝图。

1 战略决定胜负：思想有多远，你就能走多远

有一句话叫："思想有多远，你就能走多远；心有多大，舞台就有多大。"相信很多人都听过这句话，身为企业领导者，你的思想是否高远，会影响到你的眼界和战略制定。只有思想深远，看问题才会长远，才能做出高瞻远瞩的战略规划。马云就是这样的领导者，阿里巴巴能有今天，与他高远的战略规划分不开。

从 1999 年成立至今，阿里巴巴在全球范围内，被十几种语言 400 多家媒体连续追踪报道，它连续 5 次被《福布斯》评选为全球最佳 B2B 网站，它的排名甚至比全球电子商务的巨头亚马逊还要靠前，马云是怎么取得这样的成就呢？

1995 年，马云开创企业黄页网站，每天出门向别人讲述互联网的神奇，说服别人出钱把资料放到网上去，但是没有人相信他。在那段时间内，马云被人视为骗子。然而，他不放弃。在中国互联网大潮风高浪急之时，马云决定做一个和世界上所有电子商务网站不同的 B2B 网站，他放弃了那 15% 大企业的生意，决心只做 85% 中小企业的生意。他说："如果把企业也分成富人穷人，那么互联网就是穷人的世界。"

这是远见还是狂妄呢？事实证明，这是马云的远见。1999 年年初，他创办了阿里巴巴，企业创办初期，严重缺少资金，马云到各个大学去做演讲，宣讲他的 B2B 模式。渐渐地，他引起了人们的关注，海外媒体开始对他表现出极大的热情。风险投资商也慢慢对马云产生了兴趣。但是马云先后拒绝了 38 家风险投资商，接受了以高盛为首的投资集团的 500 万美元的投资。在该笔资金到位后，他飞赴北京，见了日本软银

公司的董事长孙正义。那次交谈之后，孙正义向阿里巴巴投资了2000万美金。就这样，阿里巴巴在充足资金的支持下，迅速发展起来。

《福布斯》曾这样评价马云："有着拿破仑一样的身材，更有拿破仑一样的伟大志向!"事实上，他的身材虽然矮小，但是他的眼光却非常高远，他制定的企业发展战略具有很好的前瞻性。这是阿里巴巴之所以能走到今天，并且将会走得更远的战略保证。

一个真正有战略远见的领导者，敢于挑战灵感世界和现实世界之间的分界线，善于在未来趋势不明朗的情况下看清方向，为企业发展找到新的出口。关于战略远见，英国大文豪奥斯卡·王尔德的一句话做了很好的诠释："只能在月光里找到他们的道路，他们受到的惩罚是：他们比世界上其他任何人都更早地看到曙光。"有远见的领导者，才能将企业带向光明。

吴少梅是佛山市花漾空间卫浴有限公司（简称"三英洁具"）的总经理，她就是一个充满商业眼光和战略思想的人。她的战略远见表现为三点：

第一，表现在产品定位上。

绝大多数企业在产品定位上，所走的路线是"市场缺什么就生产什么"，但是三英公司专做女人的生意，找对了市场的定位。吴少梅表示，行业内有些公司是走功能型的路线，以豪华赢得男人们的青睐，而三英做的是女人生意，以玫瑰花为主题，很好地抓住了女人内心细腻而多情的特点，设计了女人喜欢的风格。在吴少梅看来，这就是三英的商机。她说，在购买洁具时，女人购物往往是凭直觉的，第一眼看上就非买不可。三英玫瑰洁具将女人的浪漫延伸到卫生间，使男女情调不再局限于卧室。

第二，表现在扩张路线上。

很多民营企业为了赚更多的钱，不惜到银行贷款，但是三英不这么做，她说："许多陶企负债，但我们公司没有。许多企业搞出口，但三英不搞。像谷歌打入中国市场，要花10年的时间和数以亿计的广告费才打响知名度。做出口的投入大，风险大，回报不明显。三英只做国内女人的生意。外国的市场变化莫测，不像国内的市场易控制。"

第三，表现在捕捉机遇上。

2008年是中国的奥运年，很多年轻人选择在这个有纪念意义的年份结婚。吴少梅看准了这一商机，推出了“爱的系列”洁具，为年轻人准备了一份粉红色的礼物。不少人认为，80后收入不高，买不起楼房，即使买了房子，也要还房贷，根本买不起高档洁具。但是吴少梅确却认为，一些80后父母事业有成，他们会竭尽所能为女儿提供物质条件。因此，80后的年轻人依然是消费的主力军。再说他们追求时尚，追求快乐，而三英“爱的系列”产品有浓厚的爱情色彩，可以很好地迎合80后的口味。果然，新品上市之后，很快就被疯抢，这一现象震惊了陶瓷界。

事实证明，吴少梅的眼光是长远的。因为有远见，她才能看到别人看不到的机会，尽快对市场或客户做出反应。在这个信息化的时代，机会稍纵即逝，如果领导者没有战略远见，那么企业将与机会擦肩而过。如果领导者没有战略远见，那么企业走得更远将是一个梦。

在激烈的市场竞争下，领导者的思路决定了企业的出路，领导者的思维决定了企业的未来。只有当领导者有了战略远见，有了市场前瞻，有了捕捉机遇的能力，企业才有希望在错综复杂的市场环境中站稳脚跟，走向长远。

2 小公司的战略就是赚钱，活下来

“今天很残酷，明天更残酷，后天很美好，但是绝大多数人死在明天晚上，见不到后天的太阳。”阿里巴巴集团的总裁马云用这样的话形容竞争的残酷，他说：“小公司的战略就是两个词：挣钱，活下来。”

马云和无数企业家用亲身经历告诉我们："企业生存永远是第一位的，至少在创业阶段，最重要的是先挣到钱，保证企业活下来，然后再考虑进一步发展壮大的问题。"

在《士兵突击》中，有一句经典的台词："什么是有意义？有意义就是好好活。什么是好好活？好好活就是做很多很多有意义的事。"世界上，每天都有很多家公司破产，半途夭折的公司不计其数。据统计，日本90%以上的公司在3年之内消亡。所以，老板先让公司活下来显得尤为重要。

作为公司的老板，当务之急是思考怎么让企业活下来，怎么稳步地赚钱，而不是急功近利地想要一夜暴富。俗话说："心急吃不了热豆腐。"作为老板，如果总是想着暴富，总是嫌弃赚钱的速度慢了，往往会栽大跟头。

张先生是一位做百货生意的创业者，在同行激烈的竞争趋势之下，他感到了不小的压力。虽然百货公司每年能给自己带来几十万的利润，但是他觉得赚得不够多，所以，他还想创办一个网络公司。

下属听他说要搞网站，就劝说道："现在网络行业已经人满为患了，一些实力很强的公司都难以生存，我们没有经验，资金又不是很雄厚，贸然投资，很难成功的。"

张先生一听，说："没经验怕什么，我们几年前做百货生意时，也没有经验，还不是照样做成了？"他执意创办网络公司，结果因竞争太过激烈，不到一年，公司就破产了，原来的百货公司赚的钱也赔了进去。

张先生所犯的错误就是危机意识淡薄，不懂得先活下来，自然不可能做有意义的事。日本"经营之神"松下幸之助曾经说过："企业家的使命就是赚钱，如果不赚钱那就是犯罪。"英特尔公司的首席执行官格鲁夫也是这么说的："一个企业家赚钱叫道德，企业家不赚钱就是缺德。"因为当企业不赚钱时，当企业存活不下来时，势必会给社会、员工、老板自己带来严重的伤害。

其实，小公司要想活下来，要想挣到钱，也不是难于登天的事情。只要老板心中牢记活下来的理念，再运用适合自己的战略，就能把企业盘活。总而言之，小企业活下来有这样 4 种战略：叫做“猛、狠、奇、绝”。下面我们分别来看一下。

战略 1：猛

所谓猛，就是极端化战略，把一个正常的事物，狠狠地推到一个极端上去，从而形成一种不对称的优势。比如，有些领域完全是空白，这个时候你可以快速抓住这个领域的商机。正所谓“好钢要用在刀刃上”，这样你才能实现创富之梦。

田忌赛马的故事，相信很多企业老板都听说过。比赛的时候，田忌用自己的上等马对齐威王的上等马，用自己的中等马对齐威王的中等马，用自己的下等马对齐威王的下等马，结果，三局下来都败了。后来在孙膑的建议下，田忌用上等马对齐威王的中等马，用自己的中等马对齐威王的下等马，用自己的下等马对齐威王的上等马，结果以 2:1 的比分取胜。

在这里，田忌采用的是对称的竞争模式，结果节节败退。试想一下，如果你的企业资源不如别人，和别人对称竞争，你能赢吗？而孙膑的建议提倡的是不对称竞争，舍弃自己的软肋，用自己的优势去战胜对方的弱点。这样，才更容易在残酷的竞争中取胜。

战略 2：狠

所谓狠，就是速度化战略，也就是快速地对一个正常的战略进行操作，从而获得一个高速度带来的惊人效益，就像小鸟也能撞坏飞机一样，高效之下必然有利润。

小老板们应该明白，小公司资源少，有时候必须敢于孤注一掷，用极端化的战略开辟发展之道。简单地说，在大公司一点点壮大、按部就班地做积累时，小公司可以凭借体量小、身段灵、负累少、胆子大、脑子活、速度快等特点，抄近路、走捷径跑到大公司前面，占领市场的先机。可以说，这是小企业发展的必然选择，是一种加速发展的模式。

举个例子，目前市场上流行的山寨机，不管是山寨电脑，还是山寨手机，这类产品在中国已经非常普遍。“山寨”也是一种活法，甚至成为了一种哲学，它们的特点就是为流行而流行，用速度抢占利润。做山寨机的老板们，并不期望他们的产品能畅销多年，他们要的就是风光一时，只要样式足够新颖，功能足够炫酷，铺货足够快速，就能获得巨大的赢利。

战略3：奇

所谓奇，就是出奇制胜，就是不走寻常路。如果说正版货是好学生，那么山寨机就是“坏孩子”。虽然每个孩子都应该心存高远，心无旁骛地实现自己的理想，但是在残酷的现实面前，“坏孩子”往往头脑灵活，有胆有识，他们往往能生存下来。当然，这里的“坏”是指不走寻常路，有创新，敢想敢为的勇气和魄力。在这方面，有这样一个活生生的例子：

有个孩子本应该像其他很多孩子一样，认真读书，考取大学，然后再找一份体面的工作，但是他却没有走这样的寻常路。他的父亲见他在打台球方面有天赋，居然做出了一个大胆而偏激的决定——让他放弃学业，专心练习打台球。后来这个孩子成功了，他就是丁俊晖，今天几乎所有的中国人都知道他。

丁俊晖的成功对每个老板都有启示。小企业没有那么长的寿命，有太多不确定性因素，所以，不走寻常路，看似偏激，实则是一种经营的智慧，或者说是一种生存哲学。只要企业挣到钱，能活下来，就是经营成功的第一步。

战略4：绝

所谓“绝”，就是指拼碎片化战略，把别人看不上的、分布得过散的东西集中起来，变成自己的生意。在《温州一家人》这部电视剧中，周万顺的老婆赵银花把纽扣厂废弃的纽扣收集起来，然后卖给服装厂家，这一做法就叫“绝”。

3 制定战略最忌讳的就是面面俱到，一定要重点突破

马云曾经说过：“做战略最忌讳的是面面俱到，一定要记住重点突破，所有的资源在一点突破，才有可能赢。”他认为，战略第一要素是明白你的客户是谁，第二是你为他们创造了什么样的价值，第三是你怎样把这些价值传递给客户，同时还要考虑你的竞争对手。这就是马云倡导的“重点突破”。

然而，很多管理者在做战略时往往抓不住重点，总想面面俱到，导致主次不分，眉毛胡子一把抓，最后什么也没有做好。而高明的管理者则不同，他们明白自己的优势在哪里，知道自己做什么最有把握，于是选择最适合自己的产业去用心经营。比如，阿里巴巴的企业战略就是重点突破，专一进攻，“只抓一只兔子”。

有一段时间房地产行业非常火暴，很多企业放弃自己原有的经营项目，跑去炒房，都想分上一杯羹。面对房地产大潮，阿里巴巴毫不理会。有人感到好奇，就问马云：“你们为什么不做房地产？做房地产可以扩大你的经营范围，利润非常高啊！”

马云表示，每个人都应该问自己一个问题，那就是在创办企业的时候，企业的出发点是什么？阿里巴巴的出发点就是专心做中国的电子商务，而且要做成世界一流的电子商务。因此，公司的资金储备要留着为电子商务服务，而不能随便拿去炒房。再说了，阿里巴巴做电子商务做了那么多年，也取得了很好的成绩，这表明走这条路是对的，是自己的

优势。如果不好好经营自己的优势产业，却做自己不懂的房地产，后果是难以估测的。

所以，2001 年，阿里巴巴只是安静地发展自己的产业，以守为攻。马云认为当时阿里巴巴不宜变化太多，以守为攻是最好的发展策略，守是练内功，练好了内功，才能强大起来。这一点非常符合“舍”与“得”的理念，在这一理念的背后，我们看到的是马云的务实精神。

在“舍”的方面，马云曾抵挡过很多诱惑。比如，2005 年短信很赚钱，网络游戏也起来了，但是马云一直坚持做电子商务。后来，那些靠做短信、网络游戏发家的公司纷纷倒闭了，但阿里巴巴依然活着，而且越活越好。

有一句老话叫“贪多嚼不烂”。企业发展初期或刚刚做大时，如果耐不住“寂寞”，抵不住诱惑，想跨行业经营，是非常危险的。看见房地产赚钱，就去开发房地产；看见餐饮业前景可观，就去经营饭店；看到电子产品利润颇高，又向电子行业进军。试问，企业有多少精力、资金、资源，让你那么去折腾？贪多求全、跨行业太多的结果，往往是丢弃了安身立命的优势，最后把企业弄得支离破碎。

人容易上当是因为贪婪，永远不知道自己适合做什么，不适合做什么；同样，企业战略容易失误，也是因为贪婪，不知道自己应该做什么，不应该做什么。有位成功的企业家曾忠告创业者：“定位一定要准确，你才能做好。少做就是多做，不要贪多，而要把你擅长的产业做精、做透。”

花旗银行董事长约翰·里德曾经说过：“战略越精炼，就越容易被彻底地执行。”看看那些优秀的企业，哪一个不是有着清晰简单的战略？这样才容易执行，而执行力关系到企业的竞争力，关系到企业的命运。

深圳华为公司的董事长任正非提过一个著名的理论：“在引进新管理体系时，要先僵化，后优化，再固化，这样才有利于执行。”有一次，他在公司管理层会议上说：“5 年之内不允许大家进行幼稚的创新，而要按照顾问们所说的方法去做。5 年以后，等我们把人家的系统用好了，到时候再进行局部改动。至于进行结构性的改动，那是 10 年后的事情。”正是因为对企业的发展战略始终如一的贯彻执行，才造就了华为的春天，才促成了华为今天强大的执行力。

任正非的话告诉我们：任何事情都有一个发展的过程，而不是立马见到效果的。经营企业也是这个道理，你不能因为经营的产业短期内没有取得预想的效果，就增加一个企业战略，增加一个经营项目。做一件事应该脚踏实地，做一个产业也应该一步一个脚印，有所为，有所不为。所以，做战略一定要找重点，找你的优势产业，并始终如一地执行企业战略。

4 “拍脑门”决策是一场必输的赌博

根据一项统计数据显示，截至 2010 年 6 月底，全国共有 1089.8 万家企业有登记注册的记录。然而，这些企业的平均寿命仅为 2.9 年。为什么这些企业的寿命如此之短呢？这里面的原因有很多，但有一个原因，我们不得不提，那就是决策者心浮气躁，“拍脑门”决策，导致战略失误，最终企业举步维艰。

其实在企业界，“拍脑门”决策的事情每天都在发生，而且这种决策在中小企业领导者身上非常常见。他们往往在某个晚上，在某次醉酒之后，在某次与朋友侃侃而谈之后，突然想到一个点子，于是一个关系到企业生死存亡的重大决策就这样随之产生了。

2007 年，一个养兔子的老板在饭桌上与朋友侃侃而谈，谈到兴奋时，突然拍板表示：要进军冰箱产业。为什么他突然有这样的想法呢？原本，他和朋友聊天时，聊到了冰箱生产行业，朋友说冰箱制造业是成本最低、利润最高的行业，于是他脑袋一热，就决定进军冰箱产业。

说干就干，这位老板的行动速度可见一斑。第二天，他就开始选择厂房地址、租厂房，然后大量购买冰箱生产设备，再之后花重金招聘技术人员。然而，到了2007年年底，这位老板所在的当地从事冰箱生产的企业已经多达50多家，竞争十分激烈。产品生产出来之后，由于品牌知名度不高，产品大量滞销。到了2008年，在金融危机的冲击下，该厂已经无力经营下去，不得不宣告破产。

连养兔子的老板都敢进军冰箱生产业，而且脑子一热，说干就干，这是多么荒诞的事情。从这个案例中我们不难发现：当经营者有了一定的成就，有了一定的财富之后，他们就表现得财大气粗，不知天高地厚，以为天下就是自己的，想干嘛就干嘛，把一切都想得太过简单。这种“老子天下第一”，对危机估计不足，对形势分析不够的决策注定是一场必输的赌博。

有些老板在做决策时，虽然采用民主讨论的形式来决策，但这只不过是走过场。因为在召开公司高层会议之前，他们的脑子里已经有了决定，有了大体的框架，找大家商量实际上是把自己的决定通告给大家，让大家服从自己的决定。所以，在这种情况下，当其他领导者提出不同的观点、相反的意见时，老板们就会不愉快，甚至对提出反对意见的领导者产生厌恶感。接下来，他们就开始极力说服反对者，而不是冷静地思考自己的决策是否明智。

某集团的前身是一个小企业，在全体员工上下一心的努力下，历经多年壮大起来。公司实力壮大之后，总裁决定建一座15层高的集团大厦，于是召开企业高层会议。最初，大家一致同意这一决策。可是当15层的大厦即将建成时，总裁决定继续加高楼层，几次增高后，达到30多层，成为当地最著名的办公大楼，成为当时的一个标志性建筑，但也给企业带来了巨大的资金压力，最后导致集团不堪重负。

事实上，大厦从15层加高到30层的决策过程，与企业总裁的拍脑袋决策有很大关系。总裁没有采取集体决策，而是私自下达增高楼层的命令。虽然有不少管理者提出质疑，并向总裁提出过反对意见，但是总裁根本没有把反对意见放在心上。

当集团的总裁意识到危机后，他开始反省，在接受当地媒体的采访时这样说："现在想来，我制定决策的方式是不对的，这种高度集权的决策机制，在创业初期表现出很高的决策效率，但是当企业规模不断扩大时，在个人综合素质不够全面时，这样决策很容易出现问题……"

那么，究竟是什么原因驱使总裁决定加高楼层呢？总裁回答这个问题时坦言："其实这是我一夜之间做出的决定，当时我只给设计师打了一个电话，问加高楼层会不会对大厦的根基产生不好的影响，对方说影响不大，于是我就拍板决定了。"

被称为"现代管理之父"的彼得·德鲁克认为，决策就是判断，是在各种可行性方案之间进行选择。然而，那些拍脑门决策的领导人根本没有多种可行性方案，他们想到哪儿算哪儿，脑子一热，就觉得自己的想法是最好的，这对企业来说，无疑是一场潜在的灾难。

要知道，决策对企业的作用非常巨大，企业的一切行为都与领导者的决策息息相关。哈佛商学院认为，企业成败主要取决于决策和管理两大因素，其中决策所占的重要性高达80%，而管理所占的重要性为20%。哈佛商学院的观点告诉我们，企业成败绝大多数在于决策，领导者的决策关系到企业的做强做大，更关乎企业的生死存亡。所以，领导者一定要提高决策的科学性。

那么，什么是科学的决策呢？所谓科学决策，指的是决策者凭借科学的思维，在充分调查和研究的基础上，把握趋势，利用科学手段和科学技术，对重大问题做出决定，并提出目标、方法、策略等决策。在决策时，要尽可能地集思广益，对其他人不同的看法，可以进行论证，最终提出可行性的方案。

值得注意的是，在决策时，要注重对问题的定义。因为很多时候，决策不力往往是由于没有正确认识问题，没有对问题进行准确定义，导致把决策的焦点聚集到次要问题或错误的问题上去。因此，定义问题非常重要，即找到主要矛盾，抓住主要方面进行决策，而不能被细枝末节迷惑了双眼。比如，上文增加楼层的例子中，决策者应该考虑的主要问题是，增加楼层所造成的成本，企业是否能够承受，对企业有什么影响，而不是考虑次要问题——增加楼层对大厦的根基是否有不好的影响。

5 最容易做的决策一定是个臭决策

决定，决定，决定，似乎每一次转身，每一次前行，都是在决策的主导下进行的。先有明智的决定，再有有效的行动，我们才能活得有价值。身为企业领导者，你每天都要做决定，当然，把“决定”换成“决策”其实对领导者而言更为恰当。问题是：“你是一个好的决策者吗?”如果你认为自己不是好的决策者，那也不用烦恼；如果你认为自己是好的决策者，也不要得意，因为决策其实是一项系统化的工程，而绝非想当然的决定。

决策有两种基本类型，一种是通过特定的步骤来做决策，另一种则是即兴的。虽然这两种类型的决策都包含着机遇与经验，但是可以肯定的是，通过特定的过程所做的决策绝对是有优势的。最明显的优势是，通过特定的过程所做的决策会更加全面，减少失败的风险。而即兴的决策则犹如碰运气，碰到了好运，你就走运；碰到了霉运，你就栽跟斗。

对比两种决策类型，我们会发现：即兴决策是最容易做的，它不费什么时间和精力，几分钟甚至几秒钟就能定下来。然而，这是好的决策吗？我们不得而知。阿里巴巴的总裁马云说过："最容易做的决策一定是个臭决策。"在他看来，决策是一个取舍的过程，领导者的决策就是取与舍。取舍看似简单，实则不然。

事实证明，在决策时的取舍是一件困难的事情，因为取舍是一种割舍，是一种放弃，是一种让人难以痛快做出决定的事情。因此，如果你的决策非常容易做，一种原因可能是你很有魄力和智慧，一眼就看透了取舍之间的利弊得失，还有一种原因是，你的决策太过简单、草率，而且这种原因往往占据多数。这就是马云为什么说"最容易做的决策一定是个臭决策"。

尽管马云的观点不完全正确，但他至少说明了一种现象：高明的决策，往往是一项深思熟虑的复杂过程，绝非三五秒之间的妄下定论。那么，为什么即兴决策存在众多隐患呢？原因有这样几点：

（1）过分地依赖专家信息

很多领导者在做决策时，比较依赖专家的说法。要知道，专家也是普通人，也有自己的偏见。因此，多方听取意见，比只听所谓的专家意见更加靠谱。

（2）高估他人提供的信息

所谓他人提供的信息，比如，专家、政府数据、社会上层人士、某行业的成功人士等，这些信息给人的印象是比较可靠，这些人给人的印象是比较有能耐，所以，很多决策者愿意相信他们，而不愿意相信自己一线的下属。

（3）低估别人提供的信息

在决策中，偏见处处存在，比如，对于老人、小孩、妇女、清洁工、服务人员等人，领导者在决策时往往不愿意听取他们的意见。其实，这些人有时候能提供更客观真实的信息，如果你不相信，那么将是你的损失。

（4）只听你想听的，看你想看的

有些领导者在决策时，会向众人征求意见。但在征求意见的时候，他只愿意听认同自己观点的人的意见，而不愿意听否定自己观点的人的意见。也就是说，他寻求别人意见，实际上是寻求认同者和支持者，而不是为了更全面地了解问题，以做出更合理的决策。比如，有位领导者特别喜欢寻求下属的意见，但当下属说出不同于他的意见时，他就会与之争论，极力说服下属，最后下属们都不爱发表意见。而这位领导者，经常在决策之后发现自己的失误，而这些失误正巧是下属们曾提到过的。

如果你在决策时，有以上几种表现中的一种或多种，请注意了，你的这种决策习惯是不受欢迎的，也不利于你做出科学合理的决策。那么，怎样做决策才能做出好决策呢？下面就来介绍做决策时要注意的几个步骤：

（1）找出关键问题

每一个决策，都有一个针对性的关键问题。在做出决策之前，请先找出这个问题，你的决策才能有的放矢。举个例子，某项工作进程慢了，上级催促，要求加快速度。这个时候，下级管理者针对“提高工作进程”的问题进行决策，想办法用更快的工作方法代替当前的工作方法。

（2）搜集有意义的资讯

继续延伸上面的举例，在决定加快工作速度、找到更高效的工作方法时，决策者应该多方搜集有关工作方法的资讯，看能否找到更有效的工作方法，比如，向同行朋友咨询，向网络寻求帮助，向员工征询意见等等。

（3）在制定决策时考虑决策的可操作性

决策不只是一个美好的愿望，还应该有具体可操作性。如果只是提出一个美好的愿望，却没有实施的办法，那么这个决策再美好，也没有实际意义。举个例子，一群老鼠召开会议，思考对付猫的招法，其中有一只老鼠提出一个很好的创意：将一个铃铛挂在猫的脖子上，猫靠近时，铃铛会发出响声，然后老鼠就躲起来。可是，怎么把铃铛挂到猫的脖子上呢？对于这个问题，所有的老鼠都无言以对。由此我们知道，为了确保决策可以落实，在制定决策时，领导者就要考虑决策方案的可操作性。

（4）筛选出最有效的解决方案

经常听到有人抱怨："想不出好的解决方法。"事实上，并非想不出来好办法，而是因为考虑得太多，觉得什么办法都可行，却没有找到最有效的解决方案。因此，在决策中，决策者要将多种解决方案进行对比，从中选择最有效的方案，而不要觉得这个决策有很多办法实施，然后就不考虑到底用哪种办法。

（5）拟定行动计划，确实执行

一旦做出了决策，就要下定决心确定执行，包括执行的期限，执行要达到的效果，谁来执行等等，都应该有明确的考虑。

6　做决策要分清轻重缓急，不能眉毛胡子一把抓

在管理中，领导者往往会面对复杂多变、类型多样的问题，怎样才能有效地解决这些问题呢？这考验领导者的智慧和做事方法。有些领导

者喜欢眉毛胡子一把抓，想到什么问题处理什么问题，不分事情的轻重缓急。结果忙忙碌碌，却没有做好工作，尤其是容易耽误重要、紧急的工作。这对经营和管理企业是十分不利的。

事实上，面对多个问题的决策时，管理者完全可以按照事情的轻重缓急来进行。因为在不同时间段或场合，往往对应着一些主要的问题或紧急的问题，而有一些问题则是次要的、非紧急的。这个时候，管理者就应该先决策重要的、紧急的问题，而把次要的、非紧急的问题往后放一放，如此才能做到有计划、有步骤地集中精力解决问题。

按照轻重缓急的原则来处理问题，这是有效管理时间，提高工作效率的最好方法。因为一个人的时间和精力是有限的，不可能在同一时间一心多用，做好多项决策，必然要学会分先后，这样才不至于“捡了芝麻丢了西瓜”。

美国总统罗斯福就是一个非常注重轻重缓急原则的人，他总是把自己要做的事情记录下来，然后按照重要程度和紧急程度排序，从早上九点钟与夫人在白宫的草坪上散步起，到晚上招待客人吃饭为止，每一天的事务他都会安排好。等到该睡觉的时候，他就可以放下所有忧虑和思考，安心地睡觉了。

在管理中，我们有必要向罗斯福总统学习，在遇到多个要做决策的事务时，不要急着动手，而要先将事物分门别类，搞清楚哪些事务是必须紧急处理的，哪些事务可以推后一会儿，这样才能各个击破，提高办事效率。

首先要决策的事务是重要且紧急的事务，因为如果不及时处理这些问题，很可能会给公司带来损失；接着，决策那些紧急却不那么重要的事情，因为虽然它们不那么重要，但是由于很紧急，如果不及时决策，也会影响工作的顺利开展；再次，决策那些重要但不紧急的事务；最后，决策不重要也不紧急的事务。这类事情一般放在你有闲余时间的时候处理，甚至你可以放权给下属，让他们去决策。

除了按事务的轻重缓急来做决策，在涉及到具体的决策时，决策者还要善于抓主要矛盾，制定有针对性的策略。否则，制定的决策没有针对主要矛盾，就无法从根本上解决问题。有一则寓言故事说明了这一问题：

有一天，有一只袋鼠从动物园的笼子里跑了出来，动物园的管理员发现之后紧急召开会议，经过激烈的讨论，大家一致认为：袋鼠之所以逃出笼子，关键原因是笼子不够高。于是，他们决定增加笼子的高度，把原来的 10 米增加到 20 米。但是第二天，管理员再次发现袋鼠跑了出来。

可是，当他们把笼子的高度加到 30 米时，依然有袋鼠跑出来。管理员们非常紧张，准备继续加高笼子。

正当管理员们紧锣密鼓地加高笼子时，长颈鹿在一旁对同伴叹息道："你们看，这些人怎么这么笨呢？他们一味地加高笼子，却忘记了关门。"

这是一个多么有讽刺意味的寓言，它极好地嘲讽了那些做决策时不考虑关键性、根本性问题的人。作为企业管理者，当你看了这个故事之后，相信你会有很大的启发。如果你想做出有效的决策，必须抓住关键性的问题，有针对性地找方法，而不是想当然地蛮干，笼统地想办法。因为思路不对，方法不对，措施不得力，你再怎么花力气，也不会产生效果。所以，在做决策的时候，一定要避免"眉毛胡子一把抓"，或将非主要矛盾当作主要矛盾来处理。

总之，重者当急，轻者当缓。作为领导者，在做决策时，一定要分清轻重缓急，在具体的决策中，要分清主要矛盾和非主要矛盾，找出关键性的问题，这样才可能做出有效的决策。

7 成功的决策者，可以化腐朽为神奇

在企业经营与管理中，管理者也是决策者，一个决策的好坏，直接关系到执行的效果。重大的决策，还会产生全局性的影响。成功的决策可以让一堆废物变成宝，可以化腐朽为神奇，可以让企业走出困境。不信？你就看看下面的案例吧！

一位美国出版商的仓库里积压了一大堆书，怎样才能把这堆书卖出去呢？他思来想去，想到一招：他给总统寄去了一本书，说是送给总统，但是要求总统给那本书加一句评语。日理万机的总统随便翻了翻那本书，觉得还不错，就评价道："这本书很不错，值得一读。"然后把这句评语装在信封里寄给了出版商。出版商如获至宝，立即把这句评语附在每本书上。读者们看到总统都在推荐这本书，于是纷纷抢购，出版商的书很快就销售一空。

看完这个小故事，让人不由得为这位书商的聪明决策而拍手叫绝。一个新奇的创意，就能让他的书成为畅销产品，这让我们见识到了什么叫"起死回生"。

高明的决策、成功的决策者是企业发展必不可少的武器。面对瞬息万变的商机，面对纷繁复杂的市场行情，面对企业可能遇到的困境，要想抓住商机，要想赢得竞争，要想走出困境，就必须有"四两拨千斤"般的决策，必须要有"出奇制胜"的点子。

1980 年至 1984 年，尤伯罗斯担任洛杉矶奥运会组委会主席。面对公费举办奥运会的传统，他提出了奥运会商业化运作的"私营模式"，

这不仅改变了奥运会“赔本赚吆喝”的传统，而且在没有政府出资的情况下，还赢利2.25亿美元，他把奥运会变成了众多商人眼馋的“摇钱树”。

尤伯罗斯原本是北美第二大旅游公司的老板，除了在业界小有名气，外界并没有多少人知道他。而且，他曾经还反对用纳税人的钱举办奥运会，但是由于他爱好体育，具有创办和管理大企业的经验，因此他精通公关事务。后来，他被科恩·费里国际公司聘用，并参与竞选奥运会奥组委主席，最后一举成功。

上任之初，没人愿意给奥组委提供办公室，洛杉矶市政府也不提供公用基金，加利福尼亚还不准奥组委发行彩票，当时真的是困难重重。没办法，尤伯罗斯只好自己掏腰包，用100美元给奥组委开了个账户。然后，他做出了一个个大胆而创新的决策——

出售奥运会电视转播权，由此获得了3.6亿美元；

与可口可乐等公司实现合作，赢得了860万美元的赞助费；

放弃了只肯出价200万美元的柯达公司，转而与日本富士公司合作，获得了700万美元的赞助；

……

通过一系列的高明决策，尤伯罗斯为奥运会筹集了大量资金。奥运会结束后，赢利2.25亿美元，一举改变了奥运会赔钱的历史。正因为尤伯罗斯对现代奥运会的贡献突出，所以，1984年，国际奥组委将杰出奥运组织奖颁发给他。

用商业的眼光，把奥运会当成一家企业来经营，这是尤伯罗斯的高明之处。他在组织奥运会期间，提出的一些打破常规的决策，为奥运会赢利打下了坚实的基础，改变了以往奥运会靠政府出资、只赔不赚的历史，真可谓化腐朽为神奇。

当然，在企业经营中，有些决策或许不像出版商卖书那么绝妙，也不像尤伯罗斯组织奥运会那样精彩绝伦，它们或许只是一些“土办法”，但是我们却不能否认它们的实际作用。一个决策是否高明，一个决策者是否高明，要靠决策执行的结果来评判。

1993年8月，甘肃省医药管理局批准了西藏奇正藏药股份有限公司所申请的“奇正炎痛贴”的生产许可。随后，公司董事长雷菊芳开展了一场营销大战。对雷菊芳而言，营销是一个全新的领域。无奈之下，她只好采取最原始的推广办法——送药，送到哪儿去呢？送给男篮、乒乓球队、体操队女排……从各级运动队一直送到大街小巷里的平民百姓手中。

就这样，一送就是3个月。送出了几万贴价值几十万的“奇正炎痛贴”，送得公司负债累累，送得公司油尽灯枯。不过，几个月后，送药活动收到了奇效。从1994年开始，从地方台到中央台，还有各行业的报纸，全国数十家媒体蜂拥而至，对“奇正炎痛帖”和奇正公司进行了连续报道。很快，“奇正炎痛贴”的口碑就树立了起来，求购者闻讯而至，产品供不应求，在3个月内断货4次，而奇正藏药公司也迅速崛起。

雷菊芳的营销策略非常传统，非常平常，但是事实证明，这个决策是神奇的。它在短期内为企业带来了滚滚的利润。当然，这个决策是冒险的，冒险的背后是对自己的残忍，这种“狠下心来送药”的魄力，最终也为公司带来了很好的效益。

什么样的决策才是最高明的呢？其实，只要能收到效果的决策，就是高明的决策。每个公司都有自己的特点，管理者在做决策时，一定要根据公司的具体特点、市场行情来决策，这样才能在复杂的市场中站稳脚跟，推动公司的大力发展。

第七章

学会授权，让员工在成长中创造奇迹

没有授权，就没有管理，有的只是专制和监控。通用电气的前 CEO 杰克·韦尔奇曾说过：“管得少，就是好管理。”要想管得少，就要学会授权。领导者授权的成功与否，从大的方面来讲，决定着企业的兴衰成败；从小的方面来讲，关系到日常工作能够顺利开展。因此。授权是企业管理必不可少的手段，授权势在必行。一个优秀的领导者不仅应该善于授权，还应该学会控权，要像放风筝一样授权，给部属一定的自由权限，但主导权永远牢牢掌控在自己手里。

1 要做放权的刘邦，不做专权的朱元璋

汉高祖刘邦曾问群臣：“吾何以得天下？”群臣的回答多种多样，但是都不得要领。于是，他只好自己说出答案：“我之所以有今天，得力于三个人，运筹帷幄之中，决胜千里之外，吾不如张良；镇守国家，安抚百姓，不断供给军粮，吾不如萧何；率百万之众，战必胜，攻必取，吾不如韩信。三位皆人杰，吾能用之，此吾所以取天下者也。”

刘邦的话既表明慧眼识人的重要性，更表明信任下属、正确授权的重要性。说到授权，有些管理者可能会这样想：“如果我把权力授予下属，那我所掌控的权力就少了，如此一来，我这个管理者岂不是名存实亡？再者，下属有了权力之后，如果胡作非为，我该怎么办呢？”尤其是在古代战争年代，授权给下属往往有很大的风险，下属权势大了之后，可能篡权夺位，这样后果岂不是很严重？

其实，授权并不等于放权，授权只是将一部分权限交给下属，让他们自由发挥自己的能力，展示自己的才华。根本性的大权仍然掌握在领导者手里，就像放风筝一样，领导者始终牵着风筝的线。当风筝飞行路线有所偏差时，领导者只需轻轻拉一拉手中的线，让风筝按自己的期望去飞翔。

况且，授权的目的是为了把公司经营管理好。如果领导者在意权力上的争夺，把权力紧紧攥在手里，那么仅凭你一人之力，是难以把公司管理好的。这就是为什么很多领导者每天操劳，甚至都累趴下了，公司发展却一塌糊涂。这就是因为他们不懂得授权。如果懂得授权，那么管

理将变得轻松许多。正确授权有很多好处：

首先，正确授权可以减少领导者的工作负担，使其集中精力处理更重要的问题；第二，正确授权可以表达对下属的信任，激发下属的创造力；第三，正确授权可以调动下属的积极性，满足下属对权力的欲求；第四，正确授权有利于发现人才、锻炼人才、培养人才；第五，正确授权有助于领导者取长补短，加强团队协作的效率，提高团队的整体力量；第六，正确授权可以避免领导者独断专行，有助于降低决策风险，减少决策失误造成的损失。

在正确授权这个方面，刘邦做得非常好。在刘邦的队伍里，有贵族出身的张良，有游士陈平，还有县吏萧何，屠夫樊哙，鼓手周勃……这些人在刘邦的组合下，在各自擅长的位置上做事，帮助刘邦打天下。刘邦用人不疑，大胆放权。当年他给陈平黄金四万两，却不过问此事，充分体现了对陈平的信任。在这种情况下，陈平的才能得以充分发挥。在楚汉之争中，陈平利用项羽多疑的性格，通过黄金收买人心，成功使用了反间计，使得项羽把范增逼走，帮刘邦战胜了项羽。

与刘邦的英明授权相比，明太祖朱元璋的专制集权做法，就显得太过愚蠢。朱元璋建立明朝之后，专权的做法立刻暴露出来，他诛杀开国功臣，以廷杖、文字狱凌辱官员，废除了丞相，集大权于一身。这些专制的做法使得当时的读书人都不愿意出来当官，一时间人才凋零。但是，全国军政大权集于皇帝一人，致使其政务十分繁忙。

其实，企业管理与治理国家的道理是一样的，搞专制主义是难以将企业管理好的，唯有懂得放权，正确授权，给部属充分发挥能力的机会，才能借众人之力，打造一支有战斗力的团队。

约翰·钱伯斯是思科公司的总裁，他就深谙授权之道。对此，有人戏称他是最乐于授权给下属的总裁，他本人也曾说过：“也许我比历史上任何一家企业的总裁都更乐于放权，这使我能够自由地旅行，寻找可能的机会。”

钱伯斯经常对部属说：“最有能力的管理者并不等同于大权在握、搞集权统治，一群人总是能打败一个人的，如果拥有一群得力的助手，就有机会创建一个优秀的团队、优秀的企业。但如果你不敢把权力授予助手们，那么他们的才能便无从发挥。这样一来，你的部门的效益就难有提高，你的影响力也将受到影响，这对你掌权非常不利。”

在钱伯斯看来，优秀的管理者不必大包大揽，事必躬亲，而在于合理地统筹安排人员做事。他说：“很久以前我就学会了如何放手管理。你不能让自我成为障碍，成为一个高增长公司的唯一办法就是聘用在各自的专业领域里比你更好、更聪明的人，使他们熟悉他们要做的事情，要随时接近他们，以便让他们不断听到你为他们设定的方向，然后，你就可以走开了。”

在思科，高层管理者负责确定战略和目标，建立公司所需要的文化，然后将权力下放到基层，使更多的基层人员拥有决策权。这样一来，公司的许多事情相当于由市场来决定，因为基层人员对市场十分了解。而且授权给基层人员，使得决策的质量得到了很大的提高。在这种授权文化之下，思科迎来了一个又一个高速发展时期。

领导者确定一个战略目标后，让下属自主发挥聪明才智去实现这个目标，这样才能充分调动下属的积极性。身为管理者，绝不要对员工的具体工作指手画脚，你只要给他们指定一个方向，把具体的事务交给他们就行了。

管理者要明白的是，一个人的能力是有限的，即使你非常有才华，靠你一个人来指挥一切，你终究还是忙不过来的。因此，你必须学会有效地授权，让整个部门的每个员工都动起来，让大家自发地做自己擅长的工作，这样才能把工作做好。

2 管得多未必是好事，最好的管理是少管

在管理界，流传着杰克·韦尔奇的名言：“管得少，就是好管理。”韦尔奇认为，管理者没必要事必躬亲，什么事情都对别人不放心，粗鲁地干预别人的工作过程。因为这样做很容易形成一个怪圈：上司管得越多，部属越束手束脚，并养成依赖、封闭的习惯，最后把主动性和创造性丢得一干二净，而且，领导者什么都管，最终只会累坏自己。

尤金·杜邦是美国杜邦公司的第三代继承人，他是一个典型的专权者，凡事事必躬亲，大包大揽。在掌管杜邦公司之后，尤金坚持实行“恺撒式”的经营管理模式，即专制统治，绝对掌控管理权力。公司所有的决策和许多细微的决策，都必须由他来完成。所有的支票都由他亲自开，所有的契约也由他签订。他亲自拆信复函，做利润分配，周游全国以监督几百家经销商。

每次在会议上，他总是不断地问别人，别人一一回答。这种管理方式使杜邦公司的组织机构完全失去了活力和弹性，面对市场的变化，他们很难做出正确而及时的决策，导致公司遭受致命的打击，濒临倒闭的边缘。

而且尤金本人也陷入了公司错综复杂的矛盾之中，痛苦不堪。1920年，他因体力透支而去世，公司的董事长和秘书兼财务部长，也相继累死。

每每看到累死的管理者，就感觉他们的命运如此悲催。事实上，将管理者击垮的不是管理上的繁杂事务，而是他们自己。因为不懂得授

权，凡事亲力亲为，才会把自己弄得疲惫不堪。

作为一名管理者，学会授权真的很重要。一个善于授权的管理者，对公司而言是一种福气，对部属而言也是一种福气。面对很多有才华的下属，大胆地把权力授予他们，把事情交给他们去办，这样既有利于分担自己的压力，又能给下属发挥自身能力和创造性的机会，何乐而不为呢？所以，优秀的管理者对待能不管的事情，他们总是尽量不管，而是把这些事情交给下属管。

通用电气公司从爱迪生创立之日起，延续了一百多年。在这漫长的发展过程中，它演化出一整套非常完备但也非常复杂的管理体系。在杰克·韦尔奇执掌通用电气之后，他发现这套管理体系程序太多，对员工的控制太多，这对人的创造性和积极性会产生抑制作用。所以，韦尔奇提出“在企业里，我们要有更多的领导，更少的管理”。

韦尔奇多次提到，一定要减少管理的层次，减少管理的量。他认为没有人喜欢被控制、抑制，如果管理带有这种控制、抑制人们的特征，就会使人们处于黑暗中。比如，把很多时间浪费在琐事和汇报上；对员工控制太多，使他们的自信心受损。

在韦尔奇看来，管得越少越好，怎样才能减少管理呢？他认为必须减掉那些不必要的控制——对人的检查、审核。而应该多给员工提供目标，多激励他们，让他们拥有自主权和自信心，从而更积极地去实现目标。

在杰克·韦尔奇的领导下，通用电气的管理层通过不断地授权，表达对员工的信任，彻底改变了以往的官僚主义管理作风，使通用电气迎来了又一春。

“管得越少，才能把企业管得越好。”这不只是杰克·韦尔奇的观点，很多优秀的管理者都有类似的管理理念。1988 年，在哈佛商业评论上，管理大师德鲁克发表了一篇名为《即将来临的新组织》的文章，里面就很好地诠释了他“少管”的管理理念。

在杰克·韦尔奇看来，要想通过“少管”达到“管好企业”的目标，领导者需要符合4个E的条件：

（1）Energy（精力）

领导者的精神状态很重要，如果一个领导者整天打不起精神，不管是身体的问题，还是精神状态的问题，他都没法当好领导。韦尔奇认为，当领导者有充沛的精力时，他才能够激励大家实现团队目标。

（2）Energize（激励）

领导不光要自己精神十足，还要能激发别人充满干劲。当领导者把权力下放给部属之后，他所要做的就是激发员工活力，帮他们实现各自的目标。

（3）Edge（敏锐）

平时领导者可以把权力交给部属，但是当团队遇到困难，在问题很复杂或两难的处境时，领导者必须有当机立断的能力，绝不能优柔寡断。

（4）Execution（实施力）

实施力其实就是执行力，这一点韦尔奇看得很重。他认为，有些领导者充满精力，也能激励别人，也有决断力，但是做什么事情都虎头蛇尾，就是出不了成果，这对团队的影响非常不好。作为领导者，本身应该是执行力的典范，这样在部属心中才能产生威信。

松下幸之助曾经说过这样一段话：“当创业初期员工只有一百人时，我总是身先士卒，坐在他们面前，走在他们面前，员工增加至千人时，我采取分层负责的管理方式，员工上万人之后，我只是站在他们旁边，合掌感谢他们为公司效命。”

松下幸之助明白，企业发展要靠众人的力量，所以，他非常重视人才，重视授权。他认为，管理者应该少管甚至不管，把更多的精力用于提升自己的修养，通过自律来影响全体员工，比如，关心员工、鼓励员工，对员工表达爱，通过自身的积极工作，带动整个企业的工作氛围，从而使员工自觉地对待工作，自觉地遵守公司的制度。这样一来，你就不用费尽心机地管理员工，员工也能如你所愿地对待工作，把工作做好。

3 管头管脚，但不要从头管到脚

权力是管理者依仗的最大资本，有了权力之后，管理者才能实施有效的管理。但不少管理者把权力当作监控他人、显示个人权威的工具。最典型的表现就是，从战略目标的制定，到战略目标执行的各个环节，什么事情都要过问。在这种严格控制中，最忙最累的人是管理者，最反感最失望的是员工，而且企业发展的局面迟迟无法打开。

第二次世界大战时，有人问一位将军："什么人适合当头儿?"将军的回答是："聪明而懒惰的人。"管理者的主要工作是制定战略目标，然后找正确的人去实施。在这方面，孔子的学生子贱的案例值得我们学习。

有一次，子贱奉命担任某地方的官吏。子贱到任以后，没有人们想象中的忙碌，他经常弹琴自娱，貌似不管政事，可是他所管辖的地方却被治理得井井有条，民兴业旺。那位卸任的官吏百思不得其解，因为他在任时每天都忙得不可开交，但却没有把地方治理好。于是，他向子贱请教："为什么你能治理得这么好?"子贱说："你只靠自己的力量去进行，所以十分辛苦，而我却是借助别人的力量来完成任务。"

聪明的管理者应该成为"子贱二世"，正确地利用部属的力量，发挥团队协作精神。这不仅能使团队很快成熟起来，同时，也能减轻管理者自己的负担。

作为管理者，该管的事情一定要管，而且要管好，比如，战略的制定、任务的下达，但是不该管的坚决不能管，你管多了，员工就会厌烦，因为他们感受不到信任和自由。关于这一点，有一个非常贴切的案例：

有一次，通用电气公司组织高层管理人员进行一次别开生面的培训游戏。游戏的前一天，杰克·韦尔奇给每个参加者发了一顶耐克帽子和一双耐克鞋。然后问大家："大家知道为什么我要给你们发帽子和鞋子吗?"大家说："因为明天有登山活动。"

韦尔奇又问大家："假如我还给你们发衣服乃至内衣裤，你们会有什么感觉呢?"大家不约而同地摇头，说："不要，不要！感觉怪怪的，好不舒服。"

韦尔奇说："对了！你们不要，我也不该给。"

管理的奥妙就在于"管头管脚"，但千万不要从头管到脚，这样才能使管理变得简单有效。但是，很多管理者有一个通病，他们习惯于相信自己，不放心别人，经常不礼貌地干预别人的工作。这个通病形成了一个怪圈：管理者喜欢从头管到脚，越管越变得事必躬亲，独断专行，疑神疑鬼。这也让部属们越来越束手束脚，感觉不舒服，并渐渐失去宝贵的主动性和创造性。时间长了，企业就会得弱智病。

作为管理者，应该明确从头管到脚有多么大的危害：

首先，你过多的指点会让员工无所适从，太多的细节会掩盖真正的工作重点。

其次，员工永远也学不会独立做事，因为你把一切经验都告诉给他，他就会按照你的方式去做事，而不是自己探索、创新，一旦遇到挫折，他就会想到你，而不会自己去独立解决。

再次，员工没有自由。当你从头管到脚时，员工就失去了工作的自由，他们的思路、工作方式等都会被束缚，导致主动性发挥不出来，这个时候团队的力量就变成了你一个人的力量。纵然你有三头六臂，也挡不住四面八方的攻击。

最后，使管理者的工作量剧增。如果你从头管到脚，无形中你的工作量就会大增，本来属于你的工作时间，会白白浪费在员工身上，该你做的工作你却无法顺利进行。

认识到从头管到脚的危害之后，管理者不妨用“管头”和“管脚”的管理方式来代替从头管到脚的管理方式。为此要注意下面两点：

（1）解决“做什么”和“谁来做”这两个问题

要想管好“头”，就要重点解决两个问题：“做什么”和“谁来做”。“做什么”是战略，是目标，“谁来做”是授权，也就是说管理者清晰地描绘企业的未来，制定战略路线和具体目标，然后将具体的目标分配给合适的员工去完成。

身为管理者，要做的是给员工创造一个宽松、信任并能获得强有力支持的工作环境。杰克·韦尔奇说过：“我的工作是为最优秀的职员提供最广阔的机会，同时最合理地分配资金。这就是全部。传达思想，分配资源，然后让开道路。”与此同时，将合适的人放在合适的职位上，将具体的工作交给合适的人去做，这样员工的潜能自然会迸发出来。

（2）让工作结果成为衡量成败的唯一标准

要想管好“脚”，就要坚持以工作结果论英雄。举个例子，在越野比赛中，只要规定起点和重点，以及比赛的路径，每个人都可以按照自己的方式去冲击冠军。至于谁快谁慢，为什么快，为什么慢，越野比赛的举办方根本不用去管。

同样的道理，在企业管理中，管理者也可以这样做。比如，有些高科技公司采取弹性工作时间，不规定员工几点上班，几点下班，上午干什么，下午干什么。对于特定的任务，管理者只给员工一个完成的期限，具体怎么完成由员工自行安排。最终，以结果来衡量员工的工作业绩。这样能给员工足够的空间，员工也会回报公司更多的努力，从而形成一种良性循环。

4 挑选合适的授权对象

选择合适的授权对象，是管理者授权的第一步。怎样才能选出最合适的授权对象呢？这就要求管理者对准授权对象进行细致的考核，了解其人品、能力、特长和工作经验等等。比如，看他最擅长什么类型的工作？看他是否有能力担任管理职责？看他目前担负的工作与即将授权的工作是否紧密？看他的工作绩效如何？看他从事何种工作才会充满热情？看哪项工作最能激发出他的创造性？看他对哪项工作关心、感兴趣？

管理学大师杰夫曾经说过："善于发现人才还是第一步，只有真正用好人才，才能真正产生效益。"因为每个员工都有自己的特长和优势，只有把员工放在最合适的岗位上，把最合适的工作交给他们，他们才会发挥最大的潜力，把工作做到位。

在柯达公司的发展史上，曾有段时间前后更换了五位职业经理人进行企业改革，但都以失败告终。接二连三的失败引起了柯达股东的不满，在强大的压力下，董事长凯伊·R·怀特被迫辞职，然后由乔治·费雪担任公司的总裁。

53岁的费雪是一名应用数学博士，他曾在贝尔实验室和摩托罗拉公司任职。他明白担任柯达总裁所面临的困难，但是当媒体问他准备采取哪些措施带领柯达走出困境时，他只是轻描淡写地说："柯达有自身的优势，我希望在公司现有的基础之上，寻求令人鼓舞的增长。"

如此简单的回答让人吃惊，很多媒体认为他是一个没有真才实学的人。分析家格勒热还说：“我认为没有人能够做到这样。但是如果费雪做到了，那将是商界一大奇迹。”很明显，外界人士并不信任费雪能帮柯达挽回不利的发展局势。

然而，费雪上任之后立刻放了“三把火”，第一把火是开展电子学产品业务，第二把火是压缩贷款，第三把火是加强企业产品宣传。这三大举措，帮助柯达一步步走出了困境。这个时候，那些站着说话不腰疼的美国市场评论家们才意识到，柯达高层当时让费雪来担任公司总裁是多么英明的决定。

费雪用实际行动证明，他是柯达公司管理层最合适的授权对象。站在柯达公司管理层的立场上来看，选对了授权对象，企业管理就成功了一半。因为把正确的人放在合适位置上，人才的潜力可以最大化地发挥，成功将变得易如反掌。这一点在福特汽车公司的发展史上也有经典的范例。

1903 年 6 月，亨利 · 福特创办了福特公司。公司成立后，他设计的“A 型车”在一年内销售了一千多辆，之后他又设计了 N 型车、R 型车、S 型车，每一款车都十分畅销。1908 年，福特公司又设计生产了具有现代意义的 T 型车。这款车从问世到停产，福特公司一共销售了 1545878 辆，大大提高了小轿车的普及率。到了 1925 年，福特公司每天能生产 9109 辆车，平均每 10 秒钟生产一辆车，创造了世界汽车史上的奇迹。

福特公司为什么能取得如此伟大的成就呢？这与亨利 · 福特正确的授权有很大的关系。亨利 · 福特聘用了管理专家沃尔 · 弗兰德斯，让他全权负责生产方式的改革。在弗兰德斯的努力下，福特公司实现了生产效率的大幅度提升，使福特公司得以茁壮成长。与此同时，亨利授权给技术员 C. W. 艾夫利和威廉 · 克朗，让他们负责将发动机、主轴、磁电机组装这三条线上使用的“运动组装法”推广到总装配线上，并获得了巨大成功。这才使得福特汽车公司有了大批量的流水线生产。

当别人问亨利·福特的成功秘诀时，他说："我的成功来自于成功用人。"在他看来，把权力授予合适的员工，就等于给员工提供了一个展现自我的舞台，这样很容易激发出他们的潜能，从而带动企业发展。

挑选合适的授权对象，对企业开展工作十分重要。那么，在选择授权对象时，要注意什么呢？哪些人是理想的授权对象呢？抛开具体工作所需要的特定才能，一般来说，具有以下几种特质的员工，是较为理想的授权对象：

有独立思考精神的员工。

具有独立思考精神的员工在处理棘手问题时，往往能找到恰当的办法，他们不会动不动就请示领导，依赖领导的指示和建议，这样可以解放领导者。

有创新意识的员工。

这种员工属于实干家、活动家，办事能力强，开拓精神卓越。他们在工作中往往敢想敢干、标新立异、另辟蹊径。授权给这种人，往往能在局面打不开的时候将局面打开。

有团结协作精神的员工。

这类员工在工作中善于与人合作，善于理顺人际关系，能够与同事打成一片，具有协调能力，往往能在团队合作之下完成目标。

任劳任怨的员工。

有些员工尽管能力强，但责任心和积极性不够，在执行中往往会偷工减料，稍有成绩，就要求回报。而这种任劳任怨的员工则不，他们乐于奉献，为人低调，做事尽职尽责，管理者可以把工作放心地交给他们。

曾犯过错但有能力的员工。

有些员工非常有能力，但因曾经犯过错，无法取得管理者的信任，这对他们来说是一件悲哀的事情。对企业而言，如果只因员工犯过错就不重用他，无疑也是一种人才资源的浪费。在这一点上，石油大王洛克菲勒的做法值得我们深思：

贝特是洛克菲勒的老臣，他曾因不慎导致在南美的投资以惨败告终。但是洛克菲勒并没有怀疑他的能力，他在没有询问贝特失败的具体情况下，用鼓励的话语说：“好极了，贝特，你设法保住了60%的投资。要不是你处置有方，哪能保全这么多呢？你干得如此出色，已经在我们意料之外了。”洛克菲勒的这种胸怀注定了他在事业上取得巨大成功。

5 合理授权，给员工足够的空间发挥

领导者管理企业的最佳手段是抑制过剩的权力欲，而不是放纵自己的权力欲。因为管理者是带领下属完成目标的领头羊，而不是通过个人能力实现目标的孤胆英雄，因此，通过合理授权，最大限度地挖掘和调动下属积极性，是每个管理者都应该去做的事情。

大量的实践证明，一个成功的领导者往往是这样的：他们最大限度地把权力授予下属，并全力支持下属的工作。他们相信自己的眼光，相信下属能把工作做好。

有一次，杰克·韦尔奇参观一个工厂里的生产线，他发现生产线上的工人没有任何权力，他们只是被动地、机械地重复同一个动作。韦尔奇问厂长：“你可不可以向工人授权，让他们有一些自主权？”厂长给出的答复是否定的。

韦尔奇向厂长提出了一个设想：“给每个工人的操作台上设计一个按钮，当他们想休息时，按一下按钮，就可以停下来休息，如果有精神，就可以一直干，甚至可以让传送带加快速度，当然，流程也要稍微

改变一下。”

遗憾的是，没有人同意韦尔奇的这个设想，但是他决定试一试。实验结果如他所料，生产效率有了很大的提高。在通用电气公司，几乎所有的工厂在处理每一件事情时，都是以生产部门为单位的，各个小组协同作战，而不是把工人安排在生产线上，让他们以生产线为单位。

员工不是机器，不是工具，即便是生产线上的员工，也需要一定的自由权限，当他们疲惫时，可以停下来喘息；当他们精神抖擞时，可以加快工作速度。这种对自由的渴望，是每个员工都具有的心理。杰克·韦尔奇的实践证明，把决策权尽量下放给那些做事的员工，可以极大地提高做事的效率，因为他们最了解自己的工作，了解真相。

通过权力下放，可以表达对员工的信任，激起员工的积极性，使每个负责具体工作的员工，都把本公司的发展和前途看作自己的职责，使每一个拥有独挡一面的有能力的人，都能充分发挥自己的才能和创造性。

荷兰控股公司是一家经营能源和消费品的企业。1995 年，公司的销售额高达 110 亿美元，利润为 3.15 亿美元。在老板范·弗利辛根的正确经营和管理下，借助优秀人才的力量，使得公司的销售额大幅度提高。

范·弗利辛根的高明之处在于给属下更大的权力，让他们发挥巨大的能量。在他看来，给属下一些权力可以让属下承担更多的责任，就会得到应有的回报，这就是放权管理。

在范·弗利辛根实施放权管理之前，分布在世界各地的分公司的管理者，主要任务是执行总公司的决定。但是他们对具体的执行过程和执行结果并不重视，每个人都认为这不是自己的责任。为了扭转这一个格局，范·弗利辛根把 90% 的权力下放给各个分公司的管理者，这些权力包括革新、创业等多个方面。当然，90% 的权力下放的同时也意味着 90% 的责任下放，总公司只承担 10% 的权责。

权力下放之后，总公司对分公司的管理层表现出了充分的信任。在范·弗利辛根看来，既然权力下放了，就应该信任员工，让他们独挡一面。在员工中，有些人精明能干，具有强烈的进取心和责任心。对于这类员工，公司从来不会指手画脚，而是给他们足够的空间发挥。

范·弗利辛根说："员工是真正在赚钱的人，你可以向他们提问，但是他们需要自己去摸索，而不需要别人去为他们安排一切。"任何时候，他都非常信任员工。有时候，某些部下会写信向他请求帮助，但他总是在回信里写上自己的意见，并加上一句："我也认为这个问题很棘手，祝你成功。"

通过合理授权，使权力层层下放，让每个部门都有了主动权，使他们能够根据自己的实际情况制定相应的决策，让每个人都切实地负起责任，而且由于决策是自己做的，因此，他们都愿意为自己的决策负责。公司最高管理者只需把握投资和财务等方向性的决策权力，起到应有的引导和监督作用，就可以保证公司在大的方面上的正确走向。

不过，有两个问题值得管理者们注意，第一个问题是：合理授权，重在"合理"，即授予员工的权限应该与具体工作相匹配，既不能权力过小，也不能权力过大。第二个问题是：合理授权之后，绝不要干涉员工。下面我们来逐一分析这两个问题。

首先，关于授权的"合理"性问题，有这样一个案例：

赵总属下有几名得力的中层管理者，他对这几位管理者都非常信任，经常把公司一些较为重要的事务交给他们。只不过，赵总授权时有一个特点，那就是授权过多。

比如，公司有个重要客户需要公关，赵总会对一位中层说："这件事交给你了。"但是这位中层正在负责人才招聘工作，他去公关重要客户了，谁负责招聘工作呢？赵总说："人才招聘工作继续由你负责。"可是这位中层除了负责招聘工作之外，还在负责采购工作，于是赵总又说："采购工作继续由你负责。"

就这样，这位中层一下子负责 3 项工作，赵总给了他很大的权限：

“有什么问题自己决定，需要资金直接找财务，就说我发话了。”但问题是，这位中层一人负责 3 项工作，明显力不从心……

在这个例子中，赵总给属下授权过多，导致属下压力过大，可能会累垮了属下，还会影响工作完成的质量。这种过度的授权，是每个管理者都要注意避免的。最好的做法是，一次只授予一种权力，让员工专注地完成目标，这样便于执行到位。

其次，关于授权之后绝不干涉的问题，我们也举一个例子：

希尔顿 21 岁那年父亲授权给他，让他担任一个旅店的经理。同时，转让了部分股权给他。然而，让希尔顿非常恼火的是，父亲虽然授权给他了，但经常干预他的工作。正是因为年轻时亲身体验了有职无权、处处受约束的感受，所以，当希尔顿后来掌权时，他在授权给他人时，只要做出授权决定，就会给下属全权。这样，被授权的下属也有机会充分施展自己的才华。

授权以后决不去干涉下属，这是管理者自信的表现，也是信任下属的表现。如果你不信任下属，就不要把权力授予他。正如美国大陆银行总裁曾说过的那样：“授权给他人后就完全忘掉这回事，绝不去干涉。”

6 授权之后要跟踪，谁错了，就找谁

有人说，授权就是放权，放权就意味着放手，放弃控制。其实并非如此，授权虽然是放权，但不意味着放任不管。作为管理者，在授权之后有必要对下属的执行状况有所了解，监控局面的变化，只不过这种监控不是身居一线，而是退居二线。

美国有一位著名的管理学家曾经说过：“控制是授权管理的‘维生素’，授权管理的本质就是控制。所以，充分授权还要有效控制，这才是授权的最高境界。”授权在解放管理者、锻炼下属的同时，也存在潜在的风险。因为授权意味着管理者无法在“前台”进行直接操控，所获得的信息也并非直接信息。如果想消除风险，管理者就必须做好授权后的追踪。如果没有授权后的追踪，有可能造成事态失控。

三国时期，关羽大意失荆州，其实就与刘备、诸葛亮授权之后缺少追踪和监控有关。在现代企业管理中，由于授权后缺少追踪和监控，导致企业战略失控，战略目标执行不力的事件并不少见。

摩托罗拉第三代继承者高尔文在1997年接任公司CEO之后，采取了充分授权的管理策略，他认为最高管理者应该完全放手，让部属们充分发挥能力。因此，他在授权之后，缺乏追踪和监控意识，导致摩托罗拉产生了很多不良状况。

原本摩托罗拉是通讯器材界的龙头，但从2000年以来，摩托罗拉的市场占有率、股票市值、公司获利能力持续跌落，市场占有率仅为13%，而同行企业诺基亚的市场占有率则为35%。股票市值一年之内缩水了72%。2001年第一季度，更是创下了摩托罗拉创立以来的第一次亏损纪录。为什么会出现这种状况呢？其实这与高尔文过于放权，并且在放权之后缺少监控有直接关系。最典型的事件有这样两个：

第一件事是关于广告代理商麦肯广告的撤换问题。当时行销主管福洛斯特向高尔文建议，应该把业绩不好的代理商麦肯广告撤掉，但高尔文却十分信任该广告商的负责人，他放权给该广告商的负责人，寄希望于他提升业绩。一年后，麦肯广告的业绩持续低迷，高尔文才同意撤换。

第二件事是关于摩托罗拉推出的新款手机，代号“鲨鱼”。当时公司在讨论该款手机进军欧洲的计划时，高尔文就知道欧洲人喜欢简单、轻巧的机型，但“鲨鱼”手机却厚重而且价格昂贵。然而，高尔文依然授权给部属，让他们执行“鲨鱼”进军欧洲的计划。结果，“鲨鱼”在欧洲市场节节败退。

充分授权本来是一件好事，但是授权之后不管不问，发现错误后，依然拖延决策，这对企业会造成非常大的杀伤力。比如，摩托罗拉在实行卫星通讯铱星计划时，也遇到过这样的问题。当时这个项目每年亏损2亿美元，但高尔文既不追踪情况，也不及时叫停，给摩托罗拉造成了巨大的经济损失。

此外，高尔文授权之后，根本不去了解属下的执行状况。他一个月才和高层主管开一次会，在写给员工的邮件中，也只是谈论如何平衡工作和生活。就算他知道情况不对，也不愿意干涉太多，怕部属难堪，这是明显的授权失误。

直到2001年第一季度结束，高尔文才意识到问题的严重性。他害怕公司毁在自己手里，马上展开了整顿。他开始每周召开会议，改变了过于放权的作风，这才慢慢扭转了摩托罗拉的发展颓势。

一位成功的企业家说过：“授权就像打篮球一样，不是把球交到谁手里，然后就站在原地观望，而要积极跑位、策应、配合进攻。”这句话形象地说明，授权不意味着责任的结束，而要积极与被授权者进行协调配合，把所授予的工作做好。高明的管理者懂得在授权之后，进行适当的追踪和控制，使自己随时掌握任务的进度，在最恰当的时候，选择正确的方式，把跑偏的马拉回正确的轨道。

具体来说，为了保证授权之后部属及时完成任务，管理者必须对部属进行适当的监督，确保了解下属执行的进度，必要时对下属的工作进行调控。比如，当部属不够努力，执行不力时，要及时提醒、教育；当部属滥用职权，不听他人建议时，要予以警告，必要时收回权力，更换授权对象；当部属执行中遇到困难时，管理者应予以支持和帮助。

美国甲骨文股份有限公司在这方面做得很好。

甲骨文公司是世界最大的软件公司之一，也是第一家进入中国的软件巨头。Larry Ellison 在创办公司时就表示，“甲骨文公司会给大家提供充足的施展才华的空间，在这个空间里，员工自行设计产品、建立良好的运行机制，并且对自己的行为负责。”这并不意味着放任员工，而是有监督的放权。如果员工在自行决策、执行任务中出现差错，管理者会对当事人进行问责。这不仅充分调动了员工的创造性思维和进取心，还提高了员工的责任感，确保员工不会有越权行为。

放权之后必须进行有效的追踪和监控，以保证部属在公司规范的轨道上做事。当员工违反了制度，犯了原则性的错误时，那么公司有必要对其进行问责和处罚，这样才能维护制度的权威，增强员工的责任感，提升员工的执行力。

一般来说，授权后的追踪和监控主要表现在以下几个方面：

（1）持续关注

授权之后，管理者应持续关注员工的工作进展，比如，通过例会、书面报告、口头汇报等形式，定期获悉工作的进展情况。通过对工作进展的了解，帮部属识别潜在的风险，提醒员工注意有效规避。

（2）反馈和奖惩

对于被授权者完成授权任务的表现，管理者应该做到奖罚分明。对于表现优异者，应予以奖励和认同。要注意，奖励和表扬必须表现出诚意。对于执行不力的员工，管理者有必要让他们意识到自己的错误，但最好不要带着情绪批评，而要用客观的描述指出员工的问题，使他们意识到自己的错。当然，对于一些不可违反的原则性问题，如果员工违反了，必须予以严惩。比如，员工被授权之后，借职务之便，贪污公司的钱财，吃客户的回扣，这种有损公司形象和利益的行为，企业必须严惩。

（3）对授权进行总结

每一次授权任务完成之后，都有必要进行总结。在总结中，管理者和被授权的员工不仅可以回顾在执行中学到的新知识、新技能和新理念，还可以找出管理者与授权对象在合作上的不足之处。通过总结和反思，可以使管理者学会更好地授权，也可以使员工学会更好地完成授权任务。

7 授权收权，要做到收放自如

授权不是最终的目的，而是实现企业发展目标的一种手段。老板通过授权，可以充分调动被授权者的积极性，借助大家的力量，使大家团结在一起，各司其职，把公司的事务做好。而不是把企业的权力分封给各个部属，然后老板当甩手掌柜。因此，在授权之后，老板还要学会收权，没有收权同样是行不通的。

老板必须对自己有准确的角色定位，只有自己才是企业的真正负责人、长期的负责人。不论属下的管理者多么聪明，多么负责尽职，多么忠诚可靠，都无法完全取代你在企业中的权威性和影响力。因此，如果老板授权下属，下属执行不到位，甚至把工作搞得一团糟，这个时候老板就有必要对权力进行调整，收回授予的权力或另选授权对象。

1989 年 4 月，宏基公司总裁施振荣任命刘英武为宏基执行总裁。刘英武是何许人也？他是毕业于普林斯顿大学计算专业的博士，曾在 IBM 公司软件开发实验室电脑部担任主管长达 20 年之久，在美国电脑界非常有声望。施振荣非常器重他，声称他是宏基全球扩张的“秘密武器”，并把经营决策权毫无保留地交给他。结果怎么样呢？

刘英武上任之后，向宏基灌输了他从 IBM 带来的“中央集权”的企业文化。他频繁地召开马拉松式的会议，而且对下属的建议基本不听，下属必须无条件服从。宏基的一位经理回忆道：“强迫大家同意总裁的观点与以前宏基的风格大相径庭，施振荣从不会强迫你做任何事，除非你同意或愿意去做，所以很多人便离开了公司。”

之后，刘英武又做了一系列收购的决策，但基本上以失败告终。他从外部聘来了9个高级管理人员，为此公司损失巨大，人心浮动。这一切都被施振荣的妻子叶紫华看在眼里，为此她向施振荣抱怨，说他不看事实与真相。

渐渐地，施振荣意识到自己对刘英武的过度授权是一个错误。他说道：“我认为IBM是世界上管理最好的电脑公司，刘英武理所当然比我更有能力和经验。但他不是企业家，我对他授权太多了，太早了。”1992年，施振荣开始重掌帅旗，他决定按自己的方式塑造宏基，而不是仿效IBM公司。

在这个案例中，施振荣虽然在授权之后收权了，但是由于收权不及时，导致企业损失严重。这种现象值得每个管理者尤其是企业老板深思。

也许很多老板懂得授权，也懂得收权，但真正能做到“授收自如”的老板却不多，在这方面，刘邦可以称得上是“大师”。

韩信被萧何称之为“国士无双”的人才，但刘邦敢于放权给他，又能做到在恰当的时候把权力收回来，可谓收放自如。

当年刘邦拜韩信为大将军，并将兵权交给韩信，从此韩信手中经常握有数万军队，而且他所统帅的军队长期远离大本营。到灭楚前夕，韩信的兵力达到了空前的规模，其势力足以和刘邦、项羽相抗衡。如果这个时候韩信背叛，那么刘邦将前功尽弃。尽管刘邦对韩信有所顾忌，一直觉得他是心中的一块石头，但他依然大胆放权。

当然，刘邦不是吃素的，他在放权给韩信的同时，心中经常盘算着如何有效地控制韩信，以免韩信背叛自己。为此，他使用的最有效的一招就是每次韩信完成军事任务时，刘邦就收回韩信的军权，而且伴随着收权，刘邦经常会奖励韩信，封他爵位和钱财。这样一来，很好地安抚了韩信。

刘邦在韩信身上之所以能做到权力收放自如，总结起来有三个原因：

第一，刘邦总是在最恰当的时机收权，容易被人理解为是形势所需，减弱了韩信的反感。

第二，韩信被拜为大将军、丞相，甚至被封王，爵位步步高升，他感到心里踏实。

第三，刘邦对韩信的日常生活颇为关照，使韩信感到了受器重。相比之下，项羽听信谗言，一气之下收回范增的兵权，引起范增的极大的反感，最后范增彻底对项羽失望了。

俗话说："水满则溢，月盈则亏。"授权与收权是一对矛盾的统一体，总是此消彼长。在企业管理实践当中，随着企业处于不同的发展阶段，实际情况也会有所变化，因此，授权还是收权，应该结合实际情况，根据具体需要来授权和收权。

那么，哪些权力该授？哪些权力该收？这个问题不好一概而论，而要求管理者根据企业的具体情况来决定。一般来说，涉及到企业命脉的权力不能授，比如战略决策、财务决策等应由老板掌控，而一些带有方法性的、具体事务的执行权限，完全可以授予给员工，以充分发挥他们的能力。

在授权之后，如果发现出了问题，管理者应该立即对授权事件进行检讨，思考问题出在哪里，找出症结。如果发现被授权者能力不够，无法胜任工作，应立即收回权力，然后选择更适合的对象进行再次授权。如果被授权者圆满完成了工作，应予以肯定和奖励，然后顺理成章地收回权力。要做到一事一授权，一事一收权，授权起始于任务的开始，收权起始于任务的完结。

第八章

没有执行，再伟大的战略都等于零

要想把企业经营管理好，光有好的决策是不够的，还必须有强有力的执行力。联想集团总裁兼 CEO 杨元庆说过："企业的成功，20% 在决策，80% 在执行。"在他看来，没有执行力，再伟大的战略都等于零；没有执行力，企业就没有竞争力。因此，如果你想创办一流的企业，生产一流的产品，创一流的效益，就必须打造一流的团队执行力。

1 没有有效的执行，再伟大的战略都等于零

在一份针对1000名职业经理人的问卷调查中，面对“如何落实公司的目标”这个问题，80%的经理人的回答显得语无伦次和空洞无物。他们多数这样回答：创造愿景、成立团队、授权员工等等，但是具体怎么做呢？他们没有提到，而问题恰恰就出在这里。

战略很重要，因为它意味着企业的发展轨迹；愿景规划也很重要，因为它是企业发展的方向；授权员工也很重要，它保证了每个员工都有展示自我才华的机会……但是不可否认的是，若想这些重要因素发挥作用，必须依靠执行力。如果没有执行力，那么所有卓越的方案都只是空谈，所有完美的计划都只是幻想。

埃克哈德·法伊弗原是康柏公司的总裁，但是后来被公司解雇了。原因是什么呢？对此，康柏电脑公司的创始人和主席本·罗森表示，“法伊弗之所以被解雇，原因不是他所制定的战略的问题——在6年时间内将康柏公司由一家高价位办公室PC制造商转变为世界第二大（仅次于IBM）的计算机公司，这个战略没有错，而是因为他缺少执行力，他无法打造一个有执行力的团队。”

在微软和英特尔建立Wintel体系之前，法伊弗就意识到为包括掌上电脑和服务器网络在内的所有设备提供服务是一个巨大的商机。但是单凭康柏电脑公司的实力，根本无法建立起这样一个服务系统，况且为客户提供计算机服务并不是康柏电脑公司的长项。

为了提升康柏电脑公司在计算机服务方面的实力，法伊弗先后兼并

了天腾公司和数字设备公司，这两家公司是高端服务器的制造商。事情进行到这，一切都进行得很顺利。法伊弗的战略计划也一环扣一环，看上去非常完美，但是他忘了一个重要的问题——如何使康柏真正进入服务市场？对于这个具体的问题，法伊弗并没有投入更多的关注，没有制定有效的规划，因此，他不可能帮助康柏抓住计算机服务方面的商机。这就是他最终离开康柏的原因。

有人说："企业的失败，20%错在总裁，因为他的战略错了；另外的80%还是错在总裁，因为他的执行层错了。"作为企业的领头者，作为团队的带头人，如果你本身缺乏执行力，那么你的团队也会被你传染。如果你无法建立一支高效的执行层，那么你就只能眼睁睁地看着好的战略和决策变形走样，最后以失败告终。

当管理者养成了一种虚荣、空想、形式主义、不注重具体问题的思维和习惯后，他就不可避免地会遭遇失败和挫折。管理者一定要明白：脚踏实地做事，不仅仅是做人的原则，更是做事的原则。在当今竞争日益激烈的市场中，机会稍纵即逝，企业要想抓住机会，获得利润，就必须以踏实的心态来经营企业，用实实在在的行动去做具体的事情，这样才能确保企业战略得到有效执行。

保罗·托马斯和大卫·伯恩在《执行力》一书中说过这样一段话："满街的咖啡店，唯有星巴克一枝独秀；同是做PC，唯有戴尔独占鳌头；都是做超市，唯有沃尔玛雄居零售业榜首，而造成这些不同的原因，则是各个企业的执行力的差异，那些在激烈竞争中能够最终胜出的企业无疑都具有很强的执行力。"

执行力是决定企业成败的一个重要因素，是21世纪构成企业竞争力的重要一环。执行力是企业的核心竞争力，没有执行力，企业就没有核心竞争力。通用电气、IBM、微软、戴尔、松下电器等企业之所以成功，与其杰出的执行能力有着直接的关系。

如果提到近年来发展势头迅猛的电脑公司，我们就不得不提戴尔公司。戴尔公司在不到30年的时间里，一跃成为世界最大的PC制造商。这简直是一个神话。

很多人把戴尔公司的成功归结于它所实行的直销策略，但客观地说，实行直销策略的企业有很多，但真正成就卓越的并不多。那么，戴尔公司的成功秘诀到底是什么呢？答案是：踏踏实实做事的执行文化。

在戴尔公司，管理者对于具体问题、细节问题十分关注，并且在20多年的发展中，这种关注具体问题的精神丝毫没有减弱和动摇。与很多公司老犯“言出不行”的错误不同，戴尔公司具有言出必行的传统美德。每一名员工都必须尽职尽责地对待自己的工作，每一个环节都在上级领导的监督下落实到实处。

正是由于每一名戴尔员工都重视具体的事情，公司所实行的订单生产才能取得最大化的经济效益。因为只有把每一个环节的工作落到实处，企业的存货周转率和资金周转速度才能得以提高。

怎样才能把每一环节的工作落到实处呢？要做到这一点，不仅需要员工明确自己的职责，并且把自己职责范围内的工作做好，更需要高层管理者将关注的焦点从美好的设想转移到具体的问题上来，然后制定可执行的行动方案，并关注方案的执行进展。

一个企业要想取得卓越的成就，仅有卓越的战略规划是不够的，还必须有脚踏实地落实计划的韧性和勇气，这就是执行力。正如欧莱雅（中国）有限公司的总裁盖保罗先生曾说的那样：“一个企业要想取得成功，就必须既要像诗人一样有激情，又要像农民一样实干，只有诗人加农民才能站稳脚跟。”

实际上，不论是诗人的激情，还是农民的实干，都不应该仅仅拥有其中一项。不管你是CEO，还是中层领导者，你都应该同时拥有这两种精神，这样你才能把战略和执行有机地融合，把理想和现实完美地结合在一起，才有机会立足现在，创造未来。

2 执行哲学：三流的想法，一流的执行

在企业发展中，有一流的创意和战略，但没有一流的执行，创意和战略得不到落实，企业也难以发展。但如果有一流的执行，即便创意和战略差一点，企业也会充满希望。日本软银公司的董事长兼总裁孙正义与马云曾经探讨："一流的点子加上三流的执行水平，与三流的点子加上一流的执行水平，哪一个更重要?"结果他们得出一致的答案："三流的点子加一流的执行水平比一流的点子加三流的执行水平更重要。"对于这个观点，有一个非常经典的案例。

20世纪末，世界拳击史上闹出了一个丑剧。在拳击比赛中，泰森想像以往一样在短时间内结束战斗，但是对手霍利菲尔德丝毫不上当，他不急不躁、冷静地发挥既定的战术。他利用身高臂长的优势，很好地控制了与泰森的距离，每次泰森欲用组合拳突破他的防守时，他就对泰森搂搂抱抱，直到耗尽了泰森的体力。泰森非常恼怒，愤怒地咬下霍利菲尔德的一小块耳朵。霍利菲尔德处理好伤口之后继续投入战斗，但没想到泰森出人意料地再次咬了他的耳朵，裁判只好结束了这场荒唐的比赛。

比赛后的第二天，有一种名叫"霍利菲尔德"的巧克力就出现在美国的各大超市内，其形状栩栩如生，简直就像真耳朵，一时间激起了好奇幽默的美国市民的哄抢，大家都想将老霍的"耳朵"带回家中"一咬为快"。这家生产"霍利菲尔德"巧克力的生产商利用比赛中出现的轰动效应，突发奇想地推出了新颖的产品，大赚了一笔。

生产霍利菲尔德巧克力的点子未必是最好的，但由于该厂家在最短的时间内将这个点子变成现实，抓住了顾客的消费心理，所以赚到了大把的钞票。企业执行力也应当如该厂家推出霍利菲尔德耳朵那样，在最短的时间内，抢先他人一步，这样才能占领市场的先机。

一流的执行力是企业成败的关键。为了打造一个执行力强的团队，企业管理者必须做好带头人，制定能够激励人的管理制度，充分调动全体员工的积极性，这样即使企业战略不完美，企业创意不高明，企业一样能在高效执行力的推动下向前发展。在这一点上，脑白金这个团队的执行力相信给许多人留下了深刻印象。

脑白金这个团队在全国有2000多个办事处，销售终端多达上万个，而且动作划一，令行禁止。整个系统持续多年，依然保持高效，而且不出故障，让人惊奇。脑白金产品的推广手段也很一般，通过电视广告不断重复地推广。史玉柱贯彻的原则就是：不管你的点子如何，关键是要有超强的执行能力，以结果论英雄，这是市场竞争的必要条件。

任何一家企业要想获得成功，都不能缺少执行力。团队执行力越强，企业越有希望。杰克·韦尔奇曾说过："即使是错误的决策，我们也可以通过执行来把它做对，而不是再回来讨论。"因为如果来回讨论，可能会错过良机。

1898年，美国与西班牙在古巴的领土上展开交战，美国为了取得战争的胜利，就想了一个办法——与古巴反抗巴西的起义军联手。古巴义军的首领名叫加西亚，为了说服他与美军联手，当时的美国总统威廉·麦金莱给加西亚写了一封信，然后派人送过去。

可是加西亚久居在古巴的深山老林里，没有人知道他的下落。派谁去送信呢？麦金莱为此犯愁了，这时美国军事情报局局长——阿瑟·瓦格纳推荐了一人："我属下有一个中尉，名叫罗文，他能把信送给加西亚。"果然，罗文不但把信送给了加西亚，还带回了加西亚的回信，这个任务的出色完成在美西战争中有着举足轻重的作用。

派人给不知身在何处的加西亚送信，说真的，这个点子真的很糟糕。但是在拥有一流执行力的罗文身上，这个糟糕的点子变成了现实。由此可见，即便是错误的决策，也能通过一流的执行力将它做对。这就是为什么那些成功的企业家，一而再再而三地强调“一流的执行力加三流的点子胜于三流的执行力加一流的点子。”

更难能可贵的是，罗文不但成功地将信送给加西亚，还带回了加西亚的回信。可以说，这个执行效果超出了所有人的期望，这种超出期望的执行力，值得每一个管理者学习。海尔集团的首席执行官张瑞敏在谈到海尔的发展时，曾点名称赞他的助手杨绵绵：“往往我期望两分，她却能做到十。”这种超出领导期望，超出战略预期的执行力，才叫卓越的执行力。拥有这样的执行力，企业未来将会充满希望。

3 执行就是：现在、立刻、马上

在西点军校，每个学员都要接受一个观念：“不要拖延，立即行动!”皮鞋要及时擦干净，被子要及时叠整齐，不容许有丝毫的拖延。想想吧，如果不是擦皮鞋，而是在战场上，在修筑工事，在对敌冲锋时，你拖延的习惯将会给你、给全军带来多么可怕的后果。这并不是把问题绝对化。因为商场和战场一样，工作就像战斗。要想在商战中立于不败之地，管理者就要充分激发员工的执行力，从而带出一支高效的、有战斗力的团队。

朱先生是温州乐清五金机械厂的老板。1992 年金秋，他去上海出差，住在上海一家饭店。一天晚上，他吃完晚饭后在街上瞎逛。他很喜欢逛街，他将此称之为“跑信息”，或者说“捡钞票”。

在逛街过程中，朱厂长发现有一家食品店门口排起了一条长队。朱先生走近一看，发现大家都在排队买板栗。顿时，朱先生敏锐地意识到这里头有商机。为什么他这么认为呢？因为他信奉一条发财之道：人群密集的地方，财神爷就在微笑。

接着，朱先生观察到买板栗的人买到板栗后，由于急于尝鲜，往往猴急地剥、咬，结果把板栗弄得支离破碎，有时候还弄得满脸脏兮兮的，那样子真叫一个狼狈。看到这里，朱先生的大脑里突然闪现了三个字“剥栗器”，对呀，如果有剥栗器多方便啊。他的大脑迅速画出了剥栗器的草图，用镀锌铁皮制成的，成本大概 2 角，售价大概 3 角。

10 分钟之后，朱先生推开了那家食品店的大门，他找到店老板，向他推销剥栗器。食品店的老板对朱先生所说的剥栗器很感兴趣，他表示越早上市越好，并希望在两个月内能送到货。朱先生笑着对店老板说：“两个月？不！我一个星期就能把剥栗器给你送来。”

当天晚上，朱先生用传真把剥栗器的草图发给了温州老家的工厂。在工厂技师和员工的全力配合下，两个小时后，一副模具生产了出来。接着，冲床开始运转，大批量生产。3 天后，朱先生派人把剥栗器运往上海。一时间，大大小小的炒栗贩子都成了朱先生的客户。

人们常说这是一个“大鱼吃小鱼”的时代，其实，更准确地说，这是一个“快鱼吃慢鱼”的时代。速度在企业竞争中越来越重要，当企业决策出台后，要求的是现在、立刻、马上去执行，不容许有半点拖延，这样的执行力才是最高效的。

上文的朱先生从“人们辛苦地剥板栗”这一举动中看到了商机，并以出人意料的执行速度，将剥栗器生产出来。他既解决了人们剥板栗的困难，又狠狠捞了一桶金。毫无疑问，朱先生是一个快速高效的执行者，他的团队也是一个有高效执行力的团队，这就是他成功的重要原因。

试想一下，假如朱先生画出剥栗器的草图之后，要回到公司和员工商量、讨论，再决定研发，最后才到生产部门。这一套管理流程走下来，看似科学严谨，但是却会耽误很多时间。也许当朱先生将剥栗器生产出来时，已经有人抢先一步推出了剥栗器。

在当今激烈的市场竞争中，衡量一个企业、一个团队、一个员工的执行力，关键是看速度，看效果。如果一个团队能在保证完成任务的同时，以远远快于同行的速度去执行，那么这个团队将会所向披靡，这个企业将会前景无限。反之，如果团队执行速度慢，就很容易贻误战机，这样一来再完美的执行也会失去价值，这样的团队就没有执行力了。所以，大凡成功的企业家都倡导“现在、立刻、马上”去执行。

1999 年 2 月的一天，马云带领从北京回到杭州的 18 人，在自己家里召开了一次全体会议。这次会议之后，18 个像马云一样的“疯子”就开始迅速行动起来。其实，当时很多人并不理解马云的创业意图。当马云把网站的经营模式和盘托出时，程序员不同意，一些编辑人员也反对，他们对电子商务模式的认识还停留在 B2C 和 C2C 上。这也不怪他们，因为当时世界上成功的电子商务模式只有这两种。

在 18 人中，多数人认为马云的脑袋里装的 B2B 模式不可能成功。马云努力倡导自己的想法，但是没能说服他们，在这种情况下，马云只好用一个创业“头儿”的身份来下命令：“你们立刻、现在、马上去做！”

马云下令后，团队没有任何怨言，大家分头行动，快速展开执行。事后马云说：“我很少固执己见，100 件事里难得有 1 件。但是有些事，我拍了自己的脑袋，凡是觉得自己有道理的，我一定要坚持到底。”在后来阿里巴巴的发展过程中，像这样的情况出现过很多次。

有人说，阿里巴巴不是计划出来的，而是在“现在、立刻、马上”的执行理念中干出来的。在马云的带领下，阿里巴巴团队朝着自己认为正确的方向疯狂奔跑，最后他们成功了。

当然了，每个企业都渴望高效的团队执行力，但是执行力的提高并不是简单的事情。企业要想为执行提速，必须建立一套完善的控制制度。这套制度要为执行排除不必要的障碍，比如，消除繁杂的程序、严重的等级、官僚主义、推脱责任、拖延等不正之风。这套制度还要求每个管理者带头落实，每个员工严格遵守，并且大家还要互相协作，只有这样，团队执行力才能成功提速。

4 制定合理目标，明确执行方向

有一则寓言，讲的是梭子鱼、虾和天鹅想把一辆小车拉走。三个家伙一齐用力，各自使出了浑身的劲，可是无论它们怎么拖，怎么拉，怎么推，小车还在原地，半点也没移动。这是为什么呢？原来，三个家伙没有一个共同的目标，没有往一处使劲，而是各自为战。天鹅使劲儿往上飞、向上提，虾一步步向后倒拖，梭子鱼朝池塘拉去。

这则寓言告诉我们：集合在一起的几个人，如果没有一个合理的共同目标，没有明确的执行方向，无论他们怎么使劲，也形成不了一股合力。也就是说，任何一个团队都需要一个明确的共同目标，这个目标应该科学合理，大家通过努力能够达成，这样的目标才能凝聚人心，对团队成员才会产生激励作用。

联想集团董事会主席柳传志曾说过：“目标是最大的激励。”在他看来，把公司目标和员工个人的目标结合起来，可以极大地激发员工的潜能，使大家不断去努力达成目标。在企业管理中，管理者应该把团队目标灌输到每个人的心中，并将这个共同目标分解为多个小目标，让每个人都对一定的目标负责，这样大家各司其职，做好自己应该做的工作，彼此间又能协调配合，团队才会拧成一股绳，产生强大的战斗力。

在这方面，日本大荣公司做得非常好。他们的管理层善于用团队目标来激励员工，公司总裁多次在会议上指出："提高企业利润可以赚钱，提高资金周转也是为了赚钱，内部统一思想从本质上来说也是为了赚钱。"为此，他总是将公司的大目标公布出来，然后让每个中层负责这个大目标的某一部分，中层再把他所负责的部分目标细分给每个下属，如此一来，大家就在公司大目标的统一下去行动。当每个员工做好了自己的工作时，公司的大目标也就顺理实现了。

打一个形象的比方，公司的大目标就像一支足球队的目标，为了实现这个目标，每个队员都有自己具体的目标，前锋要做好进攻，中场要做好组织、协调工作，兼顾进攻和防守的协助者，后卫要做好防守工作，门将要把好最后一关。如果每个球员将自己的责任落实到位，相信这支球队的成绩会很出色。这一点在韩国足球队身上就有过很好的表现。

在2002年的韩日世界杯上，韩国历史性地闯进了四强。他们是怎么做到的呢？主帅希丁克是这么回答的："韩国队之所以能进入前四强，其动力就是树立了具有挑战性的团队目标。"在希丁克看来，团队有目标一定要公布出来，让每个队员都明确在心，这个目标不用谦虚，目标越高、越明确越好，目标越高，努力越大，就越能接近这个大目标，即便最后没有达成这个目标，那么取得的成绩也是非常不错的。

对企业而言，制定团队目标，才能让大家明确执行方向。在制定目标以及执行目标的整个过程中，企业管理者要做好以下三项工作：

（1）制定一个可量化的目标

很多企业经常提出一些远大的目标，但目标笼统、模糊不清，让人不知所云，比如某公司提出一个目标：要按照国际一流标准建设好队伍，还有公司提出目标：要打造一流的企业，要成为行业里的强者。这样的目标乍一听让人振奋，但实际上提了和没提差不多，因为没有量化的标准，让人看不到希望。即便通过团队努力取得了较大的成就，也无法判断是否成为一流企业，是否成为行业里的强者。

那么，真正有效的目标是怎样的呢？首先，它必须能够被量化。举个简单的例子，某企业将公司的年度目标定为：营销额达到500万美元，利润达到200万美元。这样的目标是实实在在的，到了年底是否达到，财务一核算就清清楚楚。目标有了量化，公司的每个部门都知道自己的职责所在，每个部门的员工都知道自己应该做什么，这样的目标才是有效的团队目标。

除了量化目标之外，还应该量化目标完成的时间。举个例子，某公司提出完成500万美元的销售额，但是却没有确定多久完成这一目标，是一季度？还是全年？还是两年？由于没有时间的概念，团队在执行这个目标时，就会失去时间观念，没有紧迫感。这样团队就不可能产生高效的执行力。

（2）让每个员工明确各自任务

每个团队目标，最终都要落实到每个员工身上，落实到具体的工作上。如果没有落实下去，那么大目标始终是大目标，就像圆滚滚的大西瓜，让人无从下手。而最好的办法就是拿出刀子，将西瓜切割开来，让每个人都享受一瓣西瓜。

同样的道理，在实现一个大的团队目标时，团队成员之间应该各有分工，你做什么，我做什么，管理者都应该让他们明确。每个人所负责的工作，都是团队运行的重要一环，谁掉链子了，都会影响团队的效率。因此，管理者必须督促员工做好分内的事情，绝不拖团队的后腿。

作为管理者，在下达任务给员工时，一定要交代任务完成的期限。我们经常听到员工对领导者说：“我会尽快完成的，两三天吧！”其实这是不明确的期限，管理者不应该给员工混日子的机会，而应该交代清楚：“明天下班前，必须把这件事做好。”这样，员工才会重视这项工作，专注地完成它。

（3）要求员工之间互相协助与配合

团队成员之间如果没有配合，团队的战斗力就会大打折扣。协作与配合是团队产生凝聚力、发生化学反应的有力保障。比如，在篮球比赛中，每个球员都能力出众，在各自的位子上都做得中规中矩，但是彼此之间没有默契的配合，完全凭个人单打与对手抗衡，这样是很难赢得比赛的。

企业在发展过程中也需要各个部门协作与配合，作为各个部门的领导者，应该起到这方面的表率，应该多与其他部门保持沟通，互通有无，并引导部门的员工与其他部门的员工有效配合。这样才能最大化地发挥团队的战斗力。

5 保证执行到位，绝不打折扣

有一道很有意思的数学题：90% ×90% ×90% ×90% ×90% =？答案是59%。抛开简单的数学等式，这个数学题实际上告诉我们另外一个道理：如果一项工作在执行的时候打10%的折扣，它的执行到位率为90%；如果五项有相关性的工作在执行时都打10%的折扣，那么执行到位率只有59%，这是不及格的。因此，为了保证执行到位，任何一项工作都不应该打折扣，因为一项工作与另一项工作，往往有直接或间接的联系，一项工作执行不到位，将会影响另一项工作，最终会发生蝴蝶效应，产生裂变，造成无法挽回的结局。

很早以前，英国曾经流传这样一段民谣：“少了一个铁钉，丢了一只马掌；少了一只马掌，丢了一匹战马；丢了一匹战马，败了一场战役；败了一场战役，失了一个国家。”相信很多人都听说过这个民谣，它告诉我们：做事要注重细节，绝不可马虎大意，忽视看似不重要的事情。一些细小而关键的因素，看似毫不起眼，但往往决定着事情的成败。

战场上无小事，经营企业同样无小事。铁钉效应告诉我们：企业经营管理中的每个环节，企业目标执行中的每项细小工作，都关乎大局，千万不可打折扣。比如，技术工作中的每一张图纸，每一个尺寸标准，都应该严格；在物资供应工作中，每一个零部件的规格、型号，每一种材料的质量，都应该合格；在生产制造工作中，每一个零件的装配，每一道工序的调试，都应该准确到位。“一招不慎，满盘皆输”，任何一项工作，任何一个环节，都应该精雕细琢，认真落实到位，这样才能保证有一个圆满的执行效果。

在这个世界上，每天都有企业亏损、破产、倒闭，他们的失败往往是从1%的执行不到位开始的，最终以100%的失败而结束。难怪，有一位管理专家这样说：“从你手中溜走1%的不合格，到了用户手中就会变成100%的不合格。而一旦用户对你的产品失去了信心，结果就是你的产品卖不出去，企业运转失灵，最后关门。”可见，保证执行到位，绝不打折扣，关系到企业的生死存亡。

日本企业向来以精益求精、注重细节的精神著称于世，大到钢铁公司，小到日用品制造公司，他们都重视执行中的每个细小环节，绝不打折扣。他们深知执行的质量影响产品和服务的质量，继而影响企业的声誉，最终关乎企业的命运。

日本神户炼钢厂是一家在业内知名度很高的企业，该公司的文化是：执行贵在100%落实。松盛田一是神户炼钢厂的3号机长，一天他接班后像往常一样打开电脑，检查当天的生产计划。

看完生产计划之后，松盛田一对下属说：“第一炉马上就要浇中厚板，我们先去看看铸机情况，然后就浇中厚板。”说完他就戴着安全帽，走出了操作室。

下属对他说：“这段时间3号铸机一直很正常，没有必要每炉都检查吧?”另一名下属也附和道：“是啊，检查起来挺麻烦的，光冷却水喷嘴都要十几个，反正也没什么问题，干脆省了这个环节吧!”

松盛田一平和地说：“你们的想法不对啊，厂里的制度明确要求，每炉开浇之前，都必须检查设备，确保正常才能开浇，不能因为怕麻烦就省略检查。”

来到铸机面前，松盛田一先看了看喷嘴，因为它是否正常运行，关系到铸坯的质量。如果喷嘴不出水，铸坯就无法冷却均匀，继而导致内部出现断裂，导致轧钢铁质量缺陷。所以，公司特别规定：在开始浇中厚板之前，必须严格检查喷嘴，杜绝喷嘴堵塞现象。

松盛田一带着射灯，检查了两次，他发现一个喷嘴的水量偏小，之后他又发现两个喷嘴有类似的情况。当他检查完所有的喷嘴后，他身上已经被水汽浸湿了，但是他不顾这些，马上联系维修人员来处理，同时向调度中心反映情况，请求调整开浇时间。等问题处理好之后，再开始浇中厚板。

维修人员来到现场之后，把喷嘴里的杂质清除掉了，还更换了破损的外弧水管，这样喷嘴冷却水的流量就恢复了正常。这时松盛田一把下属们叫到一起，对他们说：“厂里的规章制度是100%执行，千万不能打折扣，否则出了事故大家都担不起，到时候后悔都来不及。”

经常听到有人说：“应该差不多吧!”“我想没问题。”“不用太在意。”尤其是在小问题上，他们越容易放松警惕，变得马虎大意。正因为有这种不负责任的心态，才会导致执行不到位。那么，为了保证执行到位，应该注意什么呢?

（1）用高标准、严要求来做事

在产品同质化的今天，凡事都要有严格的标准和要求，才能把事情做到完美，生产出优质的产品。以麦当劳为例，他们的高标准表现为：土豆条不能炸糊了，牛肉饼变质或不够分量坚决不能卖，店堂里、桌椅上必须保持清洁，音乐要优美，板凳要舒适等等。如果达不到这些要求，经理将会被开除，分店的经营许可证将被吊销。正是在这些高标准、严惩罚之下，麦当劳才能有今天的辉煌。

（2）重视过程控制，避免毁灭性的后果

美国联邦航空局（FAA）素来以严格细致的过程控制闻名于同行，他们认为有效的精细过程控制是好的质量和批量生产的稳定性的保障。当年中美联合生产“MD—82”大型客机时，上海航空工业公司获得了生产整机的许可证，他们深深领教了FAA代表的细致和严格。

例如，FAA要求将铆接工序用的铆钉淬火后放入冰箱保存，并在规定的时间内取出使用。在一次检查中，FAA代表发现一个盛水的碗里有一枚铆钉，而原始工作记录上显示，这种铆钉已全部用完。为此，FAA当即中断了与上海航空工业公司合作。他们的理由是，这枚铆钉不明不白地出现以及公然违背了规程的放置，让人难以相信上海航空工业公司能生产飞行5万小时的高级客机。正是FAA对过程一丝不苟的管理给上海航空公司上了一课，才使得上海航空工业公司后来修成“正果”。

如果用一句话来形容过程控制的重要性，那么“100－1＝0”这个公式是最合适不过的。在过程控制中，讲究的是不忽视任何一个小细节。否则，有可能导致满盘皆输。在这方面，例子可谓不少。比如，美国哥伦比亚号航天飞机，就是因为一个橡胶垫圈的质量不合格，导致悲剧发生。因此，企业管理者要引以为戒，要重视过程控制，做到防微杜渐。

6 执行力不讲如果，只讲结果

巴顿将军在他的战争回忆录——《我所知道的战争》中，记录了这样一个故事：

“我要提拔人时常常把所有的候选人排到一起，给他们提一个我想要他们解决的问题。我说：‘伙计们，我要在仓库后面挖一条战壕，8英尺长，3英尺宽，6英寸深。’我就告诉他们那么多。我有一个有窗户或有大节孔的仓库。候选人正在检查工具时，我走进仓库，通过窗户或节孔观察他们。我看到伙计们把锹和镐都放到仓库后面的地上。他们休息几分钟后开始议论我为什么要他们挖这么浅的战壕。他们有的说6英寸深还不够当火炮掩体。其他人争论说，这样的战壕太热或太冷。如果伙计们是军官，他们会抱怨他们不该干挖战壕这么普通的体力劳动。最后，有个伙计对别人下命令：‘让我们把战壕挖好后离开这里吧。那个老混蛋想用战壕干什么都没有关系。’”最后，巴顿写道：“那个伙计得到了提拔。我必须挑选不找任何借口地完成任务的人。”

“不找借口”是优秀执行者的必备素质。“不找借口”是西点军校的流传已久的传统。

在西点军校，不管长官问什么，学员只有三种回答：“报告长官，是。”“报告长官，不是。”“报告长官，我不知道。”除此之外，不能多说一个字。当长官向学员下达指令时，学员必须重复一遍军官的指令。当长官问学员：“有什么问题吗?”学员通常的回答是：“没有长官。”

这就意味着接受了长官的命令，意味着承诺和责任，剩下的就是不找借口、绝对执行。

当长官问：“为什么不把鞋擦亮?”如果学员回答：“哦，鞋脏了，我没时间擦。”那么，很可能遭到长官的一顿训斥。因为长官要的是结果，而不是似是而非的借口。没有任何借口是西点军校奉行的重要的行为准则，它强化了每一位学员的执行力，提高了每一位学员的责任心。从西点军校走出来的学员在工作中很少找借口，因为“不找借口”的理念已经烙刻在他们的思想里。

德国国家足球队也有不找借口的传统，他们在足球场上取得过辉煌的战绩。其中，最大的原因就是彻底贯彻教练的意图，承担自己的角色所担负的任务。即使球队在场上比分落后，全队陷入困难，他们也一如既往地执行既定战略，不找任何借口。他们从来不会说：“如果我们没有落后，我绝不会放弃防守，疯狂进攻。”这种执行精神是每个企业管理者都应该具备的。

彼特是公司的营销部经理，主要负责产品营销业务，深得上司的器重。然而，有一次他由于执行不力，导致一笔重要的业务被别人抢去了，给公司造成了较大的损失。事后，领导询问他为什么错失这笔业务，他说：“如果不是我的脚伤发作，我就不会晚半小时到达，那笔业务就不会被对手抢去。”

原来，彼特曾经历了一次车祸，他的脚在车祸中受伤了。不过，受伤并不严重，只是轻微的跛，根本不影响正常行动，也不影响他工作。如果不仔细看，谁也不知道他跛脚。

领导听了他的解释，虽然不是很高兴，但是想一想彼特给公司作出的贡献，就原谅了他。没想到，领导的宽容没有换来彼特的回报，反而使彼特越来越频繁地找借口。每当遇到有点棘手的业务时，彼特就会以腿脚不便为由来推诿工作。如果有比较好揽的业务时，彼特就会跑到领导面前，说：“我的脚不行，公司应该在业务方面对我照顾点。”

渐渐地，彼特养成了找借口的习惯，每当执行不力时，他就会找借口推脱责任。时间一长，他的业绩下滑了很多。领导原本器重他，见他越来越爱找借口，对他感到非常失望。终于有一天，领导忍无可忍，将其扫地出门。

乔治·华盛顿·卡佛曾经说过："99%的人之所以做事失败，是因为他们有找借口的恶习。"一旦你养成了找借口的恶习，你所表现出来的拖拉、磨蹭、推诿、低效率等毛病，会严重影响整个团队的合作氛围。你将会因此失去别人的好感，尤其是你的上司和你的下属，当然，还有你的同事。也许你的某些借口看似合情合理，但是你必须明白，如果在工作上没有取得良好的业绩，最终受害的是你自己。

职场是一个靠业绩说话的地方，而不是靠借口生存的地方。俗话说："躲得过初一，躲不了十五。"你找借口能混一时，却无法一直混下去。比如，有位管理者在一家公司工作了十多年，一直没有获得晋升，相反，老板一步步将他降级到更低的职位。最后，把他降级为一名普通的仓管员，他感到很不解，于是找老板理论，意思是他没功劳也有苦劳，但是老板却说："不是我要降你级，而是你没有取得业绩，而别人取得了业绩，我必须对别人表示认可。"这位老板的话是非常有道理的，他告诉人们：职场讲的是业绩，讲的是结果，而不是讲如果，讲借口。

综观《财富》500强公司中的管理者，他们有一个共同的优点：执行只讲结果，不讲如果。无论在执行中遇到何种困难，他们都会想尽办法去解决，他们相信方法总比困难多，他们牢记自己的责任，一旦接受任务，就会负责到底。正是因为执行力强，他们才能成为世界500强企业中的一名管理者。

7 别指望人人都能自动自发，监督是执行的保障

不少企业存在“半截子”工程。管理者把任务布置下去之后就不再过问，而员工在执行中一旦遇到困难，就可能会拖延、敷衍，甚至干脆把任务搁置起来，不去执行。等到管理者追问结果时，员工就开始找借口为自己推脱。或者员工的执行偏离了正确的方向，与管理者所期望的大相径庭。这样一来，好的战略没有得到贯彻执行，好的想法没有落实到结果上，就不可能给企业带来效益。执行离不开监督，要想员工有效地执行任务，就必须建立有效的监督机制。因为并不是每个人都能自动自发地工作。

无论是员工落实制度，还是执行任务，作为企业老板和高层管理者，都应该建立有效的监督机制，关注员工执行的效率和进展。只有当管理者关注“回报”，员工才会给你“回报”。前一个“回报”是指“回来报告”，即员工及时向你汇报自己的工作进展，后一个“回报”才是报答和收益。

在企业经营管理中，很多老板把任务交代给员工，就不去过问，等到后来发现事情不对劲时，又责怪员工。殊不知，因为管理者不重视监督，不要求员工汇报，员工自然不做汇报。例如，下面这种情况很常见：

一天，老板对市场部的王经理说：“我这里有一个市场推广任务交给你……”老板和王经理谈了两个小时，交代了诸多背景、重要性、目标、权限范围、风险等等。讲完后，老板习惯性地问了一句：“你清楚了吗?”

王经理说：“没问题，我马上就安排人去办。”

王经理回到办公室，立即召集手下的骨干员工，谈了30分钟，把

任务布置下去。

三天后，老板被一系列重要事务缠着，忘记了给王经理布置的事情。一周过去了，直到半个月后，老板才突然想起那件事，于是马上问王经理事情办得怎么样了。王经理把事情的进展情况向老板汇报了一下，结果老板大惊失色，大声嚷嚷道："你怎么这么干呢？你怎么不早向我汇报呢？"

你布置任务之后，要求员工汇报工作进展情况吗？你是怎样监督员工的执行情况呢？很多管理者喜欢听员工汇报，却不知，真正有效的执行是双向沟通和反馈，既要求下属向上司汇报，也要求上司主动走下去，去了解员工的执行情况，及时发现员工执行中存在的问题，以便给予指点和帮助，这样才能保证下属不偏不倚地按照目标去执行。

IBM前总裁郭士纳曾说过："员工不会做你希望的，只会做你监督和检查的。"这句话道出了管理的精髓：管理者主动去检查和监督，是促进员工把工作落实到位的关键一环。因为员工的自觉性再好，能力再强，也需要管理者的监督。没有监督，结果执行不到位，出了大问题时，后悔就晚了。

不过，监督不等于监视，有些管理者恨不得监视员工的一举一动，甚至为此不惜破费金钱，费尽心思，借助高科技手段监视员工，期望员工认真地对待工作，不偷懒，不耍滑。比如，员工出差，会给员工发放一部带有定位系统的手机，实现随时了解员工动态的目的。殊不知，这不叫监督，而是监视和窥探，必然会遭到员工的反感和抵触。

事实上，最有效的监督是最简单的。管理者不用监督太多，只需监督和控制最重要的环节。就像汽车上的表盘、仪表，是给司机做监控用的，司机只需要控制速度和路线，就能保证汽车安全行驶。管理者对员工的监督亦是如此。你给员工布置任务后，只需要讲明任务完成的时间和要达到什么效果——这个效果最好可衡量。然后，在员工执行任务期间，你隔三差五地问明情况，关注进展，询问员工是否遇到困难，及时给予指导，这就足够了。

第九章

把每一件小事做好了，你就成功了

想做大事的人很多，但愿意把事做细的人很少；雄韬伟略的战略家很多，但精益求精的执行者很少。有句话叫：小事成就大事，细节成就完美。做好每一件简单的小事就是不简单，成功者们总是习惯追求细节的完美，因为那些看上去琐碎的细节，在追求一个卓越目标的过程中具有非凡的意义。

1 凡成就大业者，喜欢把小事做细做透

成功学大师戴尔·卡耐基曾说："一个不注意小事情的人，永远不会成就大事业。"

事实上，人与人之间的差别，就是体现在这些细小的事情上，也正是因为这些细小的事情，决定了谁能成就大业，谁注定只能是个普通人。细节往往决定着一个人的成败，对其事业和未来产生深远的影响。一个注重细节的人，成功的几率也比别人高。有时候，哪怕你为一件事情做了 99% 的准备，但可能就是因为 1% 的疏忽，前面的努力就会全部归零，一切都白费。

20 世纪世界最伟大的建筑师之一密斯·凡·德罗，在概括自己成功的原因时，只用了五个字："魔鬼在细节。"和做生意、拼事业一样，不管你的方法和时机有多么好，如果对细节的把握不到位，就不能称之为一件成功的事。准确的细节可以成就一件伟大的作品，也可以成就人的一生。

当年，统一润滑油从 20 世纪 90 年代的十几个人的小公司，发展至 2005 年，竟然创造了 30 多亿的销售额，发展成 1000 余人的企业。对于成功的原因，其总经理李嘉说：我的成功并没有什么秘密，说到底，只不过是我更加细心、更加努力地满足市场需要而已。

面对激烈的市场竞争，如果李嘉没有细心地注意产品的包装、渠道的模式、市场的需要，然后在别人忽视或未在意的情况下做出了改变，那么就难说有今天的成功。而事实上正是这些小到容易被忽略的细节，

令统一润滑油的销售额从几百万一直上升到了几十个亿。下面我们具体看一下两个有代表性的细节。

1. 在包装桶上多加了张汽车的照片，该用什么油司机一眼就能看清楚。

2. 国内外油桶只有一个规格，液体容量不是多就是少。于是李嘉便换了不同的包装桶，令小车、大车都能做到一桶刚好就够，不多不少。

统一只是改变了很多人从没想过改变的细节，便使产品销量获得大幅度提升。就是靠着这样一点一滴的小细节，统一润滑油才一步一步地走向了成功。

成功者与失败者的差别到底在哪儿？答案很简单，那就是细节。

我们平常总是会忽视一些小细节，认为不重要、无所谓，但越是小细节，越能反映出一个人做事的真实状态，也最能表现出一个人的修养。在中国，想成大事的人有很多，但愿意把每一件小事都做细的人却很少。其实社会上并不缺少雄韬伟略的战略家，而是缺少精益求精的执行者。

另外，一个微小的细节也可能引起一系列严重的错误，生活和工作中的每一件细微的小事，都能够体现我们整体的水准。因此一个人要想把事业做大，必须从细节做起，把每个细节都做好。所以我们必须改变心浮气躁、浅尝辄止的毛病，提倡注重细节，力争把每件小事都做好。

格茨·维尔纳白手起家开了一家连锁超市，他一直用心经营，因此生意还不错。

有一次，当维尔纳走进店里时，他环视了一下超市，然后叫经理拿扫帚来。经理不解，但还是将扫帚递给了维尔纳，然后小心翼翼地问："维尔纳先生，我不明白您要拿扫帚做什么？"维尔纳指了指地下的灯光说："你看，这货架的灯光都照在了地上，什么作用也没有。"于是，维尔纳便用扫帚动了动上面的灯，让它的光线刚好照在货架上。

让灯光照在有用的位置，这看似是一件小事，但维尔纳先生却用心抓住了这一细节。这给他的员工做了一个很好的表率，也让他的员工体会到了“工作中无小事”的道理。

如今，格茨·维尔纳已拥有1370家连锁店、20000名员工，公司销售额最高的时候达到26亿欧元。维尔纳成了同行业中最富有的人，他的个人资产也已达到十几亿欧元。

我们大多是一些平凡的人，都在从事着简单而又平凡的工作。但我们可以做到不小看自己的工作，不小看每一件小事、每个细节。只要把小事、简单的事做细做好，便能够做成大事。

2 求精不求多，一款 iPhone 也能改变世界

一个企业要想做强做大，就必须注重细节，因为企业之间的终级竞争就在于细节上。

有哲学家说过：细节差之毫厘，结果谬以千里，真理和谬论往往只有一步之遥。一个错误的数据，可以导致企业倒闭；一个标点的错误，可以使航天器坠毁；一篇报告的失误，可以使若干年的努力泡汤。由此可以看出，细节是多么重要。对于企业而言，在商品同质化严重的今天，从细节入手，精益求精才能创造出更大的经济效益。

当今社会，企业之间的竞争异常激烈，确切地说已经进入了微利时代，企业投入大量的财力、人力，往往只能赚取几个百分点的利润，而一个细节的忽略却足以让有限的利润化为乌有。所以，在当今激烈竞争的市场环境中，细节的确决定着企业的成败。

麦当劳公司创办者雷·克劳克曾说过：“今天的麦当劳是我所知道的最没有结构的公司，因此我强调细节的重要性。如果你想把整件事做好，就必须使每一项最基本的工作都尽善尽美。”在日常的工作中，想做大事的人很多，但愿意把小事做细的人很少。常听到一些年轻人感叹企业难办，其实只要愿意认真对待每个细节，力求把每一件事都做到极致，那么一定会拥有美好的明天。

与苹果的其他产品一样，iPhone 来到这个世上，不是带着愿景，而是带着问题。当时，市面上的很多手机都很糟糕，乔布斯和其他苹果高管也时常抱怨自己的手机不好用。一款最简单的手机除了打电话没多少其他功能，而一旦增加的功能多了，手机的运行速度就变慢了，就越难用。

在 2005 年，要用手机播放音乐和视频很困难，即使勉强通过各种各样的界面播放出来，也毫无乐趣可言。因为多数手机都受到一个基本问题的困扰，那就是缺乏流畅的输入方式。从理论上讲，搭载触摸屏的手机可以实现很多任务，但实际上触摸屏却并不好用。在那个时候，触摸屏无法探测手指的按压，只有通过触控笔来书写和控制。而一旦使用触控笔，就必须双手同时操作，没人喜欢必须用双手才能操纵的手机。

如果按照常规的商业逻辑，现代的 iPhone 根本不可能诞生。因为苹果有一款 iPod 十分畅销，而且是苹果的主要利润来源，用它来娱乐非常合适，但是苹果公司却立志开发出一款足以扼杀自己产品的产品。为什么这么说呢？因为如果苹果解决了手机的界面问题，创造出既可以打电话，又能播放音乐和视频，甚至具备更多功能的产品时，iPod 必将死路一条。

但是苹果公司并未计较一城一池的得失，而是将手机视为一次真正的创新机遇，要精心创造出一款能改变世界的手机，只要一款，便足矣。这款手机的代表就是 iPhone4，它的确改变了世界，改变了人们头脑中手机的概念，让世人为之疯狂。这款手机为何能让那么多人为之陶醉，为之疯狂？恐怕与乔布斯对完美细节的追求不无关系。iPhone4 在很多方面都做了让人意想不到的创新，它在细节方面的表现近乎完美，这正迎合了时尚男女们在细节上追求极致的心理。

从技术到环保再到性能，乔布斯绝不容许任何一个环节违背自己的完美原则。正是因为丝毫不放松任何细节，苹果公司的产品才赢得了众多消费者的青睐。从而使苹果公司巩固了市场地位，并形成了难以撼动的市场竞争优势。如今，苹果品牌几乎成为精致、完美、一流设计的代名词。苹果公司的成长经历告诉我们，只要精益求精把细节做到极致，一款 iPhone 也能改变世界。

不管是什么企业，只有认真对待产品和服务的细节，做到宁缺毋滥，才能让企业具备更强的竞争力。有很多公司都不屑在细节上下工夫，只想着如何出更多产品赚钱，这一切都是舍本逐末的做法。企业只有做到精益求精，把每处细节都做完美，才能在市场竞争中立于不败之地。

3 细节做好叫精致，细节不好叫粗糙

浙江某家具公司的董事长吴老板厂子里有句标语，叫：细节做好叫精致，细节不好叫粗糙。这句话在他的每个车间都可以看到。类似于吴老板这样的成功人士，对于细节有较深的认识和理解，所以他和他的企业才能达到一般人无法企及的高度。

细节对于一个人抑或是一个企业来说有多重要？毫不夸张地说，一家企业如果细节做不到位，就很难发展下去，甚至会因此而彻底失败。

所谓“差之毫厘，谬以千里”，说的就是这个道理。

以上海地铁为例，其中有两条线，一条线是由中国人设计的，另一条是由德国人设计的。两者设计方案相差不大，只是德国人的设计图中多了三个台阶。中国人自以为聪明，没有做这三个台阶，以为这样可以节省很多资金。但是因为上海雨水天较多，一到下雨天水就往地铁里灌，而德国人设计的那条线路便没有这个问题。无奈，中方设计的线路最后还是补上了这几个台阶，问题才算解决掉了。

这个小插曲无非说的就是细节做不好就等于是粗糙，而粗糙的东西总是会衍生出许多麻烦，负面影响很大，甚至决定最终的成败。

有一家著名的五星级大酒店，在全世界有上百家的连锁店，它最让顾客称道的一点是他们一流的服务和管理有序的细节化服务。

有一次，酒店的总裁到其中一家连锁店去考察，想了解一下分店的经营状况。总裁事先没有告诉酒店经理，而是来了一次“突袭”。经过一番查看，他对这家分店的经营和服务都非常满意，觉得他们做得相当优秀。因为他检查客房的时候，不仅检查了地面、窗帘、浴室，还伸手四处摸了摸，但他发现一切都干干净净，没有一丝灰尘，床也铺得平整、整齐。

正当他准备满意地离开时，突然发现了一个问题——茶几上茶杯的朝向错了。其实茶杯放得很整齐，左右也对称，但是却看不见茶杯上的字。按规定，杯子上的“××大酒店”这几个字应当正对着门口，让客人一进门就能看见，以便传达酒店的品牌形象。

总裁本来轻松的面孔立即严肃了起来，他对值班的服务人员大为不满，并把经理训斥了一顿：“茶杯怎么能反着放？这不是一件小事，你一个细节做不到位，可能就会影响顾客对我们酒店的看法。只有把这些细节化的东西做足了，我们才能配得上五星级的称号。”

从例子中我们可以看出，这家酒店的总裁多么注重于对细节的追求，而这也正是他们获得顾客认可的根本原因之一。

在中国电子百强企业中，华为可以说排在首位。这是因为华为一直都非常注重细节，把精致、完美作为企业目标，华为的员工始终坚持“放置水笔的时候笔尖朝下”等很普通的行为规范，员工购餐也是清一色的一字长龙，秩序井然……就是把这一些毫不起眼的细节都做好了，才有了华为的今天。

卜克·华盛顿是美国著名的黑人教育家，他开创了黑人教育事业，不仅受到千万黑人爱戴，而且得到了千万白人的尊敬。

然而，他年轻的时候，也不是那么一帆风顺。当时，卜克·华盛顿到一所学校请求入学。当学校的职员看见他穿得破破烂烂时，便不肯收留他。学校职员走了之后，卜克就独自坐在学校门口等。几个小时过后，那位职员看见卜克还在校门口，感到很好奇，便跟他说在校园中有一间屋子，需要人打扫，问他能否做这件事，卜克高兴地点了点头。

来到这间小屋子，卜克奋力地擦洗着地板、桌椅，连最小的角落也没有放过，他把整间屋子清理得没有一点灰尘。过了一会儿，校职员来到屋内，他见屋内干净整洁，便拿出雪白的手帕擦拭了一下桌椅，他发现白手帕上竟然没留下一丝污迹，便答应了卜克入学读书。其实，那个校职员本想用这件事来吓走卜克，让他知难而退。谁知道卜克不仅迎难而上，而且做得很完美。

从上面这个例子我们可以看出：一个能把细节做到极致的人，成功的几率也会比其他人高得多。

中国道家创始人老子曾说：“天下难事必作于易，天下大事必作于细。”意思是做天下的难事必定从容易的做起，大事必须先从小事开始。一个人即使有再伟大、再英明的战略，如果没有在细节上执行到位，再好的决策也难以实现。

4 大处着眼，小处做起

清代著名政治家曾国藩有一副赠联：“大处着眼，小处着手；群居守口，独居守心。”

大处着眼，这应是所有企业家和公司高层应有的立足点，只有着眼于远处才不会一叶障目，才能高屋建瓴，制定正确的企业战略，这也是对一个人敏锐性和洞察力的整体把握。一个人若想成功，就必须要有能纵揽全局的超前意识；而小处着手，就需要我们从一点一滴做起，哪怕事情再小也要找一个正确的切入点，力争把它做到最好。

人们总是习惯于惊叹别人伟大的创举，但对其做出创举前积累的默默无闻的小事却忽略不计。其实“大处”就是事物质的飞跃，“小处”则是其量的积累。世间的所有事物只有先达到量的积累才能产生质的飞跃，如澎湃的大海，若没有千万条涓涓细流的汇入，又何来那壮观的波涛？因此，一个人心中有远大的理想当然是好事，但是理想能否实现，还在于有没有脚踏实地地做好一些小事。古今中外凡是成大事者，无不是从小处开始做起的。李时珍为了编写《本草纲目》，不知踏过多少土地，他对书中每一味药都做了认真的研究，并把旧时药书的每处错误都一一做了校正。正是这种细致入微，不放过每个细小之处的精神，才让这本医学巨著大放光彩。

小细节处理到位，对于做大事也是非常有利的。因此，作为企业管理者，不要小看自己所做的每一件小事，即便是最普通、最细微的小事，也应该全力以赴做好。史玉柱曾说：公司一旦战略定准之后，就是细节在决定公司的命运，决定公司能不能做大。由此看来，只要把一些看似简单的小事情坚持做下来，坚持做好，那便是成功。我们先来看一个个人的例子，从中或许可以看出细节有多么重要。

陈星和张力都是一家外企的采购员，其中陈星毕业于某著名商学院，而张力只是一名普通高校的毕业生。公司每年都有一次晋升的机会，有能力者一年便可升为主管。经过评估和挑选，主管就在陈星和张力二人中间产生。在很多人看来，结果是很容易判断的。

但是经理却玩了一个小小的游戏，他亲自出题，测试题目为：假如公司派你到某厂采购999个信封，你会从公司带去多少钱？

不到5分钟，陈星便交了答卷，他的答案是150元。计算方法是：按采购1000个信封来计算，大概要100元，其他杂费就按50元算，加起来便是150元。经理看完后点点头，然后转向张力。

张力的答案写着124.92元，计算内容为：现在的信封批发价是每个8分，999个就是79.92元。从公司到工厂，来回的车票钱是20元。午餐费15元。从工厂到汽车站还有一段距离，请一辆三轮车搬信封的费用是10元。因此，最后总费用为124.92元。”

总经理看完后露出了会心的微笑。

任何事物都是由细节构成的，把握好每一个细节，事物才能够完美。所以，只有认真对待每一个细节，从小事做起，并善于从中寻找机会，才能使自己走上成功之路。

海尔之所以能够做成知名的国际品牌，不仅是因为其领导者们具备长远的眼光，更重要的是他们从未放弃过每个细节。我们都懂得“千里之堤，溃于蚁穴”的道理，一个成功的人士或企业都善于从小处做起，非常看重做事的细节。海尔集团首席执行官张瑞敏所说的那句话“把一件简单的事做好就是不简单，把一件平凡的事做好便是不平凡”，或许能很好地说明这一点。

加藤信三是日本狮王牙刷公司的董事长，在这之前，加藤只是一个普通的员工，为什么后来他会成功，就是因为他凡事从大处着眼，从小处做起，总是能从细微处察觉到商机。

在加藤还是小职工的时候，有一次，他起床晚了，为了上班不迟到，刷牙时急急忙忙，结果把牙龈刷出血了。赶到公司后，加藤心想如果能设计出一种防止牙龈出血的牙刷，那么销量一定特别好，于是他和同事一起想办法解决刷牙容易伤及牙龈的问题。

在想了不少缓解牙龈出血的牙刷设计方案后，他们尝试把牙刷毛改为柔软的狸毛，在刷牙前先用热水把牙刷泡软，然后放慢刷牙速度，但是效果仍不是很理想。为了进一步检查牙刷毛，加藤把牙刷放在放大镜下观察，他发现刷毛的顶端并不是尖的，而是四方形的，加藤心想："如果把它改成圆形的，会不会好一些？"于是带着这个疑问，他们开始改进牙刷。

在试验成功后，加藤向公司提出了改变牙刷毛形状的建议，公司经过论证，觉得这个想法非常好，便开始着手生产这种圆形刷毛的牙刷。改良后的狮王牌牙刷销量不断上升，最后竟占了全国同类产品销售量的40%，加藤也由普通职员晋升为科长，十几年后便成了如今日本狮王牙刷公司的董事长。

牙刷不好用，牙龈出血，在我们看来都是一些司空见惯的小事，既不威胁生命，也不影响生活，所以很少有人会想到去解决这个小问题。但是加藤不仅发现了这个小问题，而且对这个小问题进行了细致的分析、努力的研究，最终使自己在事业上取得了成功。由此，我们可以看出，每位成功的企业家都会自觉地注重细节，从小处做起，不仅不怕重复做一件事，还乐于从这些平凡的小事中寻求乐趣，反复提升，最终把自己的企业做强做大。

5　在精细化管理中追求完美

“精细化管理”是西方盛行的一种管理理念，“精”涵盖了所有的产品、服务，追求尽善尽美；“细”和“化”体现在所有的工作上，强调精益求精。“精细化管理”本质上强调的就是细节化的管理，在持续改进、不断完善的过程中求进步。

每个人都期望自己能成功，每个管理者也都希望自己的企业能够做强做大。俗话说：“不积跬步，无以至千里；不积小流，无以成江海。”任何事物都不是一蹴而就的，要想做一个成功的企业家，还得认真做好每一处细节，周密细致地协调企业的各个环节，把这种精细化的管理贯彻到全公司每一位员工身上。

彭进办了一个家具厂，专门生产家具。在公司创办初期，由于厂房较小，各种材料都堆放在一起。有时候，上午刚清理好，到中午又乱了，既扰乱了生产流程，管理起来也特别棘手，而且每年花在这些杂事上的成本就有好几十万。

在痛定思痛后，彭进决定引进国外科学的精细化管理方法，请专家按生产流程对车间的布局做了重新规划，制定了科学高效的管理制度，将每个岗位的清洁、管理落实到了个人。虽然更改的只是一些微不足道的细节，但效果却是立竿见影的。仅过了短短2个月，车间里就有了很大改观，物品堆放整齐，工序井井有条，生产效率大大提高，连管理成本也大幅度下降。

见识到了细节的力量后，彭进决定把精细化的细节管理贯穿到全程。于是从选料、开料、剔除瑕疵，到制作阶段都是严格按照设计图纸加工，再到打磨、油漆，直到包装发运，每个岗位都按照制度运作，真正做到了精细化管理。

合作方来参观厂房时，都会惊叹如此精细化的管理。只要生产机器旁的锯末、废料积累到一定位置，就会有专人过来打扫，并把这些废料堆放在指定区域，然后运到烘房作燃料。这样做不仅能保持厂房整洁，还节省了一笔较可观的资金。为了不留死角，彭进每年还会请专家到厂区上课，并积极改进生产技术，组织技工互相学习，降低损耗多出精品。

因为注重细节，经营有方，彭进公司的年销量增长了200%。

麦当劳总裁费雷德·特纳曾经说过："我们的成功表明，我们竞争者的管理层对下层的介入未能深入下去，他们缺乏对细节的关注。"那些优秀的企业之所以能够取得成功，关键就在于他们对细节的重视，对完美的追求。

企业就是一个完整的系统，它由每个部门、每个员工、每一件事情组成。因此精细化管理不是一个笼统的概念，而是要体现在企业内部的方方面面，管理者只有全方位做好细节管理，整个企业才算是个完整的系统，才能正常运转。在现代企业竞争中，有越来越多的企业都意识到了把管理做精做细的重要性，精细化管理也成为决定未来企业竞争成败的关键。但是在企业不断求进步、求完美的过程中，如何实施好"精细化管理"呢？主要有以下几点：

（1）领导以身作则，由上而下贯穿实施

企业领导者这一特殊角色，就决定了他是精细化管理方案实施的关键。实施精细化管理过程中，领导要以身作则，做好一个榜样。这并不要求领导一定要事必躬亲，而是要在细节的处理上做出榜样，并形成一种威慑力，使每个员工都不敢马虎。只有从上而下贯穿实施，企业才能真正做精做细，精细化管理的方案也才能得到有效实施。

（2）明确职责，人人有责

管理层责、权、利是否明确对精细化管理的推行影响较大，因此，实施精细化管理的前提就是明确职责，使每个部门都能明白自己的任务、每个人都能清楚自己的责任。企业只有把组织机构中的职能和岗位细分化，才能保证精细化管理的顺利推行。因此，企业领导者应对企业内部进行科学分工，界定好管理者和普通员工应尽的责任，让每个员工都能明确自己的岗位职责。如此一来，便能杜绝工作中出现推诿、扯皮等不良现象，更有利于实行精细化管理。

（3）执行力度如何，执行过程是关键

像“下级应付上级检查，上级检查走马观花”的社会现象，在人们的心中由来已久。所以，在管理的执行过程中，你如何判断员工是在认真执行，还是在走马观花，敷衍了事。可以通过以下几点来把握。

首先，可以将执行者进行分组，对执行过程中遇到的问题要及时和如实反馈。

其次，要加强执行过程的跟踪，特殊情况下还可采取突击检查的行动。

最后，可采取赏罚分明的措施，对执行优秀者现场奖励，对执行不力者当场“枪毙”，可以引以为戒，防患未然。

（4）全员参与，注重人的作用

精细化管理的主体是人，客体也是人。因此在推行精细化管理的过程中，要充分调动员工的积极性，只有这样管理才能取得实实在在的效果，否则只能停留在纸上，成为“镜中花、水中月”。精细化管理是一个全员参与的过程，精细化管理的目标就在于让组织中的每一位员工都通过参与管理过程，最大程度地发挥自己的潜力，成为企业竞争力的一个有机组成部分。

追求利润是企业的根本目标，而精细化管理对企业最大的贡献就在于控制成本。若一个企业实现了管理精细化，就能够把成本控制到最优，因为精细化管理就是一个优化流程、提高品质、降低不必要损耗的过程。

精细化管理已经成为当代企业管理发展的一种趋势，也成了决定企业未来竞争成败的关键。一个企业要想“健康长寿”，做强做大，那么企业管理从粗放走向精细化就是必经之路。

6 战略要从细节中来，到细节中去

中国其实并不缺少雄韬伟略的战略家，而是缺少精益求精的执行者。一个好的战略，只有落实到每个细节上，才能发挥作用。“商业教皇”布鲁诺·蒂茨曾说：企业未来的竞争，就是细节的竞争。因此，企业只有注意细节，在每一个细节上下足功夫，才能全面提高市场竞争力，保证企业基业长青。

有些人羡慕麦当劳的火爆，似乎它开在中国的任何一个地方都能火起来，这令中国餐饮界的其他人士羡慕又嫉妒。麦当劳当然有自己一套独特的战略，那就是从细节中来，到细节中去。麦当劳在进驻中国前不是仓促决定的，而是连续做了5年的跟踪调查。其中包括中国消费者的经济收入和消费方式的特点，并提前4年在中国东北和北京市郊试种马铃薯，进行口味试验和分析。这还不算，麦当劳还根据中国人的身高、体形确定最佳柜台、桌椅和尺寸，在北京开首家分店时，选了5个地点进行反复比较……由于做足了这些细节方面的准备，麦当劳正式进入中国后，一炮打响。

很多细节因其细小，容易被人忽视。这些人常常因时间、精力有限而顾不上细节的处理，更有一些人因急功近利、好高骛远而对细节不屑一顾。我们不要只看到细节微不足道的一面，还要看到许多事情都是依附细节而存在的事实。因此，我们应该以一种科学的态度看待细节同整体、同战略决策的关系。因为任何一个战略在制定前都得做调研分析，而这个前期的过程，就是把整个决策拆开来看，也就是对每一个细节的关注。

为什么有的企业能够历经风雨而长盛不衰，而有的企业在辉煌一时后便轰然倒塌？一个重要的原因就是战略失败，而战略的失误就是对细节的调研分析不到位造成的。因此前期做得越细，战略的定位也就越准确，所以一个好的战略要从细节中来。在企业的战略基本成形后，决定企业成败的就是“细节管理”，因此战略不仅要从细节中来，最后还要回到细节中去。

智者之所以为智者，是因为他把握了事物发展与变化的规律，对事物的判断能见微知著，由此及彼。那么，一个管理者要如何把战略运用到细节中去呢？

（1）与下属做好沟通工作

在实行战略、下达任务前，自然要有充分准备，重要的是要观察谁最适合这项任务。

事实证明，在布置任务时根据员工的能力适当分配，对员工抱着信任、公平对待的态度，员工会更容易接受，也能更好地去执行并完成任务。这虽然只是一个细节，但是对战略执行却有着很大的帮助。

（2）从思想观念上注重细节

很多人在旅馆住宿时会睡不着觉，也就是人们常说的“认床”。希尔顿大酒店发现这个问题后，和全美睡眠基金会达成协议，联合研究是哪些因素促使一些人换了睡眠环境后难以入眠。之后，希尔顿大酒店开始对症下药，用不同的隔音设备，为顾客配用不同的床垫、枕头等，改善顾客的睡眠环境。通过一段时间的试验，他们摸索出了一种基本上适合所有旅客的办法，从而解决了一些人换床后睡不着的问题。

“认床”本是个很小的个人行为，和企业无关。但是希尔顿酒店却能够从细小处着手，把它当作自己的事情来对待。因而给顾客提供了一个优良的服务环境，也产生了好的经营效果。

有很多管理者，在思想上没有正确对待注重细节的人和事。因此要想让战略很好地实行，就得从观念上培养起注重细节的习惯。只有在思想上对细节足够重视了，才能事半功倍。

（3）重视破窗效应

为什么一个粗鲁的人到了高级场所便会有所收敛，而一个文明的人去地下游戏厅，也会变得粗鲁？这就是“破窗效应”在起作用。破窗效应验证了一个道理，那就是环境具有强烈的暗示性和诱导性。当然，这也是一个小细节，但若处理不好，便会影响战略的实行。

18 世纪的纽约是出了名的脏乱差之地，社会环境恶劣，犯罪分子猖獗，纽约地铁的情况尤其严重，是犯罪者的根据地。平均每 7 个逃票的人当中就有一个是通缉犯，每 20 个逃票的人中就有一个人携带武器。到了 1994 年，新任的警察局长布拉顿开始着手治理纽约治安，他制定的战略入手点就是纽约地铁的车厢。他先把车厢弄干净了，接着站台也变干净了，站台变干净后，阶梯和街道也随之干净了。之后，地铁旁边的街道也很干净，后来整个纽约都变了样，变得整洁和干净。与此同时，犯罪率也大大降低。

在一个企业里，第一个迟到的人一定要被处罚，否则别人会认为迟到是件无所谓的事。一旦形成这种风气，战略的实行便会受阻。所以，只有从根源上阻断以身试法，其他的方面自然也就会跟着好起来。

（4）人才使用战略

阿基勃特是美国标准石油公司的一名小职员，无论是在工作还是生活中，只要需要他签名的地方，他都会在自己名字下方写上“每桶标准石油只需 4 美元！”的字样。因此同事嘲笑他为“每桶 4 美元！”公司的董事长洛克菲勒知道后，面见了这位小职员，并约他共进晚餐。在后来洛克菲勒卸任的时候，阿基勃特被举荐为董事长。在董事会上，洛克菲勒说："我想各位一定会同意我的举荐，因为他可以做到随时随地都想着公司，这正是一名出色的董事长应该具备的素质。"

一个公司若有这样的员工，那么战略的实行又怎会不成功呢？有很多小事看起来不起眼，因此很多人不屑去做。但成功是没有偶然因素的，只有精心做好每一处细节，成功才会与你为伍。

战略就是用来开发核心竞争力、获取竞争优势的一系列综合的行动，从这个意义上来说，战略的选择就表明了一家公司打算做什么，以及不做什么。因此，一个优秀的领导者要把以上 4 点融入到战略实施的每一个细节中去，这样你才能成为最终的胜利者。

7 小细节成就卓越管理者

对于企业的管理者而言，所有的"小题"都应该"大做"，对待所有的"细节"都应该采取"举轻若重"的态度。只有将一个个小细节做好了，才会产生好的管理效果。但在现实生活中，有许多管理者只喜欢把"战略"、"规划"之类的词挂在嘴边，似乎只有这些才是正经事儿，对于一些细节，则往往是一带而过，眼不见为净。因此忽视细节成了多数管理者的通病。小细节，往往能成就卓越管理者。如果一个管理者都"不屑于"去做眼前的小事，那么再好的战略、再好的目标也只能像是"空中楼阁"，中看不中用。因此管理无大小，成功的管理者都应该善于细节管理，善于从小处做文章。

从企业的角度来看，小细节能否做好是衡量一个管理者是否管理到位的标准之一。一个管理不到位的企业很难成长。在企业管理中，很多事务都是紧密相连，一环扣着一环的，只要一个环节出了问题，轻则给企业带来经济上的损失，重则可能导致整个企业都无法正常运转。因此，要想成为一个优秀的管理者，就一定要做好企业的细节管理工作，始终把细节的管理贯彻于整个经营范围之内，做到事无巨细，不忽视每一个小细节，因为1%的错误都可能会导致100%的失败。

在企业中，我们常常可以看到这样的管理者，对新来的员工先表示欢迎，然后简单向他介绍几句本单位的情况，接着三言两语交代一下该做什么工作，之后便交给下级什么也不管了。还有一种管理者常常犯的错误，就是从来不明确地告诉下属该干什么，该怎么干。他认为自己了解的东西，下属也应该懂得，而当员工没有达到他的要求时，便训斥一顿。

其实这都是细节问题，如何处理好细节，是一个管理者领导能力与水平的体现。所以，成功的管理要从细节做起，善于从小处做文章，这样才能周密细致地协调企业的各个环节。

1992年，尼克·里森在为新加坡担任巴林银行的期货交易员之前，已经在印度尼西亚为巴林银行赚了一大笔外汇。巴林银行当时在新加坡有了一个账号为“99905”的错误账户，专门处理交易过程中因疏忽所造成的错误。有一天，伦敦总部负责清算工作的哥顿·鲍塞给尼克打了一个电话，要他另设一个错误账户，用来记录较小的错误，可自行在新加坡处理。对中国文化有所了解的尼克·里森便以“8”这个吉利数字，设立了一个“88888”的错误账户。

不久后，伦敦总部又来了电话，说所有的错误记录仍由“99905”账户直接向伦敦报告。就这样，“88888”这个错误账户就被搁置不用了，但它却一直是以真正的“错误账户”存在于巴林银行的电脑之中。尼克为谋私利，一再动用错误账户，造成了巴林银行越来越巨大的但不为人所知的资金漏洞。之后总部也注意到了新加坡分行出现的错误，但都被尼克巧妙地搪塞而过。“88888”这个被人忽略的账户，就这样成了尼克日后造假账掩人耳目的工具。

1995年，东京日经指数大幅度下跌。尼克在这种不利形势下还在大量交易，银行损失已经达到了86000万英镑，但他仍继续将这些计入了“88888”账户。随着交易形式的进一步恶化，尼克最后终于招架不住，而巴林银行也在一片震惊声中宣告破产。

这个例子充分说明，即使企业规模再大，只要一个细节出差错，就有可能“轰然倒塌”。其实尼克也不是没有露过馅，巴林银行也不是没有丝毫的察觉，而是高层管理者一直在等着尼克给他们赚更多的外汇，却忽略了这个小小的资金露洞。

事后，尼克也说道：“他们本来有机会拆穿我的把戏，但他们没有这么做。我不知道他们的疏忽与我自身犯罪之间的界限在哪里。如果是在其他一家管理严格的银行，我是不会有这样的机会犯罪的。”

有一句话叫：“魔鬼存在于细节之中。”管理者要是忽略了管理中的一些小细节，久而久之就会让魔鬼有机可乘，从而造成整个企业的分崩离析。因此关注细节，是每一个卓越的管理者不可或缺的素质。

不要忽视一些你认为不重要的细节，有很多重要的事，往往就是在小细节上失足。细小的因素，有的时候毫不起眼，却往往决定着一件事的成败。一个卓越的管理者，只有做到零失误，做好每个细节，才能保证企业的长远发展。

陈辉在一家公司做了3年普通职员，但公司由于一次失误，损失惨重，面临着破产的困境。虽然公司经理对陈辉特别照顾，但面临即将破产的公司，他权衡再三，还是决定离开。

就在他准备向经理递交辞职报告的那天，一件小事让他改变了离开的决定。

盛夏，为节约用电，经理将自己办公室空调的温度从24℃提高到了25℃，他还在门口贴了一张纸条：“关键时刻，让我们从点滴做起。

尽管公司现在处于困境，但这只是暂时的，就像乌云遮不住太阳。为节省一度的电量，你们进入我的办公室时，可随便减去一件衣服。”

在这个有着严格制度的公司，没人能在进入领导办公室前随便脱去西装。时间长了，经理发现这一点，便自己先行减去一件衣服，穿着随便些，以便让来汇报工作的员工放松心情。

陈辉拿着辞职报告走到经理办公室，看到门口的小纸条，心微微颤动了一下。走进办公室后，他发现经理穿着很随便。经理让他脱去外套，有什么事慢慢汇报。最终陈辉没有说出“辞职”二字，尽管1℃对一个员工上千的企业算不了什么，但是陈辉从那微不足道的1℃中看出了经理对细节的重视，以及对待困难的精神。几个月后，公司走出了困境，企业的发展蒸蒸日上。

小细节成就卓越管理者，这一件小事足以折射出一个领导者的魅力。

小事不可小看，细节彰显魅力。管理者只有做到了全方位的细节管理，才能使企业更易于管理，才能创造出更大的价值。

第十章

小公司发展看老板，大企业发展看文化

促成一个企业成功的因素有很多。比如战略、决策、制度、管理等硬性条件，当然还有一些软性的因素，也就是企业软实力，比如，企业文化。在当今经济高度发达的时代，企业文化不仅是企业的灵魂，而且渐渐成为企业深层竞争的主旋律。一个没有文化支撑的企业，注定是要短命的。

1 梁山好汉输在没有共同目标上

有人做过一个调查，问团队成员最需要团队领导做什么，70% 以上的人答案是“指明目标或方向”；问团队领导最需要团队成员做什么，80% 的人回答是“希望他们朝着目标前进”。从这里可以看出，目标对于一个企业的重要性。

为什么梁山好汉一百零八将最后会失败？他们占了一块有利的地盘，也拥有强大的团队，甚至丝毫不惧敌手的进攻。可是到最后，他们还是输了，其实他们输就输在没有共同目标上。首领宋江认为我应该接受招安，而李逵则认为我们这样打打杀杀挺好的，更多的人则认为，衙门不主动抓我们就已经不错了，干吗还送上门去？梁山好汉在共同目标上迷失了方向，到最后宋江驾驭不了团队，覆灭也就在所难免。

而与之相对的《西游记》中，为什么师徒四人历经险阻，最后仍能取得真经？这就在于他们拥有一个共同的目标，即使路上有过诱惑、疑惑，还有团队成员间的矛盾，但一个共同目标却把他们都放在了同一条船上，他们都愿意为实现这个目标付出最大的努力，并清楚地知道在实现目标的过程中自己该做什么工作，相互之间怎样共同合作以完成最终任务。因此，一个高绩效的团队必然要有明确的共同目标，这样团队成员的行动才能统一于同一个目标，否则只能像梁山好汉一样，即使拥有强大的队伍，最后仍然逃脱不了失败的结局。

一个企业要想存活下去，就必须具备一个条件：就是共同的目标。可是有很多企业只会一厢情愿空喊口号，要如何“做大做强”，很少有人想过，离开了组织成员的共同奋斗，企业何以能够持续下去？因此一个共同的目标，是公司的一种精神，也是基业长青的条件。像阿里巴巴的成功，就是基于这一条件。创始人马云认为，自己公司最值钱的就是共同目标和价值观。这种理念，使得马云在创立阿里巴巴的第二年就为团队制定了共同的使命、共同的目标。凡是新员工，只有经过学习，熟知公司的共同目标，并愿意为之奋斗，才能加入阿里巴巴。由此可以看出，任何一家企业，任何一个组织，一定要有一个共同目标，否则既难以走长，也难以走远。

有这样一个寓言，说的是有一只老鼠妈妈带着3个孩子一同去偷油，到了油缸边，他们一瞧，只见油缸里只剩下一点点油沉在缸底，而且缸太高，谁也喝不到。于是老鼠妈妈想出一个办法：它让孩子们一只咬着另一只的尾巴，吊下去喝油，第一只喝饱了，再上来换第二只，再以此类推……

第一只老鼠吊下去喝的时候，它在想："只剩这么一点点油了，我可得多喝点儿，今天真幸运，可以第一个喝个饱。"第二只老鼠则想："下面的油只有这么点，假如让它先喝，最后肯定剩不了多少，我还有什么可喝的呢？还是放了它，自己跳下去喝吧！"第三只老鼠在上面想："不公平，油这么少，等它俩喝饱，哪还有我的份？不如早点把它们放开，自己跳下去喝！"于是，第二只放了第一只的尾巴，第三只放了第二只的尾巴，大家都只管自己抢先跳下去喝。结果，三只老鼠都掉落在油缸里，谁也逃不出来了。老鼠妈妈也只能在旁边干着急，无能为力。

团队中不同角色由于地位和看问题的角度不同，因此对目标的方向和期望也会有很大的区别。所以领导的作用就是运用好共同目标的力量，将大家拧成一股绳，朝着一个目标前进。如果像故事中的老鼠妈妈一样，没有帮团队树立起共同的奋斗目标，劲儿便无法往一处使，团队的力量若分散开来，便起不到任何作用。

因此作为一个企业的领导者，首先要做的就是为整个团队确定一个清晰的目标，并要求团队成员在心中对目标达成共识，对目标产生共鸣。要让团队形成共同目标，可以先从以下几个方面着手：

（1）充分沟通

章先生是个急性子的领导，只要他手头的工作一完成，他就会向自己的团队宣布下一阶段的工作目标。而且章先生很少向员工谈论上一次目标的完成情况，也不对相关成绩做任何分析。结果他的员工总是糊里糊涂地在工作，究竟目标完成得怎么样，自己有什么样的表现，他们都不得而知。正因如此，章先生团队的工作效率越来越低下。

如果一个管理者草率和急促地提出目标，既不利于总结之前的工作，也会让员工感到不安和无所适从。因此企业要建立一个共同目标需要多沟通，管理者应当建议员工先对已完成的工作做有效的反思，以便在新的工作过程中加以改善。如果目标前后没有较好的沟通，就无法做到步调一致。

（2）对成员进行摸底

一个企业就是一个团队，员工就是成员。摸底的目的，就是向成员咨询对整体目标的意见。一方面可以让成员参与进来，使他们觉得这是自己的目标，而不是为别人实现；另一方面可以增加成员对共同目标的认识。而摸底的内容就是了解每个成员的特长，以及在大家的共同目标达成过程中能否得到有利发挥等。一个有效的共同目标，应该是建立在对大家都有利的基础上的，这样才能激起大家的共同兴趣和冲劲。

（3）一起讨论目标的建立

一起商量共同目标的过程其实就是一个头脑风暴的过程，俗话说：三个臭皮匠顶个诸葛亮。让大家一起讨论，能够辩识出目标建立是否合理，以及提炼出一个最好的方法，从而使共同目标和个人目标实现双赢。

（4）要有一个核心的主要目标

企业的发展取决于目标是否明确，只有对目标做出精心的选择后，企业才能生存、发展。一般来说，主要目标就只有一个。如美国贝尔电话公司的主要目标就是：我们的企业就是服务。一旦建立一个中心目标，会让大家明确发展的方向，让大家清楚需要朝着什么样的目标去努力。

2 企业文化是公司最核心的竞争力

一个企业，若没有一套健全的企业文化，那么后果是很难想象的。如果说资金是企业发展的保障，那么企业文化就是凝聚人心的平台。在知识经济的今天，没有企业文化的支撑，那么企业注定是要短命的。现代的企业已不再是单纯的生产流水线，而是一个集团结、竞争和活力于一体的综合性组织，要形成这样的组织，就必须依靠企业文化。而且现代企业间的竞争，也已不仅仅是资本、商品的竞争，而将是企业文化的竞争，因此企业文化将成为企业最核心的竞争力。

试想一下，是什么造就了微软？又是什么使 IBM 一次次重新焕发了青春？除了资本、规模、技术、优秀员工，最重要的是看不见的企业文化，是不断创新、不断挑战的精神，才使得企业在面临挫折时不会散成一盘沙，而是勇于变革迎接挑战。在现今这个市场竞争激烈的时代，可以说，没有优秀的企业文化，根本就谈不上提升企业的核心竞争力。

几乎每个老板都希望自己的企业做强、做大。然而在实际经营中，他们却只重视产品的质量，只抓销售业绩，而忽视了企业文化的建设，忽略了员工的生活和想法。因此也失去了最核心的竞争力，使得企业停滞不前，最终阻碍了企业长远的发展。我们可以发现，一些重视企业文化发展的公司，其经营业绩远胜于那些没有企业文化特征的公司。

有一些公司为向员工和客户体现自己的企业文化，特别组织了一些非常有意义的词汇和短语，并且在公司的宣传中大力推广。但这些文化常常连自己的员工都不认同，更关键的是他们的所作所为不能让他们的客户联想到他们所标榜的企业文化。因此，有很多时候企业文化不是想做就能做的，它是一个逐渐积累、渐渐被大家所认可的过程。如果公司的决策、行为不能和企业文化宣传一致，那么只相当于是做了一个包装而已，也是一种自欺欺人的行为。

从一般意义上来看，企业文化应包括三个方面的内容：

（1）企业的最高目标和宗旨

虽然企业最终的目的都是为了获取利润，但是绝对不能将赢利作为企业的最高目标或宗旨。企业经营实践证明，单纯把赢利作为最高的追求，结果往往适得其反。纵观中外一些比较优秀的企业，大都是以社会、顾客和员工服务等作为最高目标或宗旨，这就是企业文化的一部分。

（2）作风和传统习惯

作风和传统习惯是为了达到企业最高目标和共同价值观服务的。企业文化从本质上来讲是员工在共同劳动中产生的一种共识、意识，而这种群体意识与企业长期形成的传统和作风关系极大。

（3）行为规范和规章制度

如果说企业文化中的最高目标和宗旨、共同的价值观、作风和传统习惯是软件的话，那么行为规范和规章制度就是企业文化中的硬件部分。只有软硬件配合使用，企业文化在企业内部才能得到落实。

现实地看，企业经过实践最终存留下来的文化一定是为众人所肯定的，而只有这些“最合适”的企业文化，才能成为其最核心的竞争力，确保企业基业长青。

企业文化是企业员工所共有的观念、价值取向以及行为等外在表现形式。因此企业文化不只是宣传口号而已，它必须根植于企业的组织、流程、制度、政策、员工的思维模式和行为模式之中。企业文化的实质就是员工的行为文化，而员工是企业最核心的竞争力。因此，一个企业要想做到基业常青，就必须保有相当深厚的企业文化。

Zappos是美国一家卖鞋的B2C网站，自1999年开站来，如今已成长为网上卖鞋的最大网站。Zappos公司有非常棒的企业文化，而且他们对自己的企业文化有明确的具体表述，并且深深烙印在每个员工的心里，其中有几点是：

1. 用服务感动客户。
2. 拥抱并推动变化。
3. 保持冒险、创新和开放的态度。
4. 追求成长与学习。
5. 建立一个积极的团队和家庭精神。

Zappos既要塑造企业文化，又要在塑造企业文化的过程中使公司形象更透明并且更具人性化。这个定位非常明确，Zappos的员工还可享受免费的午餐，不用为食物售卖机付款。公司还有图书馆、小睡室，以及免费的卫生保健。员工把公司当作生活的一部分，他们的回头客也高达75%。有很多创业企业和小企业都可以从Zappos学习到很多，Zappos还鼓励员工个性化地提升个人魅力，热情、幽默、活泼、冷峻，但最终的目的是将企业文化生动地传递给社会。

因此，如果要建立能吸引人的企业，保持员工和客户的忠诚度，创建自己独一无二的企业文化是优先要做的。

伟大的管理学家杜拉克有句名言：“管理不只是一门学问，还应是一种‘文化’，它有自己的价值观、信仰、工会和语言。”许多企业之所以失败，就是忽视了企业文化的重要性。企业就像人一样，要有自己特有的性格、风情和生存理念，一个没有企业文化的企业就像一个没有个性的人，别人不会注意它，它自己也不会有什么惊人之举。

所以说企业文化就是企业生存和发展的“元气”，是企业核心竞争力的动力之源。在如今瞬息万变、危机四伏的商业竞争中，鲜活清晰的企业文化是一个企业永续经营的中流砥柱，也是企业基业得以常青的重要保证。

美国著名历史学家戴维·兰德斯曾说过：“如果经济发展给了我们什么启示，那就是文化乃举足轻重的因素。”一个优秀的企业文化对构建和提高企业核心竞争力具有不可低估的影响力及推进力。在商场上，虽然短短数十寒暑就能使沧海变桑田，但企业的文化基石是一个企业永续经营、历久弥新的关键。

3 管理无法触及的地方可以靠企业文化解决

从某种意义上来讲，企业文化是企业的大脑和潜意识，是企业竞争力和活力的源泉。没有一定的企业文化做支撑，一般的中小企业将很难做强做大。像企业管理，只是对企业的生产经营活动进行计划、组织、指挥、协调和控制等，财务管理也是其主要内容之一。管理能让企业的运营更加顺畅，但如果没有企业文化的精神支柱，一旦遇到困难或阻力，便会像一盘散沙。因此在管理无法触及的地方，还要靠企业文化来解决。一个企业要是没有形成一种积极的企业文化，对内将缺乏凝聚力，对外也无法从根本上形成、提升企业形象，因此很难拥有长久的生命力和核心竞争力。

企业文化与企业长期经营成果有着极强的相关性，优秀的企业文化会对企业的生存与发展产生统一、激励、协调、约束、塑造形象等作用，向社会大众展示了企业高尚的精神风貌，从而为企业塑造了良好的整体形象，扩大了企业的无形资产。

洛杉矶的“追梦人”集团公司，是一个专门从事珠宝、首饰的生产、加工的企业。他们对企业文化的理解与重视，到了一个很高的高度。从创业初期的30多平方米的作坊式小工厂，发展到如今有16家子公司的大中型私营企业集团，并获得了讫今为止首饰界唯一的“驰名商标”称号。面对如此骄人的成就，“追梦人”集团的总经理耐克·曼狄若说：“除了严格的管理制度，最主要的功劳应归功于公司的企业文化——‘以诚治企’。”

在创业的过程中，“追梦人”也曾遇到过困难，但不管在什么情况下，“追梦人”公司都十分注重自己特有的文化理念。在企业的低迷期，大家都萎靡不振的时候，“诚则成业，随则毁业”的企业文化把大家凝聚在了一起。追梦人集团时刻都体现了对企业文化和团队精神的重视，大到公司决策，小到帮助普通员工建立理财观念，并自上而下地在集团内部实施企业文化的塑造和整合。

阿里巴巴的前总裁马云曾说过“企业的文化氛围是可以用鼻子‘闻’出来的”。

一个企业“文化氛围”的好坏，与竞争力的高低成正比。无论一个企业内部的管理制度有多“高超”，如果没有制造与维持良好“文化氛围”的能力，那就很难成为最后的那个胜利者。因为无论一个企业表面上看来有多井井有条，整齐有序，但这毕竟只是“表象”，要想真正进入到企业的核心、员工的内心，还得靠企业文化。否则，只会像一个表面看起来香甜可口，其实内部早已烂透的苹果。

进入21世纪后，文化制胜已成为众多企业的共识。从某种意义上讲，没有及时建立起企业文化，是企业的一种损失，没有科学地利用企业文化，是企业的一种浪费。对于任何一家企业而言，企业文化都是“事关生死”的重大课题。

美国的麦肯锡公司在对全球增长最快的30家企业进行跟踪研究后，得出结论：世界500强胜过其他企业的根本原因，就在于这些企业善于为自己的企业文化注入活力，特别注意团队协作精神、以客户为中心、平等对待员工、激励与创新等企业核心价值观的培育与改善，从而形成企业的文化力，以保证企业长盛不衰。

这一结论说明了企业文化在企业经营和经济发展中的重要作用，这是管理所达不到的精神层面。

另外，调查发现，1983年年初名列《财富》杂志世界500强排行榜的公司，有三分之一已经销声匿迹。也就是说很多大型企业的平均寿命不到40年。根据中国企业联合会对1000家企业的调查所得，自认为企业文化已经形成的企业只占41.09%，中小企业平均不足30%。真正注重企业文化建设的公司凤毛麟角，这充分凸显了很多企业文化缺位而导致的企业生存困难、竞争力低下。

企业文化所制造的氛围，给全体员工带来的文化教育素养是管理所触及不到的。因此，一个企业能否持续地发展，仅靠管理还不行，关键还在于有无良好的企业文化。

通用电气前董事长杰克·韦尔奇把一个历史悠久的工业帝国，变成了一个充满朝气和活力的公司，他还因此获得了“世纪经理”的美誉。杰克·韦尔奇开创了一种独特的“无边界”的管理模式，帮助许多工业帝国摆脱了长寿企业易患的诸多顽疾。然而这诸多的管理与改革就像一棵大树，而为其提供养分和支撑固定作用的根系，在杰克·韦尔奇看来则是企业文化。杰克·韦尔奇曾说："资产重组可以一时提高公司的生产力，但若没有文化上的改变，就无法维持高生产力的发展。"

对一个企业来说，想做强、做大，建立强大、天衣无缝的管理制度无可厚非。管理也许能在实际经营中，保证产品质量，保证销售业绩，但却无法了解员工的生活和想法。而如果员工无法对企业产生归属感和亲密感，最终只会使得企业的成长停滞不前，阻碍了企业的长远发展。因此在很多时候，还要靠企业文化来整合企业内部。

企业文化是一个企业兴衰的关键因素，但是由于种种原因，经营业绩不佳的企业，其企业文化对企业管理存在着负面作用。最为重要的原因在于这些企业文化会对企业采用必要的新型经营策略或经营战术的行为产生抵触，因此在这个日新月异的世界里，企业文化是要随着企业的管理、市场的发展而变化的。被称为文化之王的 David 博士曾说：记住，在所有公司里已经有一个文化，但可能不是你想要的，文化常常被默认。如果你想创建一种给员工赋能、带领你公司成功的独一无二的企业文化，转变你已有的文化是一个巨大的开始。

4 公司一定要有核心的价值观，才能一统人心

被誉为"世界第一 CEO"的杰克·韦尔奇说："价值观是引领人们到达目的地的行动准则。"

到底什么是价值观？企业价值观是一个企业的精神灵魂，它指的是企业决策者对企业性质、目标、经营方式的取向做出的选择，是员工所

接受的共同观念。它应是企业员工所共同持有的，是支持员工精神的核心所在。同时，企业价值观也是把所有员工联系在一起的纽带，是企业生存发展的内在动力。因此，企业一定要有核心价值观，才能一统人心，将企业领向成功。

著名经济学家于光远说过这样一句话：核心价值观是企业第一核心竞争力。因此，不管市场如何变化，产品如何过时，新技术怎么涌现，管理如何万变，一个优秀的企业，它的核心价值观一定不会变，它是企业存在的理由，是企业在追求经营成功过程中所奉行的终极目标。像海尔公司，它的企业核心价值观就是“真诚到永远”，IBM 则把“最佳服务精神”，也就是为顾客提供世界上一流的服务作为最高的价值信念。还有很多企业，其价值观可能无法用语言来表示，但总体来说，价值观是能够反映一个企业的基本特征，能够统一员工的心，能够把企业的经营态度提升到一个高度的东西。

有些人认为价值观是很虚的东西，很抽象，所以可有可无。和制度不同的是，价值观体现的是一种精神，它对一个企业来说其实有着很实质的意义。

（1）它是统一员工关系的基石

只有在思想价值观上统一认识，企业内部才容易形成协调融洽的人际关系。员工之间团结友爱，相互体贴，减少矛盾纠纷，才能形成无懈可击的群体。而企业员工只有在价值观思想上统一后，才能彼此产生共鸣，喜乐忧患相共，这无疑是统一企业人际关系的一个重要标志。

（2）协调人际关系的核心

平等友爱，互助互利，是人际交往的原则，所以在企业内，一个领导者不仅要极大限度地调动员工的热情和主动性，还要通过价值观利益上的互动和协调，创造条件，相互满足各自的需要。如若只讲索取，不谈奉献，就难以建立起良好的人际关系。

（3）实践一致的保证

要想员工服从命令，听从指挥，步调一致，还得在价值观上实现统一。员工只有在思想价值观上达成一致，才能形成一个团结融洽的企业群体。

无数例子证明，企业价值观建设的成败，决定着企业的生死存亡。因而，一个成功的企业都很注重企业价值观的建设，并要求员工自觉推崇与传播本企业的价值观。海尔集团的张瑞敏在 1984 年企业亏损 147 万后，首先提出的就是企业文化先行、企业理念先行的发展步骤。有了企业核心价值观的引导和贯彻，才成就了今天的海尔。

舒尔茨是老星巴克的市场经理，1983 年，他被派到意大利去参加一个展会。舒尔茨早早地来到宾馆旁的咖啡吧，他发现意大利的咖啡店和星巴克不一样，他们只向客人出售现做的新鲜咖啡。只见咖啡师傅一边磨咖啡豆、蒸牛奶，一边友善地与顾客聊天。这引起了舒尔茨的极大兴趣，经过调查，他发现意大利有 20 多万家咖啡店，每隔一条街道几乎就有一家，但所有的咖啡吧都很受欢迎。他突然感受到：咖啡是一种纽带，咖啡馆是人们情感交流和休息聊天的“第三空间”。

他坚信这种全新的咖啡文化必将成为休闲时代的潮流，也必将改变美国。他抱着全新的价值观，决定从本质上改变星巴克。回到美国，于 1986 年，舒尔茨的第一家咖啡店开张，仅一年就开了 3 家分店，且年销售额均达到 50 多万美元。在他伟大梦想的支撑下，在他核心价值观的衬托下，星巴克快速前进，在 1992 年已经开了 53 家店，成了美国社会生活的一部分。

到了 21 世纪，舒尔茨倡导的咖啡精神，已成为一种风靡全球的咖啡文化。

星巴克的巨大成功，与舒尔茨选择了正确的价值观不无关系。他对人们生活文化发展趋势的洞察，对核心价值观的准确把握，使他在短短的20年时间里便打造了一个遍布世界的咖啡王国。

美国管理学家彼得斯和沃特曼在对一些成功的知名企业做了深入的考察后发现，基本上所有的优秀企业都很清楚它们主张什么，并认真地建立和形成了公司的核心价值观。一个企业，如果缺乏明确的价值观或价值观念不正确，那就很难获得经营上的成功。对于那些建立了核心价值观的公司来说，共同的价值观决定了企业的基本特征，它不仅在高级管理者的心目中存在，而且在公司绝大多数员工的心目中，也是企业经营运作和调节的文化内核。核心价值观应该是企业统一人心的基础，也是企业追求成功的精神动力。

既然核心价值观决定着企业竞争组织的灵魂，那么该如何去缔造核心价值观，以及如何让价值观在员工之间被互相接受和传递，从而产生最佳效果呢？

（1）企业领导人要通过言传身教来树立统一的核心价值观，因为员工的企业价值观并非天生的，需要企业不断灌输与宣传，在经过潜移默化的渗透后，员工才能逐渐接受并认同企业价值观。在这个过程中，就需要企业领导人做好倡导与宣传，借此深化员工对价值观的认识。

（2）通过演讲，教会员工如何思索企业的价值观，并引发员工描述价值观的内涵。

（3）同员工一起找出外显的企业价值观，这样会让员工更加深入地了解企业的核心价值观所在。

（4）健全配套机制，将企业核心的价值观渗透到日常经营管理过程中的每一环节。

（5）塑造企业精神。每一个成功的企业都有自己的企业精神，核心价值观和企业精神是相辅相成的，企业精神包括了一个企业所应有的传统、时代意识、基本信念和理念。

（6）归纳价值观。核心价值观必须有非常清晰、具体的定义，同时还应该表述准确、简洁，不会引起员工的误解。如三一重工的核心价值观是：品质改变世界。几乎所有员工都能够理解。

5 让员工看到企业的愿景，他们才会永葆激情

企业愿景是什么？就是企业想做的事，是企业希望为之奋斗并努力达到的图景，它是一种意愿的表达。企业的愿景其实就是企业的梦想，不仅描绘了令人向往的未来，还可以团结人心、调动人的积极性，为实现企业目标而奋斗。它可以说是企业战略的方向舵，是企业生命体中熊熊燃烧、永不泯灭的希望。

因此要让员工看到企业的愿景，他们才会把这幅美丽的蓝图当作自己的梦想来实现。需要注意的是，共同愿景不是为员工们搭建的一座“海市蜃楼”，而是一种目标，一种能把员工和企业的命运牢牢拴在一起的绳索。所以企业愿景的建立不可太过超前，因为市场变化多端，无时无刻不在考验着企业管理者的经营智慧。于是，愿景就像企业头上的紧箍咒，太紧便成了企业战略文化中虚弱无力的口号标语，太松就无法让员工保持激情和力量去奋斗。因此，企业愿景要随着环境的变化和资源的状况灵活改变。

管理学大师彼得·圣吉在《第五项修炼》中把“共同愿景”作为企业的五项修炼之一。通过大量的研究和论证，彼得认为在人类的群体活动中，很少有事物能像共同愿景一样激发出这样强大的力量。这就是

企业要寻求和建立共同愿景的目的之一，它就像远方的一座灯塔，始终导引和昭示着员工前进的方向。

马丁·路德·金为了替全美国的黑人争取人权，发表了一篇著名的演说《我有一个梦想》：

我梦想有一天，这个国家将会奋起，实现其立国信条的真谛："我们认为这些真理不言而喻——人人生而平等。"

这是马丁·路德·金的一个愿景，这个愿景不但感召了很多的美国黑人，同样感染了很多的美国白人，使他们投入到这场人权运动中。

可见，愿景有很大的感染力，能让一个人充满激情，愿意为之奋斗到底。

如果把企业视为一个生命体，那么愿景就是其崇高的企业之魂。就好比人与希望的关系一样，人若没有了希望，也就失去了方向。当一个企业把愿景放大，成为全体员工共同的愿景时，企业就有了灵魂，并能在无形中迸发出鼓舞人心的力量。

美国管理学家加里·胡佛，毕生在研究如何建立成功企业。在历经30多年实践与研究后，他在《愿景》一书中明确指出：伟大的企业之所以伟大，是因为它们能够看到别人看不到的东西，将洞察力与策略相结合，描绘出独一无二的企业愿景。

由此可见，愿景于企业有多么重要。作为崇高的经营信念，愿景值得所有的企业重视和培育，而且，越是在市场低迷期，越是企业理性思考未来，建造愿景的最佳时期。因为在危机面前，没有什么比让员工从今天的战略中看到明天的希望、愿景，更能绽放出耀眼的光芒。

我们都知道海尔是中国在世界上最有竞争力的品牌之一，但是你可能不知道的是，海尔曾是由一个亏损147万元的集体小厂，经过多年的努力才发展成为如今年赢利亿元的中国第一家电品牌。而这一切，主要来源于海尔管理层向员工展示了他们共同的愿景，让所有员工有了一个明确的目标。

1985年，海尔董事长张瑞敏在一次质量检查时，发现电冰箱中有76台不合格，按照当时的销售行情，这些电冰箱其实稍加维修便可出售。但是，张瑞敏却当着全厂职工的面，将76台电冰箱全部砸毁。当时一台冰箱800多元钱，而职工每月的平均工资只有40元，一台冰箱几乎等于一个工人两年的工资。很多职工在砸毁冰箱时都流下了眼泪，他们都感受到了这是一笔很大的损失。通过这种非常有震撼力的场面，改变了职工对海尔公司的看法。

之后，张瑞敏便提出了：把质量做到极致，有缺陷的产品就是废品。并把这个目标当作整个工厂和所有员工的目标。这其实就是一个共同愿景，这样的愿景很明确地表达了海尔人的共同方向。

从海尔的成功例子中我们不难发现，一个共同的愿景，就是为企业和员工量身定做的通往成功的大路。在后来，张瑞敏更是提出了"敬业报国，追求卓越，做行业中第一"的口号，无论是普通的生产人员还是高技术人才，在张瑞敏这句充满鼓励的话语中，感觉到热血澎湃，海尔人在这一激励下不断努力，做成了如今世界500强的大企业。海尔取得成功后，有一些外企试图从海尔挖人才，有个老员工谢绝了许多外企的高薪聘请，坚定地留在了海尔，他解释说："海尔给了我一种信仰，一幅能看到民族工业明天的愿景蓝图，我为自己是一个海尔人而自豪！"

这就是愿景的力量，它让人心怀憧憬、永葆激情，产生无穷动力。因此一个企业领导人，一个成功的团队领袖，首先要做的就是一个造梦者，给大家描绘一幅美好的愿景，并依靠梦想保持大家的激情，引导大家前进。

当然，愿景的建立并非那么随意，它既要让人心驰神往、激情不退，还要切合实际。总的来说，共同愿景要满足以下几个特点：

（1）不能靠命令，不能靠规定

不断的强势宣传、任何强迫和勉强性的举措，只会使结果适得其反。因为建立共同愿景不是为解决某一具体问题，而是为调动大家的使命感和积极性。

（2）不能抽象化，要形象化

一个企业提供的愿景不能太抽象，否则就成了“水中月，镜中花”。

（3）要产生共鸣，要有感染力

如果一个企业信誓旦旦地说要成为世界最大的公司，这对员工的感染力是不够的。而如果换种说法，告诉员工他们将在世界上最大的公司上班，将在世界上环境最好、设备最完善的办公大楼里上班，那么他们肯定会激情澎湃。

愿景，就应该是企业领导引领员工的旗帜，也是员工追随企业的精神动力。因此描绘一幅美好的愿景，让员工永葆激情，是企业领导需要做好的一件大事。当企业的共同愿景成为员工真心追求的个人目标后，那么这个愿景就能牵引着企业乘风破浪，最终抵达成功的彼岸。

6 企业文化的首要目标是：增强员工凝聚力

作为一种行为规范和精神力量，企业文化影响着企业的核心竞争力，是企业管理的一面镜子。我国著名经济学家于光远曾经说过：“社会进步的基础是企业，企业发展的关键是改革，改革深化的方向是自主，自主经营的依靠是文化。”这句话阐述了企业在社会发展中的地位和关键问题，企业文化在企业建设发展中起着重要的作用。企业文化的目的是要使全体员工对本企业的企业目标、准则和观念产生认同感和归属感。因此企业文化的首要目标就是增强员工的凝聚力。这样才能使员工产生出对本职工作的自豪感和使命感，自觉接受文化的规范和约束，充分激发和调动全体成员的积极性和创造性。

说到底，企业凝聚力是一种能够使员工团结在一起、互相信任、相互协作的力量。众所周知，假如一个企业人心涣散，其发展必不会长久。时下，有很多人把企业人才流失严重的原因归结为：薪酬与同类型企业相比不具有竞争力。但是较高的薪酬仅仅只是企业留住人才的必要条件之一，而较强的企业凝聚力，才是真正使员工紧紧围绕着企业目标，精诚团结、互相信任、互相协作，并在企业内部形成一种积极向上、团结有力的工作氛围的原因。

那么如何判断一个企业内部是否缺乏凝聚力呢？一般来说，员工的表现如下：

（1）没有把心思和精力用在工作上，表现出懒散、敷衍的不良习气，考虑个人得失，攀比待遇。

（2）不遵守规章制度，执行力较差，工作效率低下。

（3）缺乏职业愿景，没有长远的职业规划，缺乏上进心和工作激情。责任心不强，抱着做一天和尚撞一天钟的态度混日子。

（4）对企业文化缺乏认同感，对企业不够热爱，对工作的前景没有安全感，一旦有机会就频繁跳槽。

在市场经济条件下，企业的凝聚力在一定程度上决定着企业的命运。有人是这样评价沃尔玛强大的凝聚力的：“沃尔玛公司的迅速崛起，主要取决于沃尔玛内部的团结与和睦。沃尔玛团队的发展就像刚喷发的火山口一样，气势非常凶猛。”毋庸置疑，强大的凝聚力是一个企业基业常青的核心因素，也是战胜竞争对手的有力武器。那么一家企业如何增强员工的凝聚力呢？归纳起来有以下几点：

（1）激发员工的认同感

优秀的企业文化所营造的人文环境，对员工的吸引力，是其他事物无法比拟的，因为它弘扬的是一种精神，打动的是一颗心。增强员工的认同感，是希望在员工和企业之间，建立起一种互动相依的关系，最终使员工依恋并热爱自己的企业。只有员工认同了企业文化，把自己与企业融为一体，才能对企业和工作产生高度的责任感，如此当个人利益与企业利益相冲突时，他们才能顾全大局。

（2）优厚合理的待遇能增强企业的吸引力

影响人才流动的因素有很多，经济因素是其中重要因素之一。收入的多少，不仅体现为一种物质，更重要的也是对一个人价值的肯定，使员工获得自我满足感。体贴的福利待遇不仅能使员工感受到企业给予的温暖，而且还能增强员工对企业的依赖。但是，纯粹的高收入也许能暂时吸引住人才，却未必能长久留住人才。早在两千多年前，孔子就说过："丘也闻有国有家者，不患寡而患不均，不患贫而患不安。""均"，更多体现的是公平。历代农民起义大都以"均贫富"为口号、宗旨来聚拢人心，所以提高员工对薪酬的满意度还不够，关键还在于收入分配的公正性、合理性和激励性。

（3）以人为本，做到人性化管理

要增强员工的凝聚力，必须建立起以人为核心的管理模式，实施亲情教育，注重企业文化建设，增强员工的团队意识，让员工与企业同呼吸。一个企业只有尊重、信任和关心每个员工，才能让员工更有责任感，主动做好本职工作，才能保证全队的凝聚力，才会发挥其主动性和积极性。以下几点建议不妨作为参考。

首先，可以为员工提供一个发表意见、交流心声的园地。可以办一个内刊，或是多开交流会议，让领导和员工共聚一堂，总结过去的经验，规划未来的发展。让所有员工一同参加，可以解除他们的心理负担，从而将自己真实的想法坦诚地说出来，使公司领导能真实地把握员工的心理动向，从而寻找管理上的差距，强化对员工的管理。

其次，对员工的好、坏动向了如指掌。在员工过生日或逢其他喜事的时候送上一束鲜花或给予其他物质祝福，都会让员工深切感受到公司家庭般的温暖和真情；在员工遇到困难的时候，让大家一起想办法帮忙，既让受难的员工记住这份恩情，也能增强员工之间的团结力，这比空洞的说教更具说服力。

再者，进行人性化“批判”。每个员工都难免会犯错，对于工作出现失误的员工，要采取帮教、警示、自我检查等形式进行教育。要晓之以理，动之以情，而不是大声训斥。员工受到了尊重，自然会反省自己的错误及后果，保持做好本职工作的热情。

（4）以事业激励人，为员工提供广阔的发展空间

许多员工都希望能有一个充分施展自己才能的机会，更希望能有一个能用自己的主动性和创造性充分挖掘和发挥的工作空间。如果公司愿意给员工搭梯子，提供充分的上升空间，使员工的个人能力和素质随着公司的发展而成长，那么公司与员工的相互认同感就越高，凝聚力也就越强。可以鼓励员工参加继续教育，尽可能地使其获得各类证书，对于成绩优良者给予一定的奖励；也可以建立统一的培训基地，分期派员参训；为鼓励员工向更高层次发展，对作出突出贡献的员工，公司还应给予一定的奖励。

7 企业文化五步创建法

20 世纪末，企业文化逐渐成为企业界最为关注的名词，建设企业文化便上了大大小小企业的议事日程。企业文化可以说是一个企业基业常青的重要基因之一，而实现这样的文化则是这个企业的最高目标，也是一种“信念”的实现。企业文化的力量究竟有多大？管理学经典名著《企业文化与经营业绩》中这样说道：“企业文化对企业的长期经营业绩具有重大影响，很有可能在下一个 10 年成为企业兴衰的决定因素。”

面对铺天盖地的有关企业文化的文章和理论，又如何为建立企业文化开出一剂易于操作的良方呢？简单来说，分五步：

第一步：创造一个好的价值观

价值观是让局外人了解企业的一个媒介，因此企业内所创建的价值观应该让每个员工都能理解和认同。一个企业的价值观会指导员工未来做事的方式，因此培养正确的价值观是增强企业凝聚力的法宝。所以要创造一个好的价值观，让整个企业都能拧成一股绳，让团队成员为之共同奋斗。

举个例子：

三星 70 多年来始终坚持的核心价值观只有简短的 12 个字：“事业报国、人才第一、合理追求”。

三星“事业报国”的价值观是由外界环境所决定的。三星创始之初，韩国正处于战乱时期，战争给国民的生活带来了很多苦难，于是三星创始人便下定决心发展自身所从事的事业，立志为韩国经济的发展作出贡献。

而“人才第一，合理追求”的理念，是三星的核心价值观，是三星一贯坚持的原则。如三星创始人所说：“我毕生80%的时间都用在了积聚和培训人才上。”

员工是企业最熟悉且关系最密切的“消费者”，因此企业必须向他们展示真实可信的价值观，要像吸引消费者一样引起员工对企业价值观的关注与兴趣。因此，价值观可以从企业自身的特点出发，带有既符合时代要求又个性鲜明的企业文化，或者借鉴和吸收国外企业文化的先进成果。

但企业建立的核心价值观必须是企业独有的、不可替代的价值观。也就是说，它应该是企业内部长期积累而来的东西，它需要融入到企业的肌体和血液中。核心价值观表面上看起来是“虚”的，其实是“实”的，它是指导公司员工共同行为的一个准则。如果它不能深入到员工心中，无法影响员工的行为和处事态度，那么这个企业将面临着倒闭的危险。当然，核心价值观一般要精练，一般不会多于5~6条。

如恒生银行的核心价值观是“服务至上，客户第一，视员工为最重要的资产，取诸社会，用诸社会”。

德意志银行的价值观是“业绩、创新、以客户为中心、团队合作和诚信”。

因此在企业里多观察一下，看看现在的企业价值观是什么。如果不是你想要的，不能带领企业和员工走向成功，那就该好好创建一条能引导企业和员工向上的价值观。

第二步：塑造一个企业精神领袖

一个好的团队，也必须有一个好的领导者。一个企业要想做大，就必须要塑造一个精神领袖。精神领袖可以说是整个企业的精神向导，是能够给予员工精神鼓舞的人。他并非一定是企业的最高领导，他可以是个普通员工，平民偶像。只要能够给予员工精神上的鼓励，带领他们向更好的方向发展，这就足够了。

树立一个优秀的领袖人物，可以让所有的员工受到切实的影响。因此一个精神领袖应该具备的特点有：优秀的人格魅力、高素质修养，以及宽广的胸怀和宽阔的视野，如果是企业的领导，那还得具备优秀的经营思想和管理理念，要能轻易说服和打动员工接纳其观点，让员工心存敬仰。要想打造一个优秀的企业文化，一个能够带领员工实现这一目标的精神领袖就必不可少。树立一个典范和英雄，是为了更好地实施和贯彻企业文化，让每个员工都有一个可以学习的榜样。

第三步：全方位参与建立起共同愿景

有什么样的企业文化，就会展现出什么样的企业；企业朝着什么样的方向发展，便会创建什么样的企业文化。因此，企业内部一定要建立起员工对企业未来发展的美好愿景。

例如海尔的创始人张瑞敏，他之所以能够把企业做强做大，靠的就是畅通无阻的企业文化传播渠道，他让这个企业大家庭中的人建立起了一个共同的愿景。然后将整个企业拧成一股绳，积极地朝向这一共同愿景努力奋斗，之后才将企业做成了一个跨国的大公司。

因此，企业文化实现的关键还在于建立起企业文化的共同愿景，提炼出来的共同愿景既要让员工乐于行动，也要让他们充分理解。

第四步：建立合理的规章制度

一个企业若没有好的规章管理制度，就会被污染，容易造成“企业生态危机”，即使企业文化再完美也难以实现。因此，建立一个合理的规章制度，是创建、实现企业文化的前提条件之一。任何一件事情都会有其负面，如果没有规章制度的话，人们就容易犯错，建立合理的规章制度就是为限制某些不合理行为。制度的内容应该是规范、程序性的，并能够成为全体员工的自觉行为。如员工行为规范、公共关系规范、服务行为规范、危机管理规范、人际关系规范等。

第五步：打造品牌物质文化

企业文化不仅包括内在的精神文化，还应内外并举，塑造品质超群的产品形象，打造物质文化，使之具备独特的技术特色和产品特色。树立企业良好产品形象，还要从品牌、科技、质量、服务、外观设计、包装等方面着手，使企业的文化建设与企业形象相统一。物质文化是一个企业的显象文化，是集企业环境、条件、设施等物质要素的总和，它能较为直观地表现出一个企业的文化氛围、精神风貌和管理水平。若一个企业的员工能够像爱护自己的眼睛一样爱护企业的品牌文化，那么这个企业就算成功了一半。

良好的企业文化是一个公司生存的根本，它能够使员工更积极努力地进取，也为企业的可持续发展奠定了坚实的基础。

第十一章

企业家天天想的，就是危机在哪里

古人说："居安思危。"指的是处在安乐的环境中，要想到可能有的危险。优秀的企业家就是这样想的，他们天天想的就是危机在哪里，然后尽快找出来。马云曾经说过："公司内部有问题是个好现象，有些东西也许今天没事但是可能今后会成为癌症，作为企业家，在内部不断关注癌症的癌变，这很痛苦。你如果能够真的找到癌细胞了，那你也是顶尖人物，今天马云不是顶尖人物，但是天天在关注。"由此可见，保持危机意识，经常思考企业可能存在的危机是企业家应尽的职责。只有这样，才能让企业巨轮减少在汪洋中沉沦的可能性。

1 “泰坦尼克号”是在欢呼声中沉没的

伟大的思想家、教育家孟子曾经说过：“生于忧患，死于安乐。”在安逸、顺利的环境中，如果不懂得居安思危，没有觉察危机的敏锐双眼，就可能“突然”死于非命。这里说的“突然”看似是偶然，实则是必然。因为危机就在那里，是你没有发现，如果你能发现，及早排除危机，那么就能免于死亡。

企业在发展过程中，就如同一艘游轮航行在茫茫的大海之中，市场环境就如海浪翻腾不止，危机就如同隐藏于水中的冰山。作为企业管理者，作为游轮的掌舵者，如果你发现不了冰山的危机，那么这就是你的失职。

众所周知，“泰坦尼克号”是在欢呼声中出海的，在船长、船员们的高度放松下，在全体乘客疯狂的放纵时，一座巨大的冰山突然出现在眼前，泰坦尼克号躲避不及，撞上了冰山，然后沉没在大海中。由此可见，居安思危并非危言耸听，而是有着非常重要的现实意义。在这方面，企业管理者不妨向日本人学习。

日本人生活在一个地震多发的岛屿上，陆地面积有限，人口众多，这些现实因素不得不促使他们居安思危，奋发图强。即便在经济繁荣的今天，日本人依然保持强烈的危机意识。日本曾拍摄了一部名为《日本沉没》的大片，影片大胆地设想：由于太平洋大陆板块的移动，日本大陆将会被拖到太平洋，并且会在一年之内沉入太平洋。面对即将消失在地球上的这一残酷现实，日本人到处寻求别国接纳，但是他们被拒绝了。绝望的日本人最后想到了一个办法，他们将海底3000多米深的大陆板块炸断，保住了部分日本岛屿。

站在日本人的角度想一想，看完这部影片会有怎样的心情，那是一种世界末日即将来临的感觉。日本人之所以拍摄这部影片，其意图非常明显，他们不是为了炫耀自己的电影水平，而是为了激发出日本人的危机意识，增强他们团结、互助、互爱的精神。

相比之下，我们国家可能没有哪个导演敢拍摄这类题材的影片，我们的愿望是一直生活在盛世太平的环境里。如果有人提到危机，马上被呵斥："闭上你的乌鸦嘴，能不能说点吉利的话?"这种现象同样存在于企业中，很多企业管理者愿意听同行说好话，希望员工报喜不报忧，这种心理对经营企业来说是非常可怕的。

在中国食品行业，提起三鹿集团，很多人都耳熟能详。它曾入选中国食品工业百强、中国企业500强，企业先后荣获的省级以上的奖项多达200余项，比如，全国"五一"劳动奖状、全国轻工业十佳企业、全国质量管理先进企业等等。

2006年，三鹿集团入围《福布斯》评选的"中国顶尖企业百强"乳品行业，而且位列榜首。当年经中国品牌资产评价中心评定，三鹿集团的品牌价值高达149.07亿元。2007年，三鹿集团被国家商务部评为最具市场竞争力品牌。"三鹿"商标被认定为"中国驰名商标"，其产品在全国31个省、市、自治区畅销。

然而，就是这样一个中国乳制品行业的巨无霸，在2008年奥运会之后，瞬间崩塌。原因相信你也猜到了，那就是2008年8月13日，三鹿集团的奶粉被查出含有三聚氰胺污染物质，导致三名婴儿死亡，数百名儿童患上不同程度的泌尿系统病变。当年12月份，三鹿集团被北京三元集团收购。一个曾经灿烂辉煌的企业，以一种丑陋的形象消失于公众的视线，消失于消费者的心中。

在企业发展一帆风顺、战果累累的时候，三鹿集团因没有危机意识，不注重产品质量而迅速消亡，这不得不叫人深思。法国剧作家、小说家巴尔扎克曾经说过一句耐人寻味的话：“一个商人不想到破产，好比一个将军永远不预备吃败仗，只算得上半个商人。”这句话对企业管理者保持危机意识不乏启发意义。

企业没有危机感，这是最大的危机。不论企业是否强大，危机无处不在、无时不有。任何危机的爆发，都不是偶然的，都不是突然的，它在爆发之前往往会潜伏一段时间，给你觉察它的机会。如果企业管理者没有危机感，就不可能把危机的征兆放在眼里，即便看到了不良的征兆，管理者压根儿也不会往不好的方面想，这就是没有危机意识的危害。

科学家曾做过一项实验：在一口大锅里盛满凉水，再把一只青蛙放进去。然后，用小火慢慢加热，水温渐渐上升，但是青蛙没有感觉到，它一直在水中欢快地游动。当水温增高到青蛙无法忍受的温度时，青蛙的游动渐趋缓慢。再后来，水温进一步升高，青蛙无力挣扎，慢慢地又安乐地被煮死在锅里。

后来，科学家又做了一项实验：把一只青蛙放到盛满沸水的大锅里，青蛙一入水，便立刻感觉到环境变化，迅速挣扎跳跃，最后跳出了大锅。虽然皮肤被烫伤，但是它逃脱了被煮死的命运。

同样是青蛙，它们的命运却不同，这告诉我们：在时刻变动的环境中，觉察不到危机才是最大的危机。如果企业管理者像第一只青蛙那样，对外部环境的变化失去察觉、浑然不知，企业就会在危机面前无力应变，最终会被市场淘汰。

所以，作为一名有远见、有责任、有担当的企业家、管理者，你一定要将危机意识灌输给全体员工，让全体员工都保持忧患意识。当企业经营中出现问题时，一定要引起重视，并从中察觉危机的存在，然后制定相应的危机处理机制，争取把危机消除在萌芽状态。

2 时刻提醒自己“狼来了”

寒冷的冬天，一个长工饿极了，就偷吃了东家的食物。结果东家发现了他的举动，把他的衣服全部脱掉，然后将他绑在磨坊里，想将他冻死。第二天东家来到磨坊，看到了让他吃惊的一幕：长工没有被冻死，他在那里挥舞着两只胳膊，赤裸的身上流淌着汗水。东家被长工的行为惊呆了，于是把他放了出来。

原来，长工被绑起来之后，内心十分恐惧。他想逃跑，但是试了之后发现逃不掉，而且即使逃掉了，外面冰天雪地的，也会被冻死。怎么办呢？长工想：我不能死，也不能睡着，睡着就被会冻死，我要活下去。于是他想到了推石磨，因为推石磨会全身发热，这样可以御寒，最后他成功了。

在困境中，长工知道危机就在眼前，只要睡着就会被冻死。于是，他不停用危机提醒自己，并产生了强烈的自救意识。最后，他找到了一个创新性的抵御寒冷的办法。

其实在经济寒冬中，企业也应该像长工一样，不断地用危机提醒自己，告诫自己：如果不想出求生之道，就会死在经济寒潮中。当然，即使企业没有遭遇经济寒潮，也应该时刻提醒自己“狼来了”。因为在危机面前，人人都知道自我保护，而在顺境中依然能保持忧患意识，才是企业管理者最应该做的事情，能做到这一点的管理者才是最值得钦佩的。

在这里，我们想起了儿时的寓言《狼来了》，相信每个人至今都对它有印象。故事中放羊的小孩因多次用狼来了“忽悠”别人，等到狼真的来了时，他却不被信任，得不到别人的帮助，最后他的羊被狼全咬死了。很多人都知道，这个故事是用来教育孩子诚实、不撒谎的，但是今天在这里，我们用这个故事是想说明另一个问题：时刻提醒自己“狼来了”，告诫自己保持危机感，绝不因现有的成绩而沾沾自喜。

作为企业的经营管理者，你是否知道企业有一天会被危机吞噬呢？如果你有这样的意识，不管危机离你有多远，从现在开始就着手准备，那么就能很好地应对危机、战胜危机。

2000 年，华为集团的全年销售额高达 220 亿元，利润高达 29 亿元，在全国电子百强企业中位居首位。在这个春风得意的时刻，华为的总裁任正非却大谈危机和失败，难免让人有些“扫兴”。

任正非经常说：“公司所有员工是否考虑过，如果有一天，公司销售额下滑、利润下滑甚至会破产，我们怎么办？我们公司的太平时间过得太长了，在和平时期升的官也太多了，这也许就是我们的灾难。泰坦尼克号也是在一片欢呼声中出的海，但最后沉没，而且我相信，这一天一定会到来。面对这样的未来，我们怎样来处理，我们是不是思考过。我们好多员工盲目自豪，盲目乐观，如果想过的人太少，也许危机就快来临了，居安思危，不是危言耸听。”

“华为公司老喊狼来了，喊多了，大家有些不信了。但狼真的会来了，今年我们要广泛展开对危机的讨论，讨论华为有什么危机，你的部门有什么危机，你的市场有什么危机？还能改进吗？还能提高效益吗？如果讨论清楚了，那我们可能就死不了，就延续了我们的生命。”任正非如是说。

正因为华为的管理层及全体员工有强烈的危机意识，他们才能在企业高歌猛进的发展阶段依然能够发现自己的不足，促使公司不断创造突破性的发展。根据权威机构的预测，到 2020 年华为集团的全球收入将达到 1000 亿美元。华为的强势发展让同行的朗讯和西门子感到害怕，这时同行们开始惊呼：真正的狼来了。

当企业陷入发展困境时，企业家拥有危机感没什么了不起。真正的了不起是在企业发展顺利、前景看似一片光明时，企业家依然保持危机意识，不断用“狼来了”提醒自己，告诫自己：今天的成功并不意味着明天的成功。

当一家企业发展到一定的高度后，如果不谦虚谨慎、居安思危，那么这个高度就是企业没落的开始。因为不仅是华为，还有很多大企业也不断提醒自己可能遇到的危机。据《财富》杂志报道，美国微软公司总裁比尔·盖茨经常告诫自己的员工：“微软离破产永远只有18个月，我们丝毫不可懈怠。”我们姑且不去追究18个月是什么概念，但是从比尔·盖茨身上，我们看到的是一种强烈的危机意识和紧迫感，这实在让人钦佩。

在现代商业社会中，任何一个企业都可能遭遇挫折和危机。实力雄厚的微软公司尚且能够居安思危，我们的中小企业还有什么资格骄傲自满呢？所以，从现在开始，保持危机意识，在产品、管理和营销方面不断创新，不断寻求突破，才是企业管理者应该去做的。

3 未雨绸缪，经商要有随机应变的能力

古希腊哲学家赫拉克利特说过一句名言：“我们不能两次踏入同一条河流。”意思是一切事物都在变化，变化之快快到我们无法第二次踏入第一次踏入的河流，因为河水已经不是原来的河水。用这句话来形容市场的瞬息万变再恰当不过了。

对企业而言，市场在变，消费者的口味和需求也在变，目标客户在变，竞争对手在变，产品销量在变，价格在变，合作伙伴在变……“变”是市场的本质，唯一不变的就是“变”。面对千变万化的市场环境，企业管理者该如何应对呢？最有效的办法是发现变化、适应变化、预判变化，未雨绸缪，打造自己的应变能力。

在这里，有一个关于野狼的故事值得管理者们思考：

一只野狼趴在草地上磨牙，狐狸看到后，对它说：“天气这么好，大家都在娱乐，你干嘛磨牙啊？来吧，和我们一起去玩吧。”狼没有理睬狐狸，继续磨牙，它把牙齿磨得非常尖利。

狐狸感到奇怪，就说：“森林这么安静，猎人和猎狗早就回家了，老虎也不在附近，根本没有危险，你何必那么费劲地磨牙呢？”狼停了下来，说：“我磨牙不是为了娱乐，而是为了有一天当猎人或老虎追赶我时，我好用锋利的牙齿保护自己。如果现在不磨牙，到那时想磨牙也来不及了。”

俗话说：“洪水未到先筑堤，豺狼未来先磨刀。”野狼的行为告诉我们，在危机还未爆发之前就未雨绸缪、打好基础，危机到来时就能更好地应变。这样，当危机突然降临时，才不至于手忙脚乱。

有句话说得好：“书到用时方恨少。”平时如果不充实自己，临时抱佛脚是来不及的。对企业管理者而言，要想在危机到来之前做好预防的准备，就应该善于根据市场信息把握市场趋势，为经营企业制定高瞻远瞩的战略规划。

联合利华的董事长尼尔·菲茨拉德曾说过：“我们了解得越多，全球化就越清晰，就是没有规则，没有魔幻子弹，没有一劳永逸的模板，最关键的是灵活性和适应性。”在他看来，如果没有事先准备，不要谈应变，就连心理上受到的打击就足以让你手足无措。只有多了解市场行情，才有可能做出正确的规划，才能在危机到来时灵活地应变。

英特尔的首席执行官葛鲁夫是一位善于未雨绸缪的管理者，他总能预见危机并在危机到来前采取行动，带领英特尔成功实现战略转移。

20世纪70年代初，英特尔在存储器市场上的占有率高达90%，可是到了1985年前后，其市场占有率仅为20%。而且公司还出现了一个有趣的现象：公司40%的营业额和全部的利润都来自于微处理器，但是公司在存储器上的研发费用占总研发费用的80%。

葛鲁夫意识到公司经营策略失调造成的危机，于是他力排众议，停止了存储器的生产，把微处理器作为公司新的生产重点。到了1992年，英特尔在微处理器上取得了巨大成功，这使得它成为世界上最大的半导体企业，超过了当年在存储器业务上打败过自己的日本半导体公司。

1997年，葛鲁夫又一次带领英特尔实现成功的战略转移。当时计算机制造商和软件公司（尤其是微软）开发的新功能和程序要求更加强大的计算机功能，葛鲁夫看到了这里面的机会，马上制定了新的战略，要求英特尔生产新的芯片以满足电脑新功能和程序，这一战略转移为新一轮的抢占市场做好了准备。

正是由于葛鲁夫未雨绸缪，在危机到来之前抢先一步做好准备，英特尔才能成为技术世界中自力更生能力最强的公司。

美国管理大师约翰·科特曾说："没有危机意识和忧患意识的领导者，不是一个卓越的领导者。"无论你的企业在竞争中是处于落后地位，还是处于领先地位，你都不应该放松对危机的预防，你要经常思考一个问题："万一……我该怎么办?"预先做好充分的准备，随时把"怎么办"握在手里。

世界华人首富李嘉诚曾经说过："我把90%的时间都用来考虑失败，并从不放过任何细节，才成就了长江实业不菲的业绩。"在几十年的创业生涯中，李嘉诚深深体会到防范风险、未雨绸缪是取得成功的前提。他说，任何事情都不可能一帆风顺，如果你想把企业做大做强，就要做好充足准备，量力而为，平衡风险。

李嘉诚在创业中能够做到大胆扩张但不翻船，与未雨绸缪的随机应变能力有关。他曾说过这样的话："想想你在风和日丽的时候，假设你驾驶着以风推动的远洋船，在离开港口时，你要先想到万一悬挂十号风球（香港以风球代表台风强烈程度，十号相当于强烈台风），你怎么应付。虽然天气蛮好，但是你还是要估计，若有台风来袭，在风暴还没有离开之前，你怎么办。”

有了这样的假设，李嘉诚会不停研究每个项目要面对可能发生的坏情况下出现的问题，所以他往往花 90% 的时间考虑失败。正是因为如此，长江实业集团才能从 1950 年到如今一直保持稳定的发展，从来没有碰到过贷款紧张的问题。

李嘉诚常常讲，一个机械手表，只要其中一个齿轮有一点毛病，你这个表就会停止。其实一家公司也是这样，只要一个机构有弱点，企业就可能失败。如果一个小漏洞不及早修补，可能带给企业极大损害，所以当一个项目发生亏蚀问题时，即使所涉金额不大，李嘉诚也会和有关部门商量解决问题，所付出的时间和以倍数计的精神都是远远超乎一般比例的。

中国生意人经常说：“未买先想卖。”李嘉诚也是这么认为的，他表示，在你还没有买进来的时候，就应该想到怎么卖出去，你应该先想失败了会怎么样。就像一支军队的统帅，必须时刻考虑退路。

4 防微杜渐，不要忽略任何一个小细节

1969 年，美国斯坦福大学心理学家菲利普·辛巴杜做了一个实验：

他找来两辆一模一样的汽车，把一辆汽车停在加州帕洛·阿尔托的中产阶级社区，把另一辆汽车停在相对杂乱的纽约布朗克斯区，并把这

辆车的车牌摘掉，把顶棚打开。结果，停在纽约布朗克斯区的汽车当天就被偷走了，而停在帕洛·阿尔托的那辆汽车，一个星期依然安好。后来，辛巴杜把这辆汽车的玻璃敲破了，结果，几个小时后，它就被偷了。

以这项实验为基础，美国犯罪学家凯琳和美国政治学家威尔逊提出了一个理论——破窗效应。他们认为，如果有人把窗户玻璃打破了，而主人没有及时维修，那么别人会打破更多的窗户玻璃。久而久之，这些破窗户就会给人一种无序感，这种无序感又会滋生犯罪。

其实，“破窗效应”在生活中也十分常见。比如，一面墙上有一些涂鸦，但是没有被及时清洗掉，很快墙上就会被画得乱七八糟；地上有一些垃圾，没有得到及时清理，很快地上就会出现更多垃圾，因为地上有垃圾，人们再扔垃圾时，就不会觉得羞愧，而在干净的地方，地上没有任何垃圾，人们会不好意思扔垃圾。

同样，在企业管理中，管理者必须防微杜渐，高度警觉那些看似微不足道的错误，尤其是当这个“小错误”触犯了公司的核心价值时，一定要及时修好“第一扇被打碎的窗户玻璃”。否则，不仅会给企业带来巨大损失，甚至还会颠覆企业的文化和理念。

美国有一家公司很少炒员工鱿鱼，但这并不意味着公司对员工一味地纵容。

有一天，资深车工杰瑞在切割台上工作时，竟然把手中切割刀的防护挡板卸了下来。切割刀没有防护挡板，就意味着存在安全隐患。但杰瑞想，这样切割材料会更方便、更快捷，可以在中午休息之前，完成三分之二的切割任务。

不巧的是，主管在车间巡视的时候，发现了杰瑞的举动。当时主管大发雷霆，立即命令杰瑞把切割刀的防护挡板装上，然后又大声训斥了杰瑞，并声称要扣除杰瑞一天的工资。

第二天一上班，杰瑞被通知去见老板。老板对他说：“身为公司的老员工，你应该清楚安全对公司意味着什么。你今天少完成一些工作，公司少获得一些利润，我们还可以换个时间补回来。但是，一旦你发生了事故，比如，失去了胳膊，甚至失去了生命，那么公司永远也无法补偿回来……”最后，老板决定辞退杰瑞。

离开公司那天，杰瑞痛哭流涕。他在公司工作多年，曾有过风光，也曾有过不尽人意的表现，但是公司从来没有对他“痛下杀手”。可这一次不同，他知道，这次他触碰了公司灵魂的东西，所以他无法被原谅。

危机来自哪里？也许是来自于员工对企业制度的一次无视，也许是来自于员工对顾客的一次羞辱，也许是来自于不经意间对产品质量监测的大意。营销策略专家汪中求说过：“细节决定成败。”当管理者发现一个错误时，哪怕这个错误非常微小，都应该予以重视。尤其是当员工违反了企业制度，触犯了企业灵魂的东西，比如经营理念、企业价值等时，管理者更应该严肃处理，甚至是无情处理，就像杰瑞的老板那样。

在日本企业界，有一个名叫“红牌作战”的质量管理活动。“红牌”象征着对企业具有警示意义的提示，企业把这些红牌贴在一些有油渍、不洁净的设备上或者有污垢的室内死角，员工看到这些红色警示后，就要立即将其清理干净，从而营造出干净舒适的办公环境。在这种良好的办公环境中，大家都能身心愉悦地工作，而且不再忽视工作中的小纰漏。

事实证明，不忽视任何一个小错误、小细节，在企业经营的过程中是非常有必要的。俗话说：“千里之堤，溃于蚁穴。”在工作中，小错误如果得不到及时纠正，可能会给企业带来无法弥补的损失；反之，如果及时纠正小错误，就能遏制错误的蔓延，从而避免产生更大的危机。

哈尔·尼达姆经营着一家裁缝店，他的手工活做得好，价格又实惠，附近的人都愿意去他那里做衣服，所以他每天都很忙。有一天，一位老妇人来到尼达姆的店里定做了一套礼服。按照约定，三天之后老妇人来取礼服。

可是，当哈尔·尼达姆做完礼服时，发现一只袖子比另一只袖子长了 1 厘米。正当他准备修改时，老妇人来到了店中。她穿上礼服，在镜子前面照来照去，感到非常满意，不时对哈尔·尼达姆的手艺大加赞赏。

当老妇人准备付钱时，哈尔·尼达姆说："尊敬的夫人，我不能收您的钱。因为这件礼服的一只袖子比另一只袖子长了 1 厘米，你能给我一点时间，让我把它修改一下吗?"

老妇人说："真的很抱歉，我马上就要去参加宴会了，可能时间来不及了。但是你放心，我不会在意这个小问题的。"

哈尔·尼达姆说："夫人，可是我很在意这个问题，我不能容许自己犯任何错误，特别是有些错误可以控制，而我却犯了。请你给我一个机会，我只需 15 分钟，就能弥补这个错误，好吗?"

老妇人被哈尔·尼达姆的真诚感动了，于是脱下礼服，让他修改……

正是尼达姆这种勇于承认错误，一丝不苟的工作精神，使哈尔·尼达姆成为一名世界顶尖的服装设计大师。

不放过任何一个小错误，这是一种负责任的工作态度，也是防微杜渐、不留后患的危机意识的表现。身为企业老板、企业管理者，一定要重视细小的问题、细小的错误，要让员工明白小错的危害，让员工具备细节精神。这样企业才能避免犯大错，才能做到精益求精，做大做强。

5 危机处理要果断彻底，坚决不留后患

危机就像污水，必须处理干净，这样才能保证整条河流的水清洁。如果处理不干净，污水依然存在，河流依然会被污染。对企业而言，如果处理危机不果断彻底，危害将是“源远流长”的。

尽管我们说“防火”胜于“灭火”，但是总有防不胜防的时候。一旦没有防住“火灾”的发生，企业就应该尽力去“救火”，而且决策要果断，行动要迅速，补救要彻底，坚决不留后患。

1984 年 12 月 3 日午夜，印度博帕尔的一个地下储藏罐泄露了一些有毒的气体。气体飘到空中，形成一块致命的白云，覆盖了周围 25 平方英里的区域。凌晨时，死亡人数多达 1200 人，中毒人数多达 2 万人。这种毒气是用于制造杀虫剂的基本原料，由美国联合碳化物公司印度分公司生产。

当美国联合碳化物公司在美国的总部得到灾难的消息后，立即向全世界发出指令：停止该种气体的生产和运输，并立即派出医生和技术人员奔赴印度抢救中毒者、调查事故原因。

事故发生的第二天，公司的董事长沃伦·安德森飞到了印度博帕尔。他到达时，死亡人数已经超过 2000 名。面对新闻媒体的“围剿”，他镇定自若地处理了这件事。沃伦·安德森表示：“现在，我们要做的就是马上向印度方面提供帮助，送来医疗设备和防毒面具，派出医务人员等。同时，对遇难者家属表达慰问。”与此同时，技术专家小组已经查出了事故的原因，并堵上了泄露气体的储藏罐。

从总体上看，联合碳化物公司在这次危机处理中取得了很好的效果，赢得了主动权。后来，公司的发展并没有因为这次危机受到太多负面影响。

在危机爆发后，公司的最高管理者、焦点人物频频露面，四处“扑火”，可以表现公司对危机处理的重视，在一定程度上能够改善危机给公司造成的不良印象，更能激励员工勇敢面对危机。

在国内企业的发展过程中，也有过类似的果断处理危机、坚决不留后患的经典案例。比如，万科集团在处理“捐款数额问题引发的危机”时，万科管理层的危机处理能力得到了彰显。

2008 年 5 月 12 日，四川汶川发生了 8 级大地震。当天，万科集团宣布向灾区捐款 200 万元。可是，这 200 万元与万科集团超过 48 亿元的净利润相比，简直是九牛一毛。因此，舆论普遍认为，万科集团的捐款数额太少，并对万科集团表达了不满。

随后，万科集团总裁王石在博客中的一句“200 万是个适当的数额，普通员工的捐款以 10 元为限”，顿时一石激起千层浪，网友一致指责万科集团，不少人甚至开始抵制购买万科股票、万科住宅。随后，万科 A 股的股价就像万科的形象一样，从每股 40 元快速跌到每股 18 元。

面对这一危机，万科集团很快就在深交所的网站上公布：经公司董事会决定，公司将参与四川地震灾区的临时安置、灾后恢复与重建工作，并以绵竹市遵道镇为重点；该项工作为纯公益性质，不涉及任何商业性（包括微利项目）的开发；批准公司在净支出额度人民币 1 亿元以内参与上述工作；上述费用将在未来 3 到 5 年内，根据实际需要逐年支出。公司将在每年的年度报告中披露具体的支出情况。

这一消息公布之后，万科集团才算喘了一口气，大大改变了公众心目中“铁公鸡“的印象。

虽说王石不把公众的不满声音放在眼里，还火上浇油，说“200 万元是个适当的数额”。但是随后，万科集团针对全面爆发的危机所采取的处理措施还是非常彻底的。因为万科集团知道危机的症结是大家不满意公司捐款的数额，因此，他们马上对症下药——支出1亿元参与救灾工作。这一举措在很大程度上消除了万科集团所面临的危机。

对企业而言，要想彻底地处理危机，关键就在于找出危机产生的原因，从根本上消除危机。最常见的几种引发危机的原因有：

（1）消费者投诉、状告公司引发的危机。比如，宜家危机的产生，是因为一位北京消费者向媒体反映，他在宜家所购买的商品两周都没有送到，随后众多类似的投诉引发了宜家来华的首次危机。又比如，宝洁SK－II危机的产生，就是一名江西消费者状告宝洁，理由是使用SK－II产品后并未获得宝洁公司所宣传的神奇功效，反而灼伤了皮肤。

围绕消费者所产生的危机，企业应该快速与消费者联系，满足消费者的合理要求，让消费者向相关媒体澄清事实。当然，有些消费者提出的要求很离谱，对此公司要认真研究，将产生危机的源头控制住，方能处理好这类危机。

（2）国外发生的问题在媒体的报道下引发了国内企业产生的危机。比如，美国科学家研究发现，高露洁牙膏中含有致癌的物质，而实际上这一报道源于英国一份不入流的小报，但是经过媒体的转载和报道，最后对高露洁公司造成了重大危机。

针对因国外发生的问题导致国内企业产生的危机，企业应该认真分析产品对消费者的影响，到底是有害还是无害，并诚恳地通过媒体告知公众。在处理时，公司的态度一定要诚恳，这对消费者的影响非常大。

（3）相关部门发现企业产品质量问题或违法行为引发的危机。比如，郑州市食品药品安全委员会发表书面调查文件称，郑州光明牛奶公司使用了在保质期内的库存奶进行再加工。针对类似的质量问题所引发的危机，企业应该第一时间与相关部门联系，或者请专家或更高层次的管理部门做质量检测，澄清事实，还自己一个清白。

总而言之，要想彻底清除企业危机，就应该找到危机产生的原因，对症下药地处理危机，这样才能“药到病除”，不留后患。

6 抓住“黄金24小时”，把危机影响降到最小

翻开报纸的头条、打开电视或网页，经常可以看到关于企业的负面新闻，比如，企业产品质量问题被曝光，企业员工发生伤亡事件，企业发生意外的灾难等等。这些事件，一经发生马上就会成为媒体的焦点，成为大众瞩目的对象。对企业而言，面对这些事件应该如何处理呢？

很多企业的管理层在面对企业负面新闻时，一开始往往都有鸵鸟心理，即把头钻进沙子里，逃避现实问题，采取回避的态度，明知有问题却不去想对策，结果只会使问题更趋复杂、更难处理。他们天真地以为，只要自己没做亏心事，就不怕媒体报道，只要自己不回应，媒体就不会跟踪报道，事件就会慢慢平息。如果去回应，反而会把事情越炒越大。殊不知，这种视而不见、掩耳盗铃的做法是多么愚蠢。

事实上，在企业负面事件发生后，事件对公司的影响程度往往取决于事件发生后的24小时内的危机处理效果。在这短短的24小时内，如果企业能采取一连串积极、主动、有效的措施，就可能将负面事件对公司造成的损失降至最低，甚至还可以通过积极、坦诚的应对危机，在公众面前树立企业的形象。然而，有这种意识的企业并不多，在这方面，农夫山泉处理危机的错误做法，就给我们带来了深刻的教训。

2013年5月，农夫山泉事件在北京闹得沸沸扬扬。深陷“标准门”的农夫山泉，在与《京华时报》的针锋相对中，被越来越多的人关注。农夫山泉在国内饮用水领域是一个知名品牌，但是在“标准门”事件中，却没有控制事件的升级，反而一再将事态推向一个又一个高潮。到

最后，农夫山泉干脆死磕到底，它用“人在做，天在看”的激愤用语和全版广告公布了美国检测机构对农夫山泉饮用水的检测结果来证明自己的清白。然而，这一招并没有获得公众的认可。

那么，在这次危机处理中，农夫山泉有哪些失误呢？其实，它最大的失误是危机处理的节奏把握不准。在危机爆发的前期，农夫山泉采取置之不理的态度。到了事件发展的后期，它却用力过猛。要知道，在危机公关中，永远不变的铁律是：第一时间给予准确回应。但是农夫山泉前期主要保持沉默，仅仅在官方微博上发表了一个简单的声明，这个做法真的不高明。这种前期的“不作为”，恰恰为后期的危机大爆发做了铺垫。

北京诺恒咨询有限公司副总经理姜晓峰表示，“重大危机发生后的最初几个小时是关键时期，如果不及时对外做出解释，就会被他人抢占话语权。初期反应将会为整场危机定下基调，并左右日后的事态发展。”在这一点上，农夫山泉做得远远不够，它错过了解决危机的有利时间节点。

事实上，在4月《京华时报》介入报道“标准”的时候，农夫山泉如果能快速回应标准问题，组织其他媒体前去参观水源地，或召开小规模的媒体通气会等，都可以将事实澄清，但是这些工作农夫山泉做得太晚了。而在事件被推向高潮时，农夫山泉一改往日的低调、沉默的作风，对媒体进行指责、质疑，还刊登广告、出具检测报告等，这些已经于事无补了。

除了没有把握好危机处理的最佳时机之外，农夫山泉在此次危机处理中，还忽略了核心问题。因为对任何一个普通的消费者来说，事件发生后大家最想知道的结果很简单，就是农夫山泉能喝还是不能喝？但是农夫山泉却没有对这个问题做出正面回应，而是将精力锁定在“标准”的是非上。

此外，农夫山泉在此次危机处理上严重缺乏止损意识。要知道，处理危机的首要目的是及时止损和最大限度地降低损失。通过缓和事情进程，为处理危机赢得时间和空间，这才是危机处理的王道。而那些一味坚持自己的立场，或是打着所谓探求“真相”、“公理”旗号的行为，是十分危险的。

企业危机处理是一门深奥的学问，在危机爆发之前，企业就应该针对危机规划好策略，选定适当的发言人，成立危机处理小组，并积极进行演练。当危机发生后，企业一定要抓住黄金24小时，及时处理危机，用正确的态度回应危机，这样才有希望将负面影响降至最低。如果处理不当或拖延，不但会使企业形象毁于一旦，还可能背上严重的法律重担，对企业财物造成不可估量的损失。那么，在黄金24小时内，企业应该怎样处理危机呢？

（1）在第一时间妥善处理

一旦企业发生重大的危机，首先要做的就是第一时间做出回应，并派上事先成立的危机处理小组，全权负责危机事件的处理工作。比如，赶赴现场，着手进行调查，这种积极的态度是为企业树立形象的最好手段之一。

（2）主动向媒体说明情况

在负面事件发生后，企业危机处理人员一定要与媒体展开互动，这是非常重要的。因为媒体的聚焦报道会产生乘数的影响力，事关企业的形象，更关系到事后企业的法律责任。一旦企业与媒体发生冲突，就很容易导致问题迅速升级，对企业造成巨大的负面冲击。所以，发言人的角色相当重要，其层级要够高，还要能掌握状况，且具有与媒体打交道的经验。

企业危机公关人员一定要明白，如果不希望媒体报道有所偏差，最佳的办法就是立即回应，要迅速提供事实性的资讯。千万不要回避媒体的问题，更不要沉默——这是最糟糕的策略。要知道，在事件发生后的几个小时甚至几分钟，是企业给媒体提供正确看法、制造良好第一印象的关键，如果处理得当，可以将事件对公司信誉上的影响降至最低。

（3）积极预防可能的法律责任

如果企业负面事件中出现了人员伤亡，造成了他人生命与财产损害，或公司存在重大的责任，企业危机公关人员应该马上通知保险公司与法律顾问，让他们迅速赶到现场，提供各种专业协助。如果企业的员工被列为嫌疑犯，公司也应该指派律师协助处理。此外，公司还应该派法律人员与政府部门联络，提供必要的咨询与证据。

另外，还要做好以下几件事：立即派人到医院确认伤者情况，给伤者最好的医疗照顾和慰问；保存好相关的证据，比如，与事件有关的文件、资料、作业手册、员工证词等等；检查责任保险保障的范畴，必要时委托律师协助；拍下事件现场周遭的环境与损害情形，作为未来的佐证和参考之用。

7 危机利用好了就是转机，学会反败为胜

有一只老驴不小心掉进了枯井，主人想了很多办法，也无法将它救上来，最后心一横，就打算将其活埋在枯井里，省得老驴痛苦地在井中嚎叫。于是主人叫来几个村民帮忙，大家用铁锹往枯井里铲土。但是每当土掉到它的身上时，它都会抖动身子，把土抖落在地，然后踩在脚下。就这样，它慢慢垫高自己，最后在众人吃惊的眼神中走出了枯井。

还有一个现实的故事，也能说明同一个道理。

有一个年轻人经商失败后，背负了一身债，于是到温州一家服装厂打工。为了还债，他每天都工作 10 多个小时，一次由于工作劳累，在

操作电动裁缝机时，不小心把西装的袖子裁短了，这一裁不要紧，整个小样都被毁了，他被要求赔偿几十万的布款。为了挽回损失，他干脆将错就错，把衣服的下摆也裁去一截，然后在袖口上拼接其他颜色的布料，结果这批衣服上市后，很快被抢一空。这个年轻人就是美特斯·邦威的创始人周成建。

这两个故事告诉我们，不是所有的危机、不幸都是有害的。危机其实与机遇并存，就像英国作家布瑞杰说的那样："中文的'危机'分为两个字，一个意味着危险，另外一个意味着机会。"面对危机时，企业经营管理者如果有正确的心态，有积极思考的头脑，或许就能将危机变成机会，推动企业进一步发展。

1910年，美国亚拉巴马州的棉花田遭遇了一场特大象鼻虫灾害。虫子横行霸道，将所有的棉花都毁掉了，棉农们欲哭无泪。灾后，世世代代以种棉花为生的亚拉巴马州人意识到不能再种棉花了，他们开始在棉花田里种玉米、大豆、烟叶等农作物。

尽管棉花田里还有象鼻虫的迹象，但是已经不足为患了，农民们喷洒少量的农药就可以消灭它们。棉花和其他农作物都生长得很好，到了收获的季节，多种农作物的经济效益远远高于纯粹种棉花所获的经济效益。从此以后，亚拉巴马州人靠着种植多种农作物走上了经济繁荣之路，人们的生活也越来越好。

亚拉巴马州人认为，如果不是当年那场象鼻虫灾害，亚拉巴马州不可能走上经济繁荣之路，因此，他们决心建立一座纪念碑，对当年发生的象鼻虫灾害表达纪念和感激。于是，今天我们可以在美国亚拉巴马州恩特曾颖镇的公共广场上看见一座高大的纪念碑，上面写着一行金色大字：深深感谢象鼻虫在繁荣经济方面所作的贡献。

无独有偶，美国人保罗·迪克也曾通过个人努力，将危机变成了机会。一年深秋，一道雷电引发了一场森林大火，大火无情地吞噬了他的森林庄园。火灾过后，面对满目疮痍的庄园，保罗绝望极了。他决定向银行贷款，以恢复庄园往日的美景，但是银行拒绝了他的请求。

就在保罗一筹莫展的时候，他在街上看见很多家庭主妇争相购买木炭，以备冬季烤肉和取暖之用。顿时保罗眼前一亮，他立即雇木炭工来，将庄园里烧焦的树木加工成木炭，然后运到集市上出售。

由于保罗的木炭质优价廉，很快就被抢购一空，他因此获得了一笔不菲的收入。第二年，他用这笔钱购买了树苗，种在庄园里，几年后，他的森林公园又获得了重生。

危机不是好东西，没人愿意遭遇危机，但是，危机又是难以避免的，它常常不期而至。当你遭遇危机时，你可曾想过：危机中也包含着转机？在危机面前，你是否有足够的智慧找到出路，在危机中绝地反击呢？

其实，在企业发展的道路上，也处处充满着危机，令人防不胜防。这个时候，管理者应该试着换一种心态看待危机，把危机视为一种另类的机会。面对危机，沉着应对，冷静分析，换向思维，永不放弃。这样，才能从危机中找到出路，找到转机，将危机转变成商机，创造企业的辉煌。

2005 年 3 月 15 日，肯德基新奥尔良烤翅和新奥尔良烤鸡腿堡的调料中，被查出了含有苏丹红一号的成分。这是一种红色的染料，其作用是为溶剂、油、蜡、汽油增色以及鞋、地板等增加光亮。有关研究表明，苏丹红一号具有致癌性，欧盟和中国严禁将这种物质用于食品生产。

面对这一危机，肯德基是怎样化解的呢？

第一步：制定了完备的危机应对机制

当危机出现之后，肯德基在第一时间成立了一个专门的危机处理小组，制定了一个应对危机的机制。

第二步：快速响应

在第一时间利用信息传播的机会，积极面对、快速反应，在事件的来龙去脉没有完全明朗的情况下，肯德基把权威部门的检测结果公布出来。同时向公众表达了歉意的自责，很好地赢得了媒体的关注和支持。

第三步：诚恳地承担责任

面对危机，肯德基毫不回避，并通过媒体公布事件的进展，在公众面前塑造了一个有着良好信誉和敢于承担责任的企业形象。在一定程度上减轻了消费者的疑虑和来自媒体的压力，避免了舆论环境进一步恶化。

第四步：转移媒体和大众视线

肯德基在向公众致歉的同时，也在马不停蹄地追查事件的根源，并在事件发生后的第四天，将“调查苏丹红的路径图”公布出来，成功地把媒体的关注点从肯德基产品转移到对“苏丹红”来源上来，把公众的视线引向对“苏丹红”的关注上来。

第五步：巧妙地利用媒体

在危机事件后期，诸多跟踪报道出现在各大网站、新闻媒体上，这些报道的主题无外乎“肯德基自查出‘苏丹红’”“愿承担法律责任”“肯德基将赔偿”等，这些醒目的标题成了肯德基的广告牌，为肯德基做了很好的形象宣传。

第六步：善后得当

2005年3月23日，肯德基那些被停产品在全国恢复了销售。肯德基对外表示，坚决采取中国餐饮业上史无前例的措施确保食品安全，加强食品安全监测。

在苏丹红危机中，肯德基的公众形象不但没有受到损害，反而在危机中展现了强烈的社会责任感，不愧为危机处理的成功典范，值得每个企业管理者学习借鉴。由此可见，危机如果处理得当，不仅不会损害企业的形象，还会增强外界对企业的认知度。危机，既是危险，也是机会，全看你怎么去对待。

第十二章

修炼领导力，培养卓越的领袖气质

著名的管理大师彼得·凯斯特鲍姆曾经说过：“真正的领导力是源于人们的内心和精神，而非外在的技能。卓越的领导者或许不擅长人际交往和沟通，但他一定是雄心勃勃，能够面对巨大的挫折，自我控制能力很强，能忍受背叛，表现出极大的同情心。”一个有着卓越的领袖气质的领导者，一定是一个有远见、务实、有道德感和勇气的人，他拥有大胸怀和大气魄，充满个人魅力，还是一个优秀的造梦大师。

1 成功之道就是：小公司做事，大公司做人

“小公司做事，大公司做人。”这句话想必你早有耳闻。一位企业管理者曾说过这样一段话：“我工作 20 余年，做了 10 多年的管理，大小公司换了好几个，对大公司和小公司的管理差别，有很深刻的感想，归结于一点，两者的差别就是：大公司做人，小公司做事。”为什么小公司做事，大公司做人呢？这当然是有原因的。我们先来看一看小公司和大公司各自的特点和利弊。

小公司的特点是：个人升迁空间大、可以身兼数职、工作自由、报酬诱人，很容易得到管理层的重视，但是企业制度、培训体系不完善，工作的稳定性和福利待遇没大公司那么好。大公司的特点是：福利待遇好、管理制度完善、工作条件成熟、靠精英决策、用企业文化影响员工，尤其是在员工的培养上，有着系统化的发展计划。但弊端是一个螺丝一个钉，什么都按程序化。

有句话说得好：“小公司为你骄傲，你为大公司骄傲。”这句话很好地总结了小公司与大公司的不同情况，在小公司，如果你是个人才，很容易被发现，很容易受到重用。在大公司，即便你是一个“打酱油”的，你在别人的眼里，也会充满“才华”，别人提到你时，往往羡慕地说：“你在国际大公司，有能力啊！”正是因为有这样的差别，我们更应该牢记：小公司做事，大公司做人。

小公司是老板自己的，老板的目的很明确——赚钱，最大限度地赚钱。所以，如果你有能力，能给公司创造效益，那么，老板就会喜欢你。反之亦然，如果你想赚钱，想赢得老板的器重，你就必须把该做的

事情做好，凡事主动承担，为老板出谋划策，在老板想到之前想好办法，在老板想不到的时候你也能想到办法。

日本“经营之神”松下幸之助曾经说过：“企业家的使命就是赚钱，如果不赚钱那就是犯罪。”英特尔公司的首席执行官格鲁夫也是这么说的：“一个企业家赚钱叫道德，企业家不赚钱就是缺德。”因为当企业不赚钱时，当企业存活不下来时，势必会给社会、给员工、给老板自己带来更大的损失。世界上，每天都有很多公司破产，半途夭折的公司不计其数。据统计，日本90%以上的公司在3年之内消亡。所以，老板先让公司活下来显得尤为重要。

前面我们提到过，对小公司来说，战略就是赚钱、活下来。至少在创业阶段，最重要的是先挣到钱，保证企业活下来，然后再考虑进一步发展壮大的问题。而在大公司，公司的福利待遇完善，出门打车有报销，手机话费有报销，吃饭有报销，出差住的是星级宾馆，坐的是商务舱，天天西装革履，出入豪华写字楼。在这里，人多眼杂，你有能力，高层不一定能发现，但如果你不会做人，“坏事就会传千里”，周围的同事及高层都看在眼里。

更重要的是，很多大公司都有“政治斗争”、“拉帮结伙”的现象，不同的派系之间勾心斗角、争权夺利。在这种情况下，如果你跟对人、站对队，就会安全得多。所以，在大公司你要看清公司的主流派，要抱住“粗腿”。在大公司里，大家都是“打工仔”，人人心里都有小算盘。因此，大家的出发点都是对自己有利才行。

在大公司做人，不是指玩阴谋、耍手段，而是堂堂正正地做人，做一个正直、公正、有担当的人。联想集团创始人柳传志就是这么认为的，他的做人理念在商界广为流传。他认为经营大公司，注重做人是根本，这种理念源于他的父亲柳谷书清白做人、公私分明的人生境界。

柳谷书是香港中国专利代理公司的创始人。20世纪90年代，公司的资产就达到了数亿元，但柳谷书还是经常步行上班，他和柳传志的母亲住在一个一房一厅的斗室里。有一次，柳传志去看望父母，看见父母在一个不到8平方米的厅里忙着帮他整理褥子，顿时潸然泪下。父亲节省的生活作风，深深影响了柳传志。

柳传志认为，父亲做人的正直和清白永远是他学习的榜样。年轻时，柳传志遭遇坎坷或面临考验时，父母总是对他说："我的孩子，不管你做什么，只要做一个正直的人都是我的好孩子。"柳传志把这句话铭记在心，指导着他未来几十年的人生道路。

在父亲的悼词中，柳传志写了这样一段话："我们兄弟姐妹几个，工作性质不同，事业有大有小，但我们每个人挣的每一个铜板都是干干净净、清清白白的，我们永远不敢忘记，我们是您的孩子！"这是柳传志对自己的评价，也是他能够把精英聚拢起来，把联想工作做好的关键所在。

作为一名管理者，如果你在小公司，你首先应该脚踏实地地把工作做好，练好"金钟罩、铁布衫"的业务硬功。然后，再"择良木而栖"，跳槽到大公司，并在那里练好"吸星大法、九阴真经"的做人软功。如果你在大公司能和各个部门员工和谐相处，你能"混得开"，那么你的人际交往能力也会成为你职业晋升的筹码。当你坐上更高的管理职位时，如果你能做好人情投资，施展个人影响力，那么当你登高振臂时，下属们将一呼百应。

2 经营企业靠的是"王道"，而非"霸道"

经营和管理企业，有两种不同的思路：一个叫"王道"，一个叫"霸道"。所谓王道，指的是做一个产业，要和别人合伙来做，一起把产业做大，让大家都有钱赚，使大家的路越走越宽。所谓霸道，是指一人独大，这个产业我全做，形象地说就是"走我的路，让别人无路可走”，垄断就是典型的“霸道”经营。

作为企业管理者，如果不坚持王道的经营策略，而是走霸道路线，甚至走“贼道”路线，那么不但损人，而且终将损害自己。有这样一个案例，值得我们深思：

有个县级企业每年的销售额在5000万元以上，生意做得有声有色。随着生意越做越大，公司的老板赵先生也越来越牛气。

同行有家小公司的老板王先生想拜访赵老板，和他洽谈一个很好的合作项目，但是去了几次，都没见到赵先生。因为他不是在开会，就是在接待客人。最后一次，王先生终于见到了这位牛气的赵老板。

对于王先生的来访，赵老板没有表现出丝毫的热情，他坐在老板椅上，身子都没动，接过王先生的名片，也只是看了看，然后对王先生说：“我们公司是当地的行业老大，不会和你们这样的小公司合作的，而且我告诉你：两年内，我们将会垄断这个行业……”

赵老板不过是一个年销售额超过5000万的企业老板，他的霸气体现出来的更多是愚昧和可笑，一个不懂得与同行搞好关系，不懂得与同行合作的企业，恐怕很难继续做大做强。因为一个实力强大的企业，往往依靠几个主要产品或业务赢利，有些产品或业务并非行业最强的，这就好比一个人，他的能力很强，有很多优势，但在某些方面，他也有不足。如果企业管理者能够认清形势，认清自己的劣势，通过与同行企业合作，实现优势互补、取长补短，那么就可以实现双赢，于人于己都是有利的。

再者，从竞争态势上来看，在某一行业、某一地区形成“一强多弱”的格局之后，即便“一强”处处占据上风，但如果“多弱”联合起来，一起对抗“一强”，“一强”也不一定能完胜。而且市场处于不断变化之中，企业的口碑很重要，“一强”能否聚拢下线企业，能不能得到其他企业的支持和消费者的认可，很大程度上决定了企业的命运。因此，企业实力再强也不要处处显露“霸气”，因为做人不能太“霸道”。

某公司的张经理发现市场上出现了窜货，于是向总经销商反映情况。总经销商对此反应冷淡，嘴上对张经理说："我马上派人去查，查出来就要严厉处罚。"但过了几天，总经销商依然没有查出货是从哪里发出来的？没办法，张经理只好亲自出马，去零售商店询问情况，通过层层查下去，最后发现是总经销商自己窜的。张经理非常气愤，但为了赚钱，不好与总经销商撕破脸皮，但是心里却想着："你和我耍心眼，看我以后怎么对付你，吃了我的，早晚让你吐出来！"

案例中，那位总经销商的行为不仅是"霸道"，更是"贼盗"。他在经商中违反了诚信原则，用非正当手段谋利。这种做法只会引起合作伙伴的极大反感。这样的总经销商，早晚会砸烂自己的招牌，因此，我们应该引以为戒。

作为一家实力较强的企业，也许在某一时期、某一区域，你的成功会引起同行的敬重，但是作为管理者，千万不要自以为是，认为天下是自己的，霸道得不可一世。要知道，得人气者得天下，无论你的企业实力多么强大，如果"失道"，必然寡助。李嘉诚那种"有钱大家赚"、"要对手不要敌人"的经营思想，值得每一位企业管理者学习。

华人首富李嘉诚的生意做到了全世界，但他却没有任何"霸道"作风。相反，他处处表现得很平和，对待同行企业，十分尊重和友好，充分彰显了"王者风范"。当年牛根生等企业家组成一个团队，一起来拜访李嘉诚，当时李嘉诚已经 79 岁了，但他早早地守候在电梯前。当代表团从电梯里走出来时，他一一和他们握手。席间，李嘉诚逐桌坐下，和每一位成员亲切交谈，回答他们的提问。当代表团告别时，李嘉诚再次将他们送到电梯。从李嘉诚的表现和他一贯的经营思想来看，他所奉行的是"王道"经营思路，绝非"霸道"经营思路。

李嘉诚曾经说过："做事要留有余地，不把事情做绝。有钱大家赚，利润大家分享，这样才有人愿意合作，假如拿 10% 的股份是公正的，拿 11% 也可以，但是如果只拿 9% 的股份，就会财源滚滚来。"

俗话说得好："多一个帮手，就多一条出路。"做生意也应与人为善，而不能不顾同行的利益，否则，就很容易树敌，就会把生意做得越来越孤立。反过来，如果像李嘉诚那样，即使自己是一家独大，也懂得与人合作，并考虑合作者的利益，达到利益均沾，虽然短期内可能少赚一点，但从长远来看，会获得数不尽的合作机会和源源不断的利益。这样才能把生意越做越大。

3 好的领导人必须是造梦大师

有人说，优秀的领导人需要"两把火"，一把火燃烧自己，让自己在任何情况下，都能保持激情和梦想；一把火燃烧团队，激励别人，使整个团队都保持热情。古往今来，所有伟大的领导者都是优秀的造梦大师，他们不但自身保持激情和斗志，还善于帮员工造梦，以激励员工。

什么是造梦呢？它主要表现为帮员工树立愿景和目标，让员工明确自己的职业奋斗方向，使员工告别浑浑噩噩的工作状态，每天都为自己的梦想和目标而努力，这样他们才能充实地工作和生活，才能拥有一个充满希望的前程。

庆盛控股集团在短短的3年时间内，净利润翻了好几番，这种惊人的速度，可以说在同行都是难得一见的。每个"庆盛人"的脸上都流露出发自内心的自信、乐观和激情，他们和公司一起实现了脱胎换骨。庆盛的管理秘方是什么呢？答案是：梦想激励法。

每个庆盛的领导者，都是一个优秀的造梦大师。他们利用梦想成就自己的同时，也成就了一个个普通的员工，使他们在自己的职业旅途上不断进步，不断取得更多的成就。刘进军就是梦想激励的受益者之一，年仅30岁的他已经是庆盛控股集团的人力资源部经理。如今，他也是一位颇具能力和经验的管理者，但是谁也不知道，他刚进公司时，只是一位基层的机修工。

刘进军是一名中专毕业生，1998年刚来到庆盛控股集团时，是一名小小的机修工。作为一名外来建设者，刘进军当时的想法很简单，他只想踏踏实实地工作，并没有想到日后有多大的晋升空间。由于在工作中表现出色，刘进军在1999年做了值班长，2002年他成为车间主任，2005年被调到企业管理部工作。再在不久的后来，他成了庆盛控股集团的人力资源部经理。

刘进军表示，他之所以有今天与公司领导者的帮助分不开，因为领导者一直在帮他造梦，鼓励他实现梦想。在刘进军看来，他的传奇晋升在公司并不少见，冯校锋就是一个鲜活的例子。他大学毕业后在公司工作三年，如今已经是公司的办公室主任，比起许多还在基层打拼的同学，他已经算得上是相当不错了。

冯校锋非常清楚自己成功的原因，他说，从进公司的第一天起，公司就为员工培训“梦想”，正因为如此，他才会对人生充满美好的期待。在培训结束后，公司还帮他一步步实现了梦想，并让他有了新的梦想。

与抽象的梦想相比，具体的、经过努力可以实现的目标对员工更有激励性。身为管理者，在帮员工制造梦想的同时，更应该帮员工将梦想具体化，为员工制定实现目标的计划，激励员工一步一个脚印去努力，将目标变成美好的现实。

成立于2000年的某高科技公司，主要为电脑的软硬件服务。公司创立仅两年，公司的全年销售额就突破了1000万大关，在当地已经威风八面。这家公司之所以发展迅速，与公司老板的经营管理理念是分不开的。

老板是一个优秀的执行者，也是一个充满浪漫气息的人，他喜欢“做梦”，还喜欢为员工造梦。他经常和员工谈论梦想，鼓励大家树立目标并为之努力。他将梦想划分为三个阶段，第一阶段是短期的目标，第二阶段是中期的愿景，第三阶段是长期的理想。为此，公司有时候还会特意召开管理会议，在大会上，老板动员每位管理者说出自己的梦想，然后让大家一起讨论如何才能实现这个梦想。与此同时，老板也鼓励他们唤起部属的梦想，帮部属树立具体的目标。

有的下属会说：“我的目标是在两个月内挣到10万元钱。”有的下属说：“我的愿望是和爱人去巴黎旅游。”有的下属说：“我的目标是两个月内买一款最高端的笔记本。”每次听完大家的目标或梦想，老板都会组织一个讨论会，他说：“大家的梦想很好，但首先要确认一下，能否在短期内实现，为实现这个目标，你们计划怎样做?”

通过引导和激励，老板将公司每个月、每个季度的营销目标分解到各个部门，每个部门在各自目标的激励下，在部门领导的统帅下，各个部门奋发向上。当大家完成目标时，公司会给予相应的奖励，超过目标的额度越大，所获得的奖励越多。有时候，公司结合各部门的目标完成状况，组织各部门员工外出旅游，这很好地激励了大家，使全体员工充满激情地对待工作。

一个健康的企业应该有自己的企业梦想，一个伟大的企业，应该帮员工创造梦想，并激励员工实现自己的梦想。作为管理者，如果你能让每个员工在梦想和目标的指引下去工作，那么企业将充满希望。如果你的员工在你的企业没有梦想，没有目标，只是为了赚钱，那么他就不可能把企业当成自己的家，把工作当成自己的事业，就不可能迸发出激情、释放出潜能，员工的执行力、企业的效益就难以获得保障。所以，好的领导人必须是造梦大师，是目标激励大师。

4 用领导者的魅力去吸引人才

古语有云："桃李不言，下自成蹊。"原意是指一种营养价值很高的果实——柰子，俗称"桃李"，它虽然个头不大，但是由于长得好看，而且果实好吃，人们都非常喜欢它，从它的树下走来走去，自然走成了一条小路。后来比喻低调者只要有内在价值，自然也能吸引别人。

作为一名领导者，如果你想获得优秀的人才，你首先应该加强自身建设，让自己充满人格魅力。这样一来，人才自然会登门拜访，主动加盟你的平台，为你效劳。人格魅力来源于领导者的品格、素质、知识、能力、道德修养等，人格魅力越大，权威性越大，影响力越大，对优秀人才的吸引力自然就越大。因为跟着有魅力的领导打天下，是绝大多数优秀人才渴望的事情。

联想集团的创始人柳传志就是一个有魅力的领导者，他把"其身正，不令而行"这句话挂在办公室的墙上，用来勉励自己。联想公司由20万元起家，发展成为如今资产上百亿的大型集团公司，成为中国电子工业的龙头企业，这与柳传志的个人魅力有巨大的关系。

柳传志说过："创业的时候，我没高报酬，怎么吸引人？就凭着我多干，能力强，拿得少，来吸引住更多志同道合的老同志。"这句话充分展现了柳传志个人魅力对人才的吸引力，因为一家企业在创立之初，公司无法给员工提供高报酬，但柳传志却能身先士卒，多干、少拿，并且他的能力强，大家有目共睹，大家觉得跟着他干有前途，自然愿意跟在他身边。

下面这段话，从某个角度也能反映出柳传志的领导魅力。

“要部下信你，还要有具体办法，通过实践证明你的办法是对的。我跟下级交往，事情怎么决定有三个原则：同事提出的想法，我自己想不清楚，在这种情况下，肯定按照人家的想法做；当我和同事都有看法，分不清谁对谁错，发生争执的时候，我采取的办法是，按你说的做，但是，我要把我的忠告告诉你，最后要找后账，成与否要有个总结。你做对了，表扬你，承认你对，我再反思我当初为什么要那么做。你做错了，你得给我说明白，当初为什么不按我说的做，我的话，你为什么不认真考虑；第三种情况是，当我把事想清楚了，我就坚决地按照我想的做。”柳传志如是说。

身为公司的领导者，想必你也有过替人打工的经历，在你选择一家公司时，什么因素最吸引你？工资待遇？工作环境？晋升空间？还是事业前景？对于一个目光远大的人来说，肯定会选择事业前景，而跟随一个有魅力的领导打天下，市场前景是最光明的。

这一点在很多历史人物身上，都有很好的体现。比如，常山赵子龙一开始追随袁绍，但是不被袁绍重用，于是转投白马公孙瓒，但他发现公孙瓒魅力不够，跟着他没有什么前途，直到遇到刘备，他才觉得遇到了明主，从此跟随刘备南征北战，创业打天下。

我们不得不承认，领导者的魅力对人才的感召的重要性。不信的话，我们可以举一个例子：两家实力相当的公司看中了一个人才，给出的待遇也差不多，其中一家公司的领导者涉嫌偷税漏税、走私，还有克扣员工工资的劣迹，而另一家公司的领导正直廉洁，多次受到媒体的褒奖，试问，如果让你选择，你会选择去哪一家公司发展？一般来说，脑子正常的人，都会选择后一家公司，这就是领导者魅力的吸引力。

想一想，为什么全世界的精英都想去微软公司一展身手？这在很大程度上，是因为微软公司及其领导者本身魅力的吸引。微软公司的创始人比尔·盖茨中途退学，其勇气和魄力可见一斑，在他的经营下，微软公司从一家小公司发展成为全球最大的软件公司，其能力可见一斑。比尔·盖茨的勇气、魄力、能力等，都是吸引人才的地方，甚至很多人觉得在比尔·盖茨麾下工作，是一种无上的荣耀。

所以，作为领导者，一定不能忽视个人魅力对公司的影响。要知道，你的形象对公司来说，就如同一面镜子，你时刻向外反射着公司的情况。那么，领导者的魅力主要表现在哪些方面呢？

（1）重视人才，爱惜人才

作为领导者，吸引人才的前提是重视人才，爱惜人才。赵云当初之所以投靠刘备，是因为他知道刘备重视人才，知道刘备赏识他。如果刘备不重视人才，不赏识他，就算刘备魅力再大，恐怕赵云也不会为他卖命。

福特汽车公司是一家名气很大的公司，该公司的显著特点是：器重人才。有一次，公司的一台马达发生了故障，怎么也修不好，最后请人找来一个名叫斯坦曼的人来修。斯坦曼来了之后，看了看出故障的机器，然后指着电机的某处说："这儿的线圈多了16圈。"当他去掉16圈线后，电机马上运转正常。福特当即觉得斯坦曼是个人才，邀请他来公司。但斯坦曼说，自己的老板对他很好，他不能离开。没想到，福特对他说："我把你所在的那家公司买下来，你就可以来我这里工作了。"结果，福特真的买下了那家公司。

常言讲"三军易得，一将难求"，企业竞争最终归结于人才之间的竞争。作为企业领导者，只有重视人才，爱惜人才，并想方设法招贤纳士，让人才看到你的诚意，你才能打动他们。

（2）礼贤下士，拥有优秀的人格

齐桓公得管仲，靠的是人格魅力，结果管仲帮他成就了一番春秋霸业；秦始皇得韩非子、李斯，靠的也是人格魅力，结果统一天下；刘邦得萧何、张良、韩信的辅佐，也是靠人格魅力，最后打败项羽，建立汉朝。纵观古今中外，得人才者得天下，如何得人才？靠的是领导者优秀的人格所产生的感召力。一般来说，优秀的人格包括"仁、义、礼、智、信、温、良、恭、俭、让”等传统美德，拥有这些品行的领导者，才能称之为品德高尚的人。

5 不断学习，知识是领导者最大的资本

在信息时代，知识更新速度越来越快，信息数量越来越多，传播越来越广，传播途径也越来越多。在这一背景下，学习已经成为时代对企业领导者的要求，终身学习是领导者最大的资本。正如一位哲学家所说：“未来唯一持久的竞争优势，或许是具备比你的竞争对手学习更快的能力。”

身为领导者，一定要充分认识到学习的紧迫性，认识到只有不断提高知识素养，才能紧跟时代的步伐，成长为优秀的领袖。要知道，没有人天生就是卓越的领袖，而学习是唯一的途径。只有不断学习，善于学习，你才能拥有渊博的知识，才可能在观察问题和分析问题时保持开阔的视野、敏捷的思维和高瞻远瞩的洞察力，及时抓住问题的本质和关键，制定灵活有效的策略，果断地解决企业发展中的问题，抓住转瞬即逝的发展机遇，带领企业展翅高飞。

很多人都知道世界华人首富李嘉诚拥有一个商业帝国，但却不一定知道他靠什么打造了如此巨大的商业王国。有人曾问李嘉诚靠什么成功，李嘉诚说：“依靠知识。靠学习，不断地学习。”

李嘉诚从小就养成了自学的习惯，不论在何种情况下，他都不会忘记读书。当年替人打工时，他坚持“抢学”；创业期间，他也坚持“抢学”；成功之后，他毅然孜孜不倦地学习。每天睡前李嘉诚都会看书，他喜欢看人物传记，还喜欢看医疗、政治、教育、福利等任何方面的新闻。

成功之后，李嘉诚一天工作10多个小时，但他仍然坚持学习英语。他曾聘请一位外语教师，每天早上7点半开始上课，上完课后他再去上班。正是依靠熟练的英语，李嘉诚才能阅读英文杂志，才能飞往英美，参加各种展销会，与人谈生意。

李嘉诚说过："在知识经济的时代里，如果你有资金，但缺乏知识，没有最新的讯息，无论何种行业，你越拼搏，失败的可能性越大；但是你有知识，没有资金的话，小小的付出就能够有回报，并且很有可能达到成功。现在跟数十年前相比，知识和资金在通往成功的道路上所起的作用完全不同。"由此可见，不断学习真的很重要。

李嘉诚都能坚持不断学习，我们这些普通的企业管理者，还有什么理由不严格要求自己，保持学习的心态呢？学习是提高领导素质的基本途径，是领导者加强自身修养和学识的手段。不断学习、终身学习是企业领导者的责任，也应该成为领导者的追求。一般来说，可以通过以下几种途径来学习。

首先，向书本学习。

书本、报纸、杂志等是知识的基本来源，如果你能长期坚持读书看报，养成思考、总结的习惯，那么日积月累，你的知识水平将大大提升。也许短期内觉察不到读书看报带给你的变化，但从长远来看，你所学习的一点一滴的知识，将来都会在你经营管理企业、与人打交道的过程中带给你帮助。

其次，向实践学习。

只懂得死读书，只知道坐而论道是不行的，领导者还必须向实践学习，在实践中锻炼自己，这样才能提升你打硬仗的本领。俗话说："读万卷书不如行万里路。"只要你有学习的心态，学习就会变得无处不在。走路的时候可以学习，跟小孩聊天的时候可以学习，和员工交流的时候可以学习。只要你能够怀着一颗谦卑和敬畏的心来看待世界，那么你所见所闻的事情都是你学习的素材，你所思所想的内容都是提升自己的智慧营养。

再次，向优秀者学习。

榜样的力量是无穷的，优秀者永远是一面旗帜，一个标杆。他们或有丰富的经验，或有高超的领导才能，或有远见的卓识，或有超群的做人智慧。如果你能虚心向他们学习，就可以达到取长补短的目的，从而提升自己的综合素质。优秀者既可以是你行业的精英，也可以是你公司的下属，无论他们的职位如何，无论他们的学历如何，无论他们的年龄多大，只要你觉得他有优秀的一面，都值得你去学习。

再者，向普通人学习。

古人云：三人行，必有我师。每个人都有自己独特的才能，都有自己与众不同的一面，如果你有善于发现的眼光，有欣赏他人的心态，那么你就能发现普通人身上的闪光点，然后从中汲取营养，收获智慧。虚心学习，不耻下问，不但可以让你学到更多的知识和智慧，还能帮你树立谦虚、亲民的领袖形象，使你成为受人欢迎的领导者。

最后，参加专业培训。

如果说之前的几种学习途径是“野路子”，那么参加专业培训就是正规途径。因为每个领导者所从事的行业、涉猎的领域，都有一定的专业性，通过培训加强自己的专业素养是非常必要的。当然，参加培训只是一个开启专业素质的起点，而不要认为参加了培训班，把解决问题的锦囊妙计拿走了，问题就解决了。

值得注意的是，学习要讲究方法，对所学的知识要批判地学、辩证地学，要多从实际情况出发，结合现实问题进行思考，这样才能最大限度地提高学习效率。另外，你所学习的内容最好有合理的知识结构，比如既学习金融知识，也学习管理智慧，还学习领导学、心理学、教育学等等。这些知识都是时代对领导者的要求，你多去学习，才能更好地提升自己的领袖气质。

6 领导者必须具有洞察力和趋势分析能力

阿里巴巴集团前总裁马云说过："大家都看不清前景的时候，这个机会一定能够赚钱。"在他看来，一个领导者，必须具备洞察力和趋势分析能力，从复杂多变、毫无眉目的市场行情中发现机会，占领先机，这样，才能快人一步，抢占市场，获得更好的经营效益。

1999年3月阿里巴巴成立，2007年阿里巴巴成功上市，市值高达200亿美元。在这8年间，马云之所以能够用50万元的资本，把公司变成一个市值超过200亿美元的大企业，与他敏锐的市场洞察力和趋势分析力有着密不可分的关系。

有人曾惊叹马云的能力，也有人认为马云的成功纯粹是撞上了大运，而马云自己则谦虚地说："我是骑在盲虎背上的盲人。"他之所以这么说，是因为他对互联网一窍不通，但是他对市场有着敏锐的洞察力和分析力，他有一双发现机会的眼睛。

马云是土生土长的杭州人，他对中小企业的趋势有着深刻的体会，他认为中小企业严重缺乏购销资讯，产购信息的不对称，以及国际业务和转口贸易的成本偏高，这些问题严重影响中小企业主，但他们没有办法解决这些问题。从这里，马云看到了机会：中小企业电子商务将是未来的一种趋势。于是，马云利用互联网，创办了阿里巴巴。

然而，在阿里巴巴创办后的一段时间，很多中小企业主对电子商务持观望态度，因为虚拟的网络世界难以取得他们的信任。而在现实的社会里，人们渴望与诚信的人打交道，在这种情况下，马云在2001年推出了"诚信通"，它的诞生宣告网上信用时代的到来——这是全球第一款交互式网上信用管理体系。

有人说，在“诚信通”诞生之前，所有的商人，无论资金是否雄厚，无论从事什么样的行业，大家的身份都是平等的，但是在“诚信通”推出之后，不同的商家就有不同的身份，有些商家是良民，而有些商家是“黑店”，良民也有“高级”和“初级”、“中级”之分，诚信度越高的商家，生意自然越好。这极大地纯洁了电子商务的市场环境。无疑，这是马云打的一手漂亮的牌，这得益于他的独特眼光。

著名的管理大师彼得·德鲁克曾用这样一句话形容真正的领导者是“寻找变化，并积极反应，把它当作机会充分利用起来的人”。世界处于变化之中，许多事物都隐含着机会，经商就是发现这些机会。如果你能对市场保持一种高度敏感性，拥有一种灵动的触觉，那么，就可以更好地把握转瞬即逝的商机。

任何一种潮流或趋势，都是在社会发展过程中慢慢积累而成的，积累到一定程度，才会演变成一种大趋势。如果你能准确地预测未来，根据未来市场的需求做准备，那么你就更容易获得成功。

“塑胶花大王”李嘉诚的成功，与他敏锐的市场洞察力密不可分。李嘉诚有个习惯，那就是每天看塑胶业的动向信息，从中发现商机。一天，他在翻阅英文版《塑胶》时，读到这样一则消息：意大利一家公司已开发出利用塑胶原料制成的塑胶花，并即将投入批量生产，推向欧美市场。

李嘉诚据此判断，塑胶花将引起塑胶市场的一场革命。他当即决定前往意大利考察，以便掌握这种生产塑胶花的技术。来到意大利后，他找到了那家塑胶公司的地址。经过两天的奔波，他风尘仆仆地来到那家公司的门口，却发现那家公司戒备森严。也许只有名正言顺购买技术专利才可以，但长江塑胶厂是小本经营，当时根本付不起昂贵的专利费。再说了，厂家绝不会轻易出卖专利。

忽然，李嘉诚看到这家公司招聘工人的告示，于是去报了名，结果被录用做杂工，主要负责清除废品废料。这个工作让李嘉诚有机会在厂区的各工段来回走动，他的双眼恨不得把整个生产流程录下来。每天下班之后，李嘉诚都会急忙回旅店，把观察到的一切记录在笔记本上……

就这样，李嘉诚终于“学满”而归。回到香港后，他快人一步研制出了塑胶花，填补了香港市场的空白。同时，在香港掀起了塑胶花的消费新潮，而长江塑胶厂也由一家小公司蜚声香港塑胶界。1958 年，长江塑胶厂的营业额高达一千多万港元，纯利润一百多万港元。

我们要学习的是李嘉诚善于发现商机的洞察力，以及精明的趋势分析能力。若不是他从一则消息中分析出塑胶花将引起塑胶行业的一场革命，也就没有意大利偷师学艺，更不会有后来的“塑胶花大王”。

洞察力和趋势分析能力是领导者必须具备的素质，有了这种素质，才能看到别人看不到的机会，才能帮助公司抓住转瞬即逝的商机，以小博大，取得较大的收益。然而，洞察力不是天生的，而是在经营企业的过程中，不断锻炼出来的。借鉴下面几点，有助于更好地培养洞察力和趋势分析能力。

（1）寻找市场空隙

作为一个领导者，没有见缝插针的本领是不行的，因为机会往往存在于别人忽视的角落和缝隙。经营企业就是为了获得更大的利益，企业家往往把眼光放在看得见、摸得着、有大利润的行业和项目上，而那些费精力、效益低的项目，很多商家不愿意涉足。然而，这并不代表这些地方不能给企业带来巨大的利润，也许别人不愿意涉足的领域。恰好是一座未被挖掘的金矿。如果你深入地分析这些被忽视的领域，说不定就能发现巨大的商机。

（2）关注市场变化

市场总是处于不断变化之中，变化中蕴藏着巨大的商机。就像马云创办阿里巴巴，正是抓住了互联网带给人们思想上的变化，才取得了巨大的成功。再比如，伊利、蒙牛等乳业正是抓住了人们追求健康、补充营养的心理需求，才获得了空前的成功。再比如，现在轿车数量剧增，汽车销售、修理、配件、清洁、陪驾等方面就有很多机会。

（3）瞄准政策转向

经济与政治永远不分家，政府政策、法律法规等能直接或间接地影响社会经济的发展。例如，政府出台房产税政策，对房地产业就会产生影响；政府出台汽车限购令，会对汽车行业产生影响；再比如，国家在“十一五”规划中大力提倡使用“绿色能源”，有些企业顺势而为，研发太阳能产品、风能产品，就获得了巨大的市场利润。

（4）关注稀缺资源

物以稀为贵，最稀缺的东西就是资源，就是金钱，看看每天不断上涨的石油价格，你就知道：石油是稀缺资源。一般来讲，稀缺资源是指供不应求的东西，如果你能抓住大众的消费需求，生产出他们需要但市场上难以买到的产品，那么你就会获得源源不断的利润。

7 大胸怀，大气魄，成就卓越领导者

企业管理是一个做人做事的过程，在这个过程中，领导者能否做到大肚能容、宽厚待人，能够做得到眼观六路、耳听八方、胸怀全局、心怀天下，很大程度上决定了企业能否长远地发展。因为宽厚待人，才能广结人缘，才有可能得到员工的支持，因为胸怀全局，才不至于目光短浅，捡了芝麻丢了西瓜，这是一种大气魄。

很多时候，大胸怀与大气魄是紧密联系的，很容易理解的一点就是：大胸怀表现为不与人计较，为的就是从长远来看，与人为善，使自己多一个朋友，少一个敌人。这一点在企业管理中显得尤为重要。有些领导者嫉贤妒能，害怕下属抢了自己的风光，于是处处打压下属，这就是典型的缺少胸怀和气度的表现。

提到三国时期的周瑜，很多人就会产生刻板印象，认为周瑜嫉妒心强，心胸狭小，其实并非这样的。程普是东吴的老将，他原先与周瑜不和，两人关系相当紧张，但是周瑜并没有因程普对他不友好而报复。相反，他把程普的不友好抛之脑后，选择了大度宽容，后来，程普被他的宽宏大量感动了，两人成了挚友。程普还用“饮醇醪自醉”来评价与周瑜的交往，意思是与周瑜交往，就像喝了又浓又醇的美酒，让人心爽神清。由此可见，大胸怀是化解矛盾、消除隔阂的良药。

身为企业管理者，不但要在做人方面有大胸怀，还要在做事方面有大气魄，这样才能让你的领袖气质影响更多的员工。在这一点上，李嘉诚值得我们学习。李嘉诚当年创办塑胶厂时，将厂子的名字定为“长江”，他的解释是：“长江不择细流，故能浩荡万里。长江之源头，仅涓涓细流，东流而去，容纳无数支流，形成汪洋之势。日后的长江塑胶厂，发展势头也会像长江一样，由小到大。长江是中国的母亲河，是中华民族的骄傲，未来的长江集团，也应该为中国人引以自豪。长江浩荡万里，具有宽阔的胸怀，一个有志于实业的人，理当扬帆万里，破浪前进，去创建宏图伟业。”

在做人做事做生意的过程中，李嘉诚总是提醒自己多一点大度、多一点让利。他说：“重要的是首先得顾及对方的利益，不可为自己斤斤计较。对方无利，自己也就无利。要舍得让利使对方得利，这样，最终会为自己带来较大的利益。我母亲从小就教育我不要占小便宜，否则就没有朋友，我想经商的道理也该是这样。”正是这种胸怀天下的大志向和大气魄，促使李嘉诚不断将事业做大做强。

无独有偶，格力集团的董事长董明珠也是一个拥有大胸怀和大气魄的人。在营销界，她被誉为传奇人物。这不仅在于她为格力创造了前所未有的营销模式，更在于她对营销保持着与众不同的态度。

很多人在搞营销时，都会赔尽笑脸、说尽好话，跟在客户身后，服务周到，但是董明珠搞营销却不这样，她总是开宗明义地告诉客户：如果你不按我的规矩来，就别和我玩这个游戏。结果，客户围绕在她身边抢着付钱，还对她保持十二分的敬佩。这到底是怎么回事呢？

有人曾问董明珠："你怎么敢肯定，客户会按照你的规则跟你玩游戏呢?"董明珠说："因为我的出发点不是我个人的那一点眼前利益，我手中把握的是合作双方的长远利益。"看到这样的回答，我们就不难理解为什么客户愿意与她合作了。

另外，董明珠还是一个有大气魄、大格局的领导者，她的一位下属曾表示："董总特别善于观察，而且反应敏捷，在你还没开口之前，她已经知道你要什么；她也会让你明白，她手里掌握的正是你想要的——她永远控制着大局的进程。"

领导者的大气魄、大格局很大程度上表现在企业战略的制定和企业长远的规划上。就像董明珠这样，站在"大格局"的角度上，统筹内部和外部的一切资源，将利益最大化发挥得淋漓尽致。这一点在威盛电子董事长王雪红身上也有典型的表现。与董明珠向营销渠道的强权发起挑战大同小异，王雪红在威盛电子创立不久，就敢于向行业巨头英特尔叫板，结果一战成名。

王雪红向英特尔挑战并不是哗众取宠、借故炒作威盛的知名度，而是因为她从一开始就看准了中国电子公司不能永远都做"高级作坊"的趋势，必须拥有自己的芯片技术。结果，威盛在她的领导下，一点一点做技术，一点一点赢得市场，最终的结果是威盛和英特尔、AMD 并称为全球三大芯片生产商。

敢于挑战是大气魄，这需要勇气，需要胸怀，需要长远的规划和大格局上的把控。企业领导者就应该具备这些素养，要学会着眼未来，积极地为明天准备；要学会掌控全局，从局外人、多角度观察企业的运营，判断企业的健康情况，判断它的发展阶段，并且根据观察和判断，来加以掌控企业的运营和走向。

领导者的大胸怀、大气魄还表现为敢揽天下英才、敢用天下将才、相惜天下帅才，还表现为立意高远、气魄夺人、决断、坚持、承担责任、承认错误。如果你做到了这些，那么你的领袖气质就会发挥强大的正能量，从而带领企业走向明天的辉煌。